タイの染織

スーザン・コンウェイ

訳 酒井豊子・放送大学生活文化研究会

めこん

THAI TEXTILES
ⓒ1992 Susan Conway
Published by The British Museum Press
A division of The British Museum Company Ltd
46 Bloomsbury Street, London WC1B 3QQ

First published 1992
Reprinted 2001

カバー写真　パープレーワー（飾り帯）の細部。カーラシン県（6ページおよび161ページ参照）
トビラ写真　儀式用の幟の細部。コーンケーン県（125ページ参照）
2～3ページ写真　木綿の毛布の細部。コーンケーン県イサーン文化博物館（130ページ参照）

目次

謝辞 7
まえがき 9

序章 タイの人々、その歴史と文化 …… 15
ジャワおよびスマトラとの結びつき 19
クメールの影響 20
タイ族の広がり 22
ラーンナー王国、タイ北部 22
イサーン地方、タイ東北部 24
ラーンナー、イサーン、アユタヤ間の文化的交流 26
スコータイ王国 26
アユタヤ王国 28
バンコクの王宮 34
稲作の周期 36

第2章 織物、宗教と社会 …… 41
求婚と婚約 44
結婚 46
誕生 49
見習い僧と僧侶 51
仏教の行事 53
聖なる色の慣習 55
護身の織物 56
魔除けの儀式 56
死 57

第3章 絹と木綿の生産 …… 61
木綿 61
絹 64
染料と媒染剤 68
マットミー 77
布の仕上げ 78
市販の染料 79

第4章 織機と機織技術 …… 81
織機と付属品 81
経糸と緯糸の準備 85
織模様 87

第5章 タイの衣裳 …… 95

第6章 儀式用および家庭用織物 …… 119
僧侶たちのための織物 121
寺の幟 121
精霊信仰者の織物 124
日常生活用の織物 125

第7章 タイ北部の織物 …… 135
ラーンナー、ケントゥン、西双版納（シーサンパンナー） 142
ナーン県 142

第8章 タイ東北部の織物 …… 157

第9章 タイ中部および南部の織物 …… 169

終章 …… 183

訳者補遺 186
1. 織機およびその機能について 186
2. 絹について 187
3. 木綿について 188

参考文献 190
日本語参考文献 191
索引 192
訳者あとがき 194

謝辞

　私はまずはじめにこの原稿に関して助力と助言をいただいた友人たちと同僚たち、特にマリアンヌ・ストラウブ氏、ジャクリーン・ヘラルド氏、デリン・オコナー氏、およびアメリア・ウデン氏に対し感謝します。またオックスフォードのピット・リバース博物館のエリザベス・エドワード氏とケイト・ホワイト氏に感謝します。コーンケーン大学のスリヤ・サムットカプト先生とパイロート・サムソーン先生およびソーラット先生には、何回もの現場調査旅行に同行してくださり、多くの知識を与えてくださったことに御礼申し上げます。タード・チャルーンワタナ博士、イアン・クレイグ氏とラッタナ・クレイグ氏、チャイナット・モナイヤポン氏ならびにカノック博士とベンチャワン・ルークカッセン博士には、研究上の御助力に対し感謝いたします。

　チエンマイ大学のナコン・ナ・ランパン学部長とポーンティップ夫人には、いくつかの特に興味深い調査旅行に同行していただきました。ヴィティ・パーニッチャパン先生にはチエンマイ谷地において織り模様の識別に関して助けていただいたし、セーンダー・バンシット氏には、タイ国北部の植物染料と伝統的な織り模様について多くの有益な知見を与えていただきました。スワディー・サンモン氏とフィリップ・サーモン氏は私をナーン谷地の織り手に紹介してくださり、彼らの織物収集品の写真を撮らせてくださいました。私はまた、アカデット・ナクブンラン氏、ドゥアンチット・タウィーシー氏とパタラ・パニチャヤカーン氏に対し彼らの収集品を撮影させて下さったことに感謝いたします。バンコクでは、M.L.プームチャイ・チュンバラ氏が、宮廷の織物についての研究を手伝ってくださり、氏の論文から自由に引用することを許してくださったことに対し、また、パオトン・トンチュア氏がその収集品のいくつかを撮影させてくださったことに対し感謝いたします。ローズマリー・ワンチュペラ氏からは植物染料についての詳しい知見をいただき、友人のガリー・スワンナラト博士からは助言と歓待と絶え間ない激励をいただきました。

　インドでは、ジャスリーン・ダミジャ氏はタイ国との通商について情報を下さり、ウシャ・ナラヤナン氏は私の壁画の写真の中からビルマの衣裳を特定してくださいました。

　最後に私は、私が訪れる前からタイ国を愛し、私にこの国とこの国の人々を紹介し、この本の中の多くの写真を撮影してくれたわが夫ゴードンに対し感謝したいと思います。

◀カーラシン県のプータイ族のパープレーワー（飾り帯）の細部。経糸、緯糸ともに赤い絹で、それにダイヤモンドと花柄の絵緯模様が加えられている。（カバーおよび161ページの写真参照）

まえがき

　タイは豊富な文化的遺産を持った国である。そのことは、木綿の儀式用の幟から、金糸や銀糸で飾られた豪華な絹織物までにわたる織物において、ことのほか明らかである。タイ社会における織物の役割、即ちその儀礼的・社会的用途について、あるいは、紡ぎ手、織り手、染め手としての女性たちの重要性について、出版された資料はほとんどない。しかしながら、織物はタイの人々の信仰と社会生活に不可欠な部分となっており、布を織ることがタイにおける古代からの技であることは容易に推測できる。この本の目的は、タイの都市社会あるいは地方社会の中に組みこまれている織物の特質と女性たちにとっての織物の重要性について解説し、織り手や染め手たちの技のすばらしさに注目してもらうことである。
　この本の発想は、1982年にタイ北部のチエンマイで働いていた私が、稲田と米文化に魅せられて描いた絵の展覧会を準備していた時に芽生えた。展覧会は最初、バンコクのブリティッシュ・カウンシルで開催され、それからチエンマイ大学とコーンケーン大学に会場が移った。田植えの季節の初めから米の収穫の後まで、私はチエンマイ谷地の稲田で何ヵ月もスケッチをした。モンスーンの真っ盛りの季節には、しばしばひどい雨に出会ったが、ある日、雨が特にひどい時に、私は村のはずれの小さな仏教寺院で雨宿りをした。そして、寺院内部の暗さに目が慣れた時、かつてバンコクで見たのとは全く異なる、独特の様式に仕上げられた絵で覆われた壁が見えてきたのである。私を魅了したのは、細部までていねいに表現された衣裳と織物であった。私は常々タイの絹織物と木綿織物を称賛していたのであるが、そこには、私が何ヵ月も稲田でスケッチをしている間に見た村の人々が身にまとっていた様々な種類の衣服とその織りのパターンが、歴史的な記録として目に見える形で残されていたのだ。私は村の人々の服装が、その壁画に

◀田植えをする女性。タイ北部のナーン谷地。

▲プラシン寺院はラーンナー王国時代の1345年にチエンマイ市内に建てられた。室内の壁に描かれた18世紀の壁画はジャータカ*の物語を叙述している。日常生活の情景にはラーンナーの服装をした村人たちとタイ中部の伝統的衣服を着た訪問者が描かれている。

描かれていた明確な北部タイ様式と関連していることに、それまで気づかずにいたのだった。

この最初の発見の日以来、私は夫ゴードン・コンウェイの協力で、北部タイ寺院壁画を写真として記録し始めた。記録の焦点は衣裳と織り模様である。1983年には、研究はタイ東北部、中央平野、そして主な都市部にまで広がった。そこで明らかになったのは、1つ1つの寺院が織り手の技の広がりと力の証明となるものだということだった。タイには織物について書かれた資料は非常に少なく、悲しいことに国の織物博物館に収蔵されているべき包括的コレクションが全くないので、写真記録はきわめて重要と考えられた。

村の寺院は荘厳で優雅な建物である。多くはその地方の森林から採られたチークでできているが、レンガと漆喰で造られているものもある。タイ北部の寺院は彫刻の施された木製の庇と破風*を持ち、それには螺鈿細工が施されており、模様

＊破風（はふ）　切妻屋根に囲まれた三角形の部分。
＊ジャータカ　仏陀が悟る以前の修行者の時の教訓的な物語。仏教説話。

まえがき

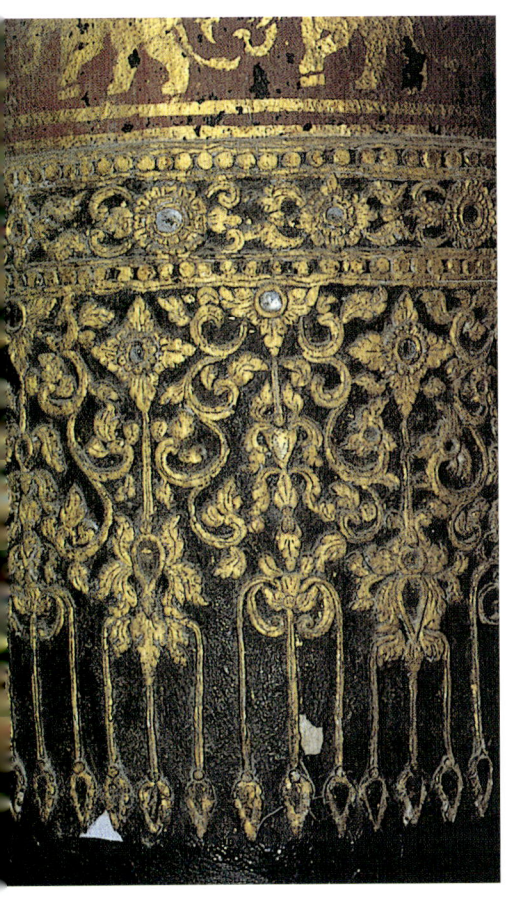

▲ナーン県のプーミン寺院の16世紀の建物の内部にある柱。鏡を嵌め込んだ金塗りの化粧漆喰。同様の垂れ飾りの図版はタイの織物の、ことに縁の模様にも見られる。

をつけた漆喰で飾られたものもある。内部の柱や扉や壁は、多くのタイ織物の織り縁にも見られるような金色の型置き模様と貴石の象嵌で飾られている。寺院の祭壇や上位の僧侶が使う説教壇や椅子などの調度品には、複雑な木彫りが施されている。

　寺院の壁は仏陀の生涯と仏教的宇宙を描いた場面で飾られている。ドライフレスコ画*の技法で描かれたものには、地方の建築と村の生活を背景として、仏教説話が描かれている。王宮の場面には、金で飾られた華やかな色彩の衣裳をまとった王子王女たちが、こちらも同様に珍奇な外観のクッションやカーテン、壁掛けなどを背景として描かれている。村の場面では、地方の人々がおのおのの民族衣裳を身にまとい、襲来する軍勢、訪れる外国人やバンコクからの役人なども描かれている。このように、壁画からは、地方と都会の生活について、あるいは服装と織り模様についてよく知ることができる。タイ中部、北部、東北部の壁画を比較すれば、織り模様と服装様式の様々な違いを確認することが可能なのである。

　私は画家として教育を受けていたが、織物製品についての技術的知識はほとんど持っていなかった。そこで、1983年に私は英国に戻り、ロンドンのゴールドスミス・カレッジの機織・染色の大学院に入学した。私は夏ごとにタイに戻り、織り手や染め手にインタビューし、彼らが働いているところを写真に写すなど、研究を続けた。可能ならば衣裳と織物のサンプルを購入し、あるいは私的な収蔵品については写真を撮らせてもらって、資料を増やしていった。同時に、壁画の撮影も継続した。このフィールドワークは、タイ北部の谷地全域、すなわち、ビルマ国境から東方はチエンマイ谷地を横切って、ナーン谷地まで、また南東方面ではコーラート高原を越えて、ラオスとの国境となっているメコン川にまで及んだ。バンコクとアユタヤでは、壁画の写真を撮り、私的な収蔵品の中の織物や衣裳も調査させてもらった。

　1986年までに織りと染めについて私が得た知識は単なる技術的なものをはるかに超えていた。私には、織物が村の社会において装飾的役割以上のものを果たしているということがはっきりわかってきた。村の女性たちは、宗教生活と社会生活のあらゆる側面における織物の重要性を説明してくれた。染織は米の栽培の季節的周期と結びついている。なぜなら、女性たちは植え付けと刈り入れの時期には田で働き、残りの時期には綿と蚕を育て、糸紡ぎ、機織、染色の仕事をするからだ。このような活動はもっぱら女性の責任なのである。村の女性たちが私のために子守歌を歌ってくれたり、かわいい少女を美しい絹にたとえた求愛の詩を吟じたりしてくれたことはとても嬉しかった。彼女たちは私を彼女たちの寺に連れていき、仏教の祭事のために織られた儀式用の幟を見せてくれた。そして、私は村の人たちが僧侶たちに織物を贈る祭事の行列にも参加した。

　しかしながら私は、読者に、この古い機織文化がいつまでも安定的に続くとい

---

*フレスコ画　下地に漆喰を塗り、乾かないうちにその上から水溶性顔料で描く技法。ドライ・フレスコは乾燥した漆喰、あるいは乾いてしまったフレスコ画のように描くもの。

まえがき

◀ナーン県のプーミン寺院の19世紀の壁画。ラーンナーの衣裳を着た若い人々のグループを描いている。女性たちは横縞のくるぶし丈のパーシン*をはき、肩には飾り帯を掛けている。髪はてっぺんで結ばれ、金で飾られている。耳には金の筒を付けている。男性は模様入りのパーチョンカベーン*をはき、前ボタンの立ち襟のシャツを着て、腹部から膝にかけて刺青をしている。髪は剃りあげ、てっぺんだけを円形に残してブラシのように刈り込んである。花の小枝に似た耳飾りをしている。

う印象を与えることは望んでいない。観光事業や西欧型の農業や外国商品の大規模な流入が急激な変化をもたらしている。タイの伝統的な絹織物や木綿織物は今や工業生産の織物と競争しなければならなくなっている。最近は養蚕をやめて換金作物に転向するという動きがある。また、輸入種が在来種を圧倒して、伝統的養蚕の特徴とタイシルクの特質が脅かされつつある。

この本ではまずタイの人々について、民族的・歴史的に概観するが、そこではタイ族（The Tai）が最初どのような形で移住してきて、どのように各地に広がっていったのかということが、彼らの宗教的・社会的伝統を重視しながら語られることになる。織ることに関する伝説や、宗教や精霊信仰の儀式における織物の重要性について述べる章もある。第5章では古い彫刻、仏教壁画、王宮の記録や初期の写真などを論拠としてタイの歴史的衣裳について考察する。原料の栽培から織りの技術まで、織物生産についても詳しく説明したい。織り模様の地域的変化とその民族的独自性との関係については、衣服用の織物、儀式の場合の織物、さらに日常生活に使われる織物にわたって詳しく論証する。

タイ族という語は、タイ、ミャンマー、ラオス、ベトナム、インド東部、中国南部の一部に住む、いくつかのサブグループからなる民族グループを述べる時に用いる。19世紀以前、現在のタイ国はいくつかの王国と土侯国とで構成されていた。18世紀の終わりに北部のラーンナー王国がバンコクに首都をおく中央の王国、シャムに併合され、1893年に東北部のイサーンがその一部になった。そして、1939年にその名称はシャム（Siam）からタイ国（Thailand）と変更された。タイ（Thai）という語は特にタイ国の中のタイ族（Tai）を表す時に用いられる。

本書には多くのタイ語が出てくるが、それらはコーンケーン大学とチエンマイ大学の友人たちの助力によりローマ字に直したものである。北部および東北部方言のいくつかは私ができるだけ正確に訳した。

*パーシン　女性用の筒型の腰巻衣。胴部、中央部、裾部の3部からなるものと、胴部と一体化した中央部と裾部の2部からなるもの、裾部と一体化した中央部と胴部の2部からなるものなどがある。胴部は「ホア」（頭の意）、中央部は「シン」、裾部は「ティーン」（足の意）と呼ばれる。中央部、裾部が絹でできていても胴部は滑りにくいように木綿で作られる場合が多い。「パー」はタイ族の語で布を意味し、「パーホーム」（毛布）、「パーチェット」（飾り帯）、「パートゥン」（寺の幟）などのように使われる。
*パーチョンカベーン　長方形の織物を腰の周りに巻きつけ、両脚の間を通し、後ろか前でつまんでパンタロンのように形作って着用する腰巻衣。

序章

タイの人々、その歴史と文化

　タイは東南アジアの立憲君主国で北緯5度から21度の間に位置する。国土の総面積は198,455平方マイル（514,000km²）で、ミャンマー、ラオス、マレーシア、カンボジアと国境を接している。その風景を形づくるのは、熱帯雨林、豊かな沖積層の平野、半乾燥の台地、落葉性の熱帯丘陵林などである。国土の約5分の1は森林で、5分の1は草地と灌木と湿地、残りが定住地、耕作地である。気候は1年を通じて比較的一定しており、平均気温は24～30℃（75～85°F）だが、高地は別で、12月の寒冷期は丘陵地には霜がかかり、谷地の朝は冷たい霧がかかる。

　タイ北部のメーホーンソーン県および東北部のバーンチエンの有史以前の遺跡は、その地域に人類が定住した長い歴史を示している［Pisit and Gorman 1976］。メーホーンソーンの近くの洞窟の発掘地からは、石の手斧、柔らかい粘土で装飾を施した壺、BC 5000年のものとされる小さなスレート製のナイフが出土した。このナイフはおそらく野生の米の収穫に用いられたのであろう。BC 1500年以降は、水牛を使った稲作を基本とするいっそう進んだ文化が展開された。バーンチエン遺跡からは、青銅の装身具類、鉄や青銅の道具類、絵の描かれた壺、ガラスのビーズなどが発掘されたが、土の表面や青銅製あるいは鉄製の装飾品の表面には織物の跡が付いていた［Pisit and Diskul 1978］。織物の歴史研究者にとって最も興味があるのは、バーンチエンの遺跡の壺に描かれた、古い絹織文化を示唆する蚕や繭や桑の葉のような図柄である。

　これら金属器時代の人々やその子孫たちの歴史はまだはっきりしていない。古

◀絹製のパーシンの細部。コーンケーン県。緯マットミー模様が平織で織られている。染料はこの地方の植物とシェラック（ラックカイガラムシの分泌物）から作られている。この縁模様と同様のものが多くのタイのデザインに見られる（11ページの写真参照）。

右ページ上　ナーン谷地の水田。
背後にこの水田で働く村人に休息所として使われているわら葺きの小屋がある。

右ページ下　石灰石カルスト台地で囲まれたメーホンソーン近くの谷地。
ここでは有史以前の横穴遺跡が発掘されている。いろいろなものがそのまま残っており、その中にBC5000年頃の石の手斧、軟らかい粘土で装飾を施した壺、BC 5000年と小さいスレート製のナイフなどもあった。

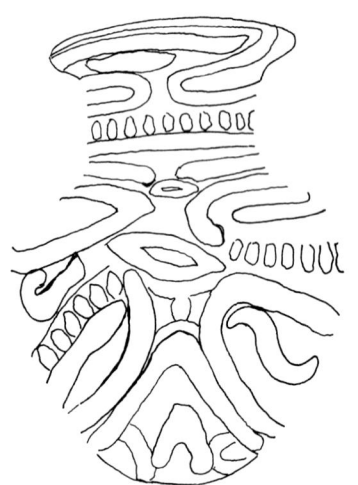

▲バーンチエンで発掘された赤土素焼き（テラコッタ）の壺のスケッチ。この図柄は蚕と繭に似ている。

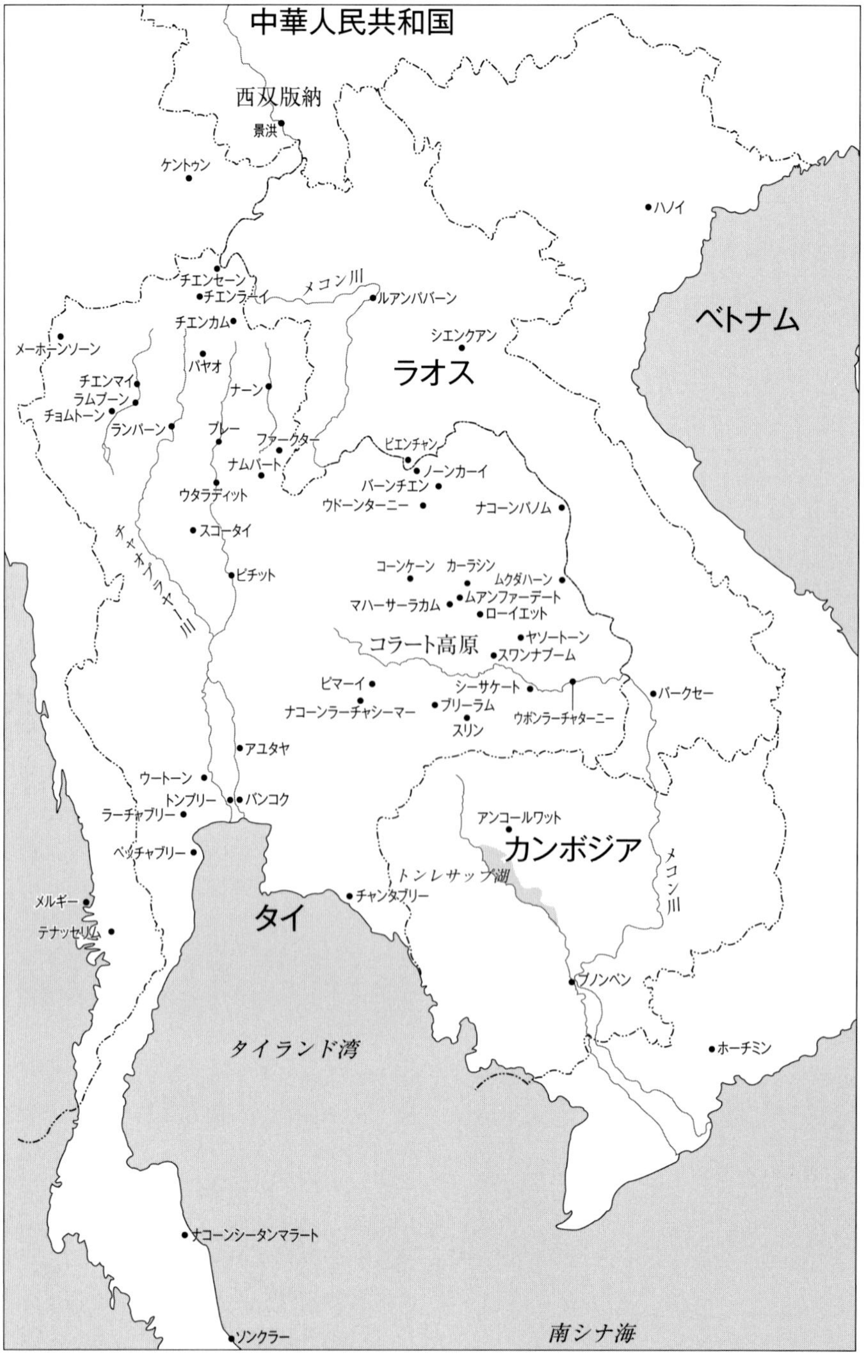

い物語や伝説には神話と現実とが混ざっている。時には歴史上の人物の名前が出てくるが、彼らはインドやスリランカの仏教的民間伝承から、あるいは中国南部の民間伝承から順序を入れかえて伝わってきたものらしい［Swearer 1974］。歴史学者ジャン・ボワスリエによれば、インドとタイの接触は3世紀か4世紀に始

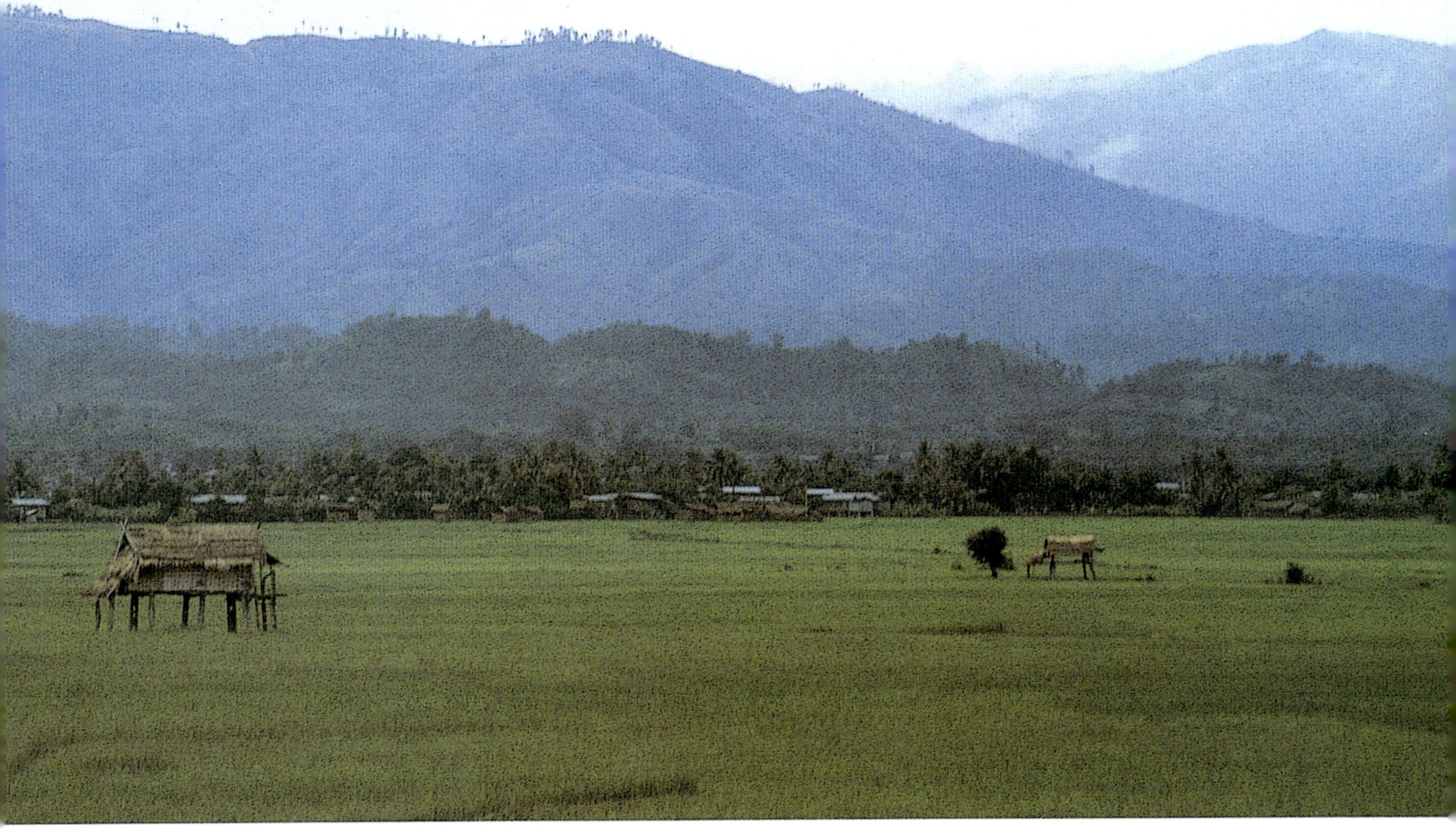
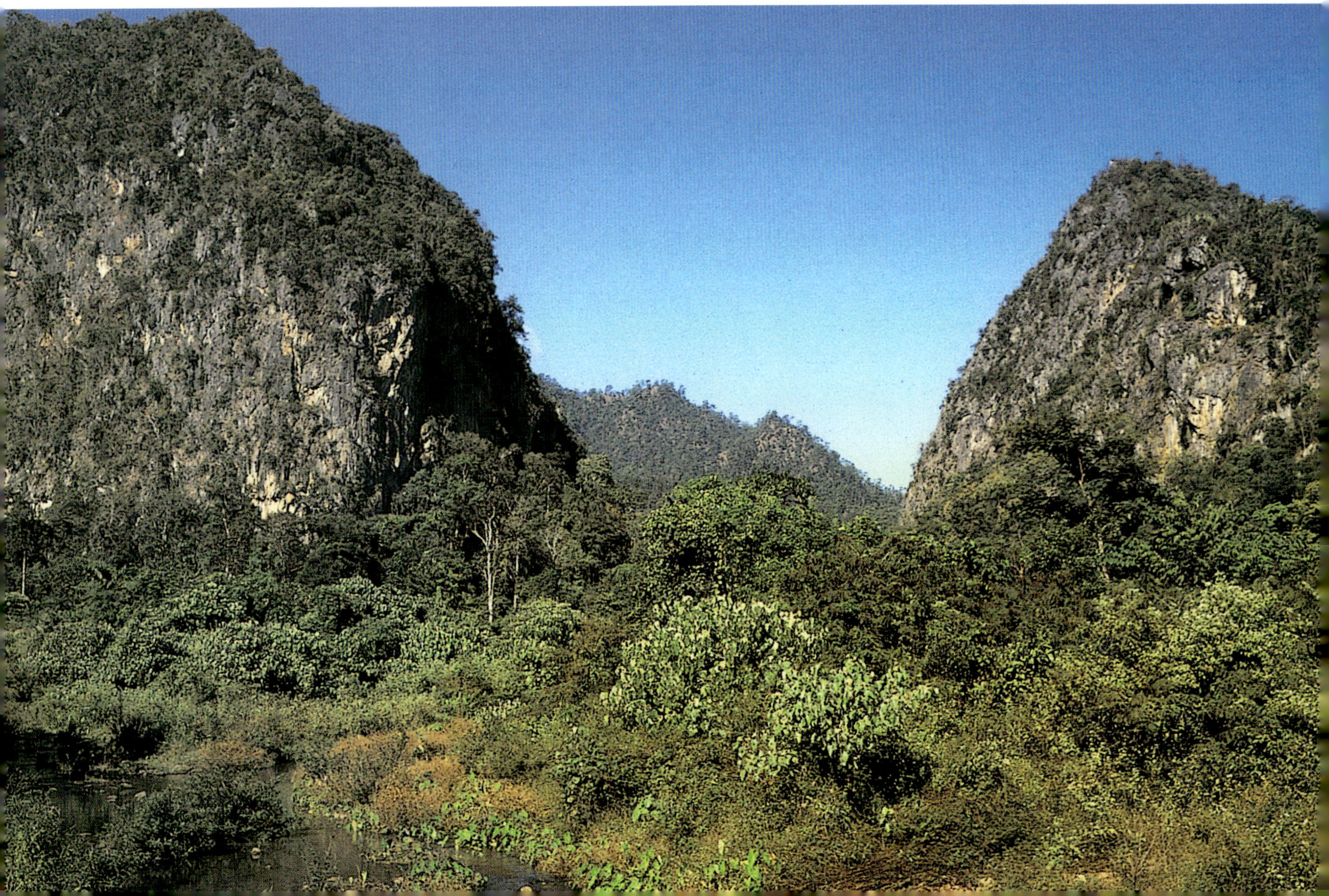

まった。インドの影響があったのであれば、金属文明がすでに導入されていたことになる。2つの文明の融合はドヴァーラヴァティーとして知られる仏教芸術に結実している。

ドヴァーラヴァティー王国は、6世紀から500年ないし600年間存在したと考えられている。王国民の大部分は中国西部に起源を持つモンゴロイド人、モン族であった。オーストロネシア起源のラワ族や中国南部から移住してきた少数のタイ族もいた。少なくとも20のモン族の町がタイで確認されたが、それらはタイ中央部のチャオプラヤー（メナム）川流域から、北部のラムプーン、そして東北部のムアンファーデートまで広がっている。モン族の都市は土の城壁で囲まれ、その内側に防御のための堀が掘ってあった。ダムや用水路が築かれ、運河が町に水を供給した。また、都市の城壁の外に建てられている仏教寺院に水を供給するために小さな池が掘られた。多くの残存しているドヴァーラヴァティーの建造物は仏教のもので、ラテライト（焼成粘土）の基礎を持ったレンガの建物である［Pisit and Diskul 1978］。

いつ仏教が初めてタイに伝来したかは正確には記録されていないが、インドのアショーカ大王の時、およそBC 300年にもたらされたであろうと考えられている［Pisi and Diskul 1978］。インドからの陸の絹の道はビルマを通り雲南*に至る。このルートを旅した仏教の指導者がビルマからタイへ方向を変えたのかもしれない。記録の上では、仏教への改宗は、上座仏教*がインド南部からタイ中央部へ広がり、モンの人々に採用された2世紀以後のことである。伝説的なタイ北部の記録によれば、モンの女王チャーマテーウィーが7世紀にラムプーンの町の基礎を築くに当たり、タイ北部に上座仏教を導入したとされている［Swearer 1974］。

モン族の都市は芸術と文化の中心となり、伝説によれば、ラムプーンのチャーマテーウィー女王は学者、宝石商、彫刻家、銀細工師、金細工師、画家を王国に連れてきて働かせた［Swearer 1974］。この時期の建造物や彫刻や宝石類の残存する実例はあるが、織物に関係するものは、衣服や腰帯にシンプルな幾何学模様を型押しするために用いられたと思われる粘土の押し型だけである［van Esterik and Kress 1978］。そのような粘土の押し型の模様のあるくるぶし丈の腰巻衣と腰帯を着けた菩薩（仏陀の前身）のテラコッタや石の小像が、最も重要なドヴァーラヴァティーの都市の1つであるタイ中部のウートーンから発掘されている［Pisit and Diskul 1978］。ラーチャブリー県クーブワで発見されたドヴァーラヴァティー期の漆喰とテラコッタの像は、前にタックがあるシンプルなくるぶし丈の腰巻衣を着け、ひだのついた透けた飾り帯で胸を覆っている。装飾品類には精巧な首飾りと腕輪が含まれている。男性はサロンを着用し、肩と腰に飾り帯をして、耳飾りを付けている。ドヴァーラヴァティー期の少数グループであるラワ族

＊雲南　中国南部の省、ベトナム、ラオス、ミャンマーと境を接する。
＊上座仏教　タイ、ラオス、ミャンマー、カンボジア、インドネシアなどで信仰されているスリランカ系の仏教。出家者の戒律はきびしく、民衆の出家者に対する尊崇の念は現在でも強い。上座は修行した僧侶を指し、戒律を重んじ自己自身の人格形成を目的とする教理を説く。

序章 タイの人々、その歴史と文化

▶祭礼用の木綿の幟の細部。チエンマイ県サンパートーン。平織りの木綿地に赤茶と黒の絵緋(えぬき)による模様を出している。船のモチーフはスマトラの祭礼用織物に一般的である。

は、現在もタイ北部の小さな地域に住んでおり、シンプルな木綿の経緋織物を織り続けている。その技術はドヴァーラヴァティー期以前のものと思われる。

ジャワおよびスマトラとの結びつき

モン族の都市が繁栄すると、さらにインドネシア群島のシュリーヴィジャヤと呼ばれる王国との文化的交流が起こった。この王国はタイ南部に属領国家を作り、

それは13世紀まで存続している。この時期のインドネシアとの通商の証拠となるものとして、タイ南部で発掘された9世紀の青銅の彫像があるが、これは中部および東部ジャワで発見されたものと似ている［国立博物館、バンコク］。インドネシアとタイ族の織物に共通な図柄が残されていることから、織物の交易があったことが明らかである。特に興味深いのはスマトラとタイ・ルー族※の儀式用の幟の類似性である。両方とも、階級を示す幟や傘を持った男性の乗った船の絵柄が織られている。そのほかの共通する図柄としては、馬、蛇、鳥がある。これらは具象的に織られているので多くの種類が識別できる。抽象的な図柄としてはダイヤモンド、鉤、結合した渦巻きや垂れ飾り模様があり、これらは縁の装飾として織られている。タイ族とスマトラの多くの儀式用織物は形が長方形であるが、織り出された図柄の配置から、タイ族のは縦方向に吊り下げられたのに対し、スマトラのものの多くは横に広げられたことがわかる。タイ・ルー族の祭礼の旗は染めてない手つむぎの木綿の地に赤茶の絵緯※で模様を出してあり、スマトラのものと同様である。これらの儀式用の織物は主に木綿で織られているが、タイ族の場合でもインドネシアの場合でも、絹や金属糸が用いられている例もある。

クメール※の影響

7世紀から13世紀にわたり、クメール王国がタイ族の文化に強い影響を与えた。クメールの寺はタイ東北部の、スリン、ナコーンラーチャシーマー、ブリーラム地方で発掘されている。タイ東北部のピマーイの精巧に彫刻の施された寺院は、カンボジアの12世紀のアンコールワットの寺院と同時代のものである。14世紀にタイ中部のスコータイの王宮を訪れた中国の使節チョー・タ・クアンは、クメール人たちはタイ族から絹を織ることを学んだのであり、彼らは絹織について古くからの伝統は持っていなかったと記している。絹織の起源については論争を歓迎するが、特に、織る前に糸を絞り染めしてデザインされる絣（マットミー※）に共通の織り模様に証拠がある。歴史家たちはマットミーの模様とアンコールワット

※タイ・ルー族　タイ族の1つ。22ページ参照。
※絵緯（えぬき）　原文は supplementary weft（補助の緯糸）。織物の地を組織する緯糸のほかに模様を出すために織り込まれる緯糸を言う。絵緯を用いて模様を織り出した織物をタイでは「キット」または「ムーク」と呼んでいる。特に布幅全体にわたって1本の（同色の）絵緯を通した、連続した絵緯（88、129～130、132～133ページなどの写真）がキット（またはムーク）と呼ばれ、模様にしたがって様々な色糸を織り込んだ、不連続な絵緯（91、136、137、156、168ページなどの写真）は「チョク」と呼ばれる。
※クメール　9世紀から14世紀中葉まで約600年にわたって、カンボジア北部、タイ東北部を中心とした地域に栄えたいくつかの王朝を広くクメール帝国と呼び、狭義には12世紀前半から13世紀前半に栄えたアンコール朝を指す。最盛期のスールヤヴァルマン2世（1113～50年頃）の建立したアンコールワットは有名であるが、タイ東北部にはクメール様式の寺院などクメールの遺跡が多数ある。クメール人は、大部分がカンボジア、一部はタイ東北部、ベトナム南部に住む。かつては東南アジア大陸部の先進民族として南下してきたタイ族に大きな文化的影響を与えた。
※マットミー　糸のところどころを括って染色してから織ることにより絣模様を出した織物、多くは緯糸を括るが、経糸を括る場合もある。インドネシア語およびマレー語では「イカット」と言う。

序章◆タイの人々、その歴史と文化

▶チエンセーンの14世紀の女神の石像。ひだの付いたくるぶし丈の腰巻衣に花の模様が彫られている。

の装飾的な石の彫刻との間の類似性に注目している［Sheares 1984］。ピマーイには同様の装飾的彫刻のあるクメールの寺院があり、この地方の織り手たちはこれらから直接影響を受けたと思われる。

タイ族の広がり

　12世紀まで、タイ北部および東北部のおもな住民はモン、ラワ、クメール族の人々であった。しかし、13世紀にタイ族がこの地方の歴史に顕著な役割を演じ始めた。もともとは中国南部の雲南の出身であると信じられているタイ族は、ゆっくりと何世紀もかけて、南のビルマ、ベトナム北部、ラオスに移動し、川と谷に沿って、クメール族、モン族、ラワ族、ビルマ族の間に定住するようになった。13世紀にはタイ族は族長の統治によるいくつかの小さな独立都市国家を形成した。これらの小国は同盟を結んでモン族の支配に対抗し、徐々に彼らの力を弱めていった。北部における最も初期のタイ族の定住地の1つは、メコン川沿いのチエンセーンに作られた。この時代の女神の石像は、花の模様を彫ったくるぶし丈の腰巻衣をはいている。

　タイ族は、言語、そして独自の織物様式と衣裳などの文化に基づいて、1つの民族グループとして特定できる。彼らの多くは低地の農村に住み、主要農産物である米を栽培し、女たちは機織用の糸を得るために養蚕と綿花栽培を行なっている。西はアッサムから東はベトナム・中国まで、タイ族には多くのグループあるいはサブグループがあるが、織物や衣裳については以下のグループのことを述べたい。第1のグループは「タイに住むタイ族」で、1939年にこの国をタイ（Thailand）と称することを宣言したことにより「タイ」（Thai）＊と呼ぶようになった。それまでこの中部の王国はシャムと呼ばれ、北部の王国はラーンナー、東北部はイサーンと呼ばれていた。

　祖先がラーンナーの住民であったタイ族はタイ・ユアンと呼ばれ、ヨノックというもっと古い北部の王国の子孫であると信じられている。タイ・ルー族は中国南部の西双版納（シーサンパンナー）＊のタイ族の子孫である。多くはナーン谷地やチエンマイ県の一部に住むことを強いられ、現在では彼らはナーン県の多数派集団となっている。タイ・ラーオ族＊はラオスのメコン川流域の出身で、タイ東北部の多数派集団である。ラーオ族の中の小グループにはラーオ・プー・タイ、タイ・プアン、ラーオ・クランがある。タイ・ヤイはビルマのシャン州出身のタイ族で、タイ北部で主に木材の交易に携わっている。

ラーンナー王国、タイ北部

　タイ語で都市国家を表わす語はムアンといい、地図を眺めてメン、モン、ムオン、ムアンといった語を含む地名を拾い出せばタイ族の地理的な広がりを知るこ

＊Thai　いわゆる「タイ人」である。
＊シーサンパンナー（西双版納）　中国南部の雲南省の最南端、ミャンマー、ラオスと国境を接する自治州。シーサンパンナとは12（タイ語でシップソーン）のパンナー（行政単位）の意味。州都は景洪。人口62万人。そのうちタイ族と漢族が各30％、その他は少数民族。かつてこの地はタイ族の封建領主に支配されてきた。
＊タイ・ラーオ族　これはタイでの分類名で、ラオスでは単に「ラーオ族」となる。なお、ラオスではTaiをまとめて「ラーオ・タイ（またはアーイ・ラーオ）」と呼んでいる。

序章 タイの人々、その歴史と文化

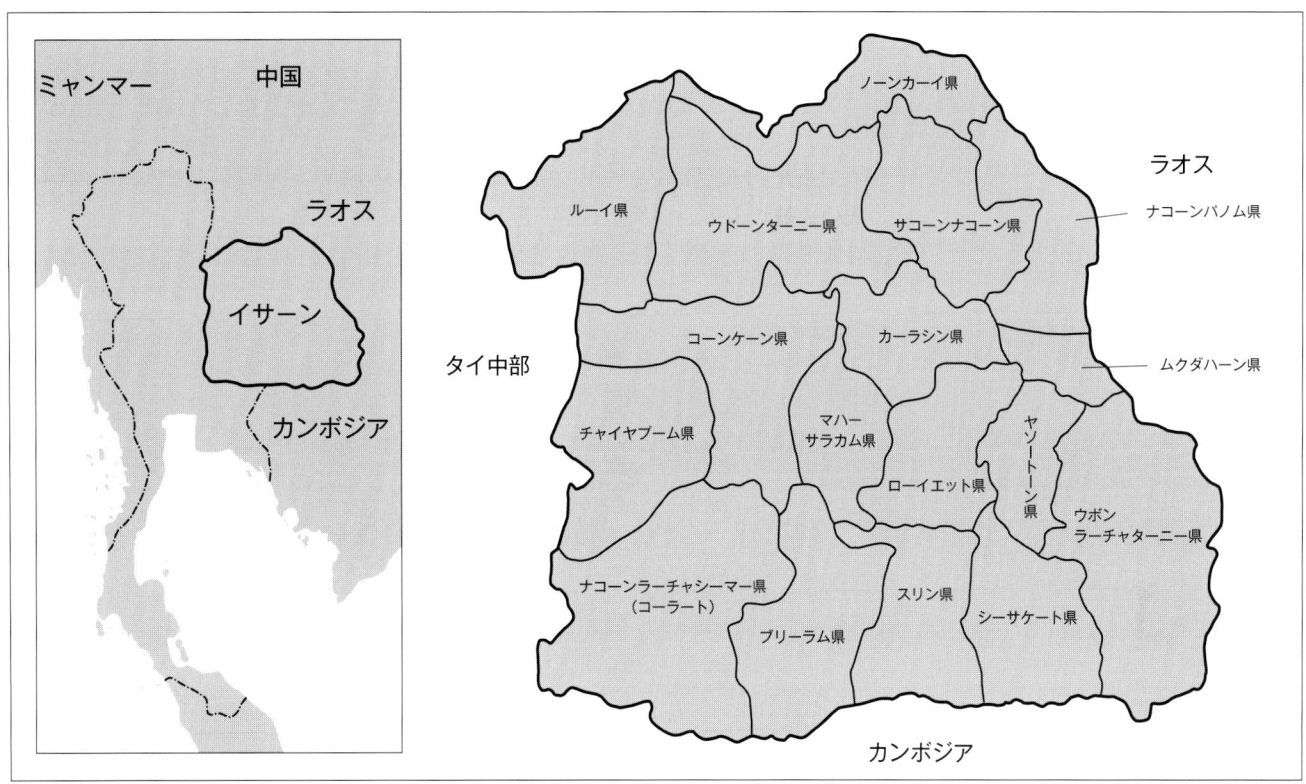

▲イサーン（タイ東北部）の各県

とができる。チエンマイ、チエンラーイ、チエンセーン、ラムプーンを支配していたマンラーイ王に率いられていたタイ族は、13世紀まで北部における強力な民族であった。15世紀までには、この王国はプレー、ナーン、パヤオにまで広がった。タイ北部のラーンナー王国が政治的にも文化的にも独立した国となったのはこの時からであった。建築、絵画、織物を含む装飾芸術の独自の様式が開発された。ラーンナー王国は独立してはいたが、ビルマの侵略に絶えずさらされ、中部の王国であるアユタヤとの国境ではしばしば争いが起こった。1782年、ラーマ1世は首都をアユタヤからバンコクに移し、ラーンナー王国をシャム王国に統合した。

　統合後もラーンナーはかなりの程度独立を保った。金や銀による貢納のためにバンコクを訪れることを除けば、ラーンナーの王たちは実質的には自由に国を統治することを許されていた。1877年になって初めてシャムの高等地方行政官がチエンマイに駐留するよう命じられた［Le May 1926］。行政官が任命され部下と共に赴任したことで、シャムの風俗がもたらされ、チエンマイの人々の注目を集めた。これらの新しい風俗はチエンマイの寺の壁画や当時の写真に記録されている。しかしそれらはラーンナーの都市部を越えて広がることはなかったので、地方の織り手は20世紀に至るまでずっと独自性豊かな様式を作り出し、民族衣裳を身に着けていた。

イサーン地方、タイ東北部

　タイの東北部はイサーンとして知られ、東は平原がメコン川まで広がり、南はコーラート高原を横切ってカンボジア国境に達する。イサーンは独立した王国ではなく、20世紀に至るまでしばしばカンボジア、ラオス、中部タイ、ビルマから自国領だと主張されていた［Keyes 1967］。イサーンの住人は主にタイ・ラーオ族の血統である。14世紀以降、彼らは中国雲南から南へ移住してきた。ラオスからイサーンへの移住は、18世紀のはじめに仏僧プラ・クルー・ポン・サメットに

▲ラーマ5世王（チュラーローンコーン王）を歓迎するために待っているタイの地方の女性たち。1900年頃。彼女たちは伝統的な絹のパーシンと白い飾り帯を身に着けている。
サイアム・ソサエティ。

導かれた3000人のタイ・ラーオ族がビエンチャンの王国からやってきて以来、増大していった。1793年にラーオの貴族に伴われた更なる移住者が現在カーラシンと呼ばれている地域に定住した。その4年後にはコーンケーンに、そして18世紀の終わりまでに、スワンナプーム、カーラシン、ローイエットにもラーオ族の定

▲王宮の情景を描いた寺の壁画。ナーン県ノーンブゥア寺院。

住地ができた［Keyes 1967］。さらにタイ・ラーオ族はコーラート高原とマハーサーラカーム地方へも移住してきた。バンコクとの関係は弱かった。イサーンの諸侯は中央には銀や金を貢納し、時には首都に使役として労働者を送ることを要求された。19世紀にシャムは、領土拡張を競い合っていたビルマの英国と、ラオスのフランスの圧力を受けることになった。1893年にシャムとフランスの間で、

ラオスをフランスの保護領とするという協定が成立した。シャム人はメコン川の東岸から撤退し、新しい協定の条件の下で、イサーンはシャム王国の一部となった。ラーマ5世はイサーンにおける行政組織の改革に着手し、県を設置して、その地域を治めるために地区ごとに行政官と事務官を配置した。

　イサーンにおいてタイ・ラーオ族の人口が多いことは、イサーンの人々の織り模様と服装の多くがその起源をラオスに持つことを意味している。ただし、イサーンの南の方には、主としてスリン県、シーサケート県、ブリーラム県に約50万人のクメール人がいて、彼らはクメールの伝統的な織り模様を持っている。それらはイサーンの織物のバラエティーを豊富にしている。

ラーンナー、イサーン、アユタヤ間の文化的交流

　14世紀の半ばから16世紀にかけて、アユタヤ、ラーンナー王国、イサーン地方の間には外交的・文化的交流があった。ラーオ人のラーンサーン王国は首都をビエンチャンに置き、イサーンの北部はその領土だった。ラーンサーン王国のラーオ人の王子たちはラーンナーの王女たちと結婚し、ラーンナーの王位についた王子もあった。ラオスとアユタヤの王族の間にも盟約と縁組があり、ラオスのサイニャーセーターティラート王はアユタヤとビルマとの戦いの間、義弟に当たるマハー・チャッカパット王を助けた。ラオスとラーンナーの文化的繋がりは、ラーンナーの文字とラオスの宗教書に用いられている文字との類似性を見れば明らかである。モントンウドーンで見られる例のように、イサーンの寺院がラーンナーーラーンサーン様式を反映している例は少なくない。[Samosorn 1989]。

　文献史料はないが、結婚の縁組がアユタヤ、ラーンサーン、ラーンナーの間で取り交わされた時に、王女の持参品の中に織物製品が含まれていたということはありそうなことである。こうして宮廷の織り手たちは新しい模様や新しい服装形式を目にしただろう。しかし、このような外からの影響が村の織り手たちにまで及んだかどうかは推測の域を出ない。バンコクの宮廷においてイサーンおよびラーンナーの織物が着られたことはよく記録されている。バンコクの王族と結婚した北部や東北部の王女たちは、自分たちの伝統的な服装を守り、定期的に出身地から織物を取り寄せていたのである [Chumbala 1985]。

スコータイ王国

　13世紀を通してタイ族は中央の平地へと南下を続け、そこでモンとクメールの帝国を圧倒し始めた。そして、1238年にはスコータイからクメール族を追い出した。13世紀のスコータイは小さな王国に過ぎなかったが、国土は肥沃であった。当時の碑文には「このスコータイはよいところだ。水には魚が住み、田には米が実る…。象の商いをしたい人は象の商いをしている。馬の商いをしたい人は馬の商いをしている。銀や金の商いをしたい人は銀や金の商いをしている…」とある [Griswold and Prasert na Nagara 1967]。

▲ダムロン・ディサクン王子の娘プーンピサマイ王女。スコータイスタイルの服を着ている。1900年頃。サイアム・ソサエティ。

序章 ❖ タイの人々、その歴史と文化

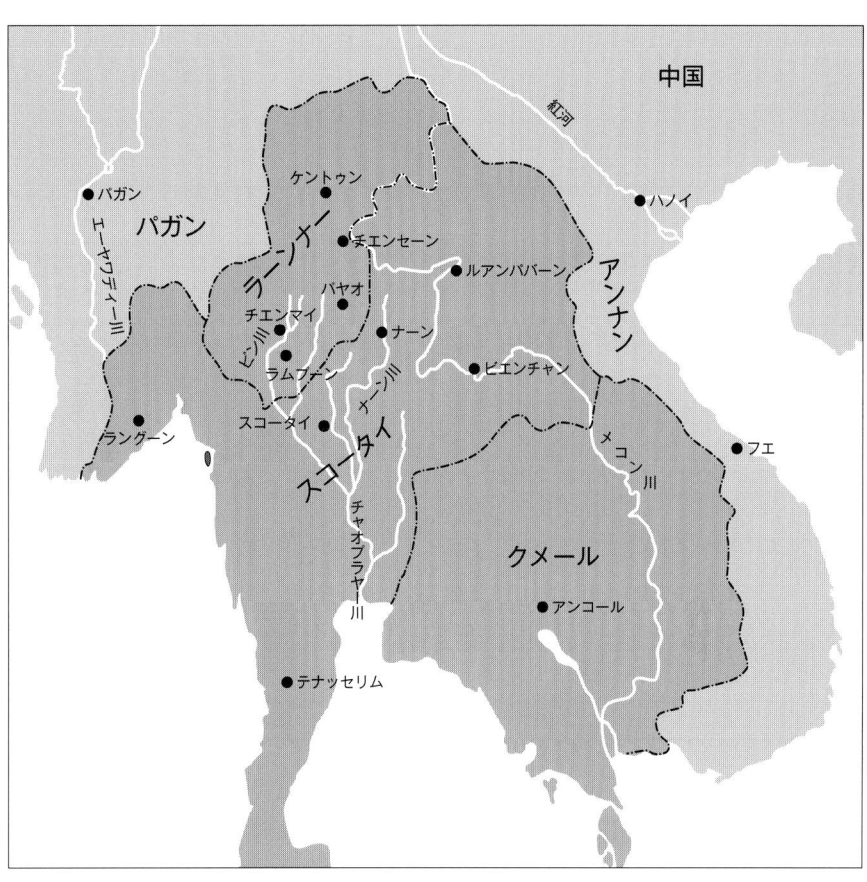

▶ラーンナー、スコータイ、クメール王国。
13世紀末〜14世紀初期。

　スコータイの最も有名なタイ人統治者はラームカムヘーンであるが、彼は14世紀のはじめまでに中央平原から東のルアンパバーン、南の半島部まで王国の領土を拡大した。ラームカムヘーンと北方のチエンマイおよびパヤオの諸侯はそれぞれの国境を侵入から守るために同盟を結び、安定と拡大の時代を迎えた。スコータイ時代はタイ芸術が最初に花ひらいた時期と考えられ、スコータイの復元された遺跡は、この偉大な文化を生き生きと思い起こさせる。ラームカムヘーンは中国と外交関係を確立し、中国の工芸家たちをスコータイに招いた。その代わりにスコータイは定期的に外交使節団を中国に送り、彼らは交易品を持ち帰った。その中には織物もあった。13世紀、14世紀の中国の外交官たちの手紙から、スコータイにおいて最も欲しがられていた布は絹布、ビロード、朱子、綿布であったことがわかる。綿布と絹布は地域的には織られていたが、中国、ビルマ、インドからもたらされた織物もある。祭礼の時のために五色——黒、白、赤、緑、黄色——に染められた綿布は「ベンチャロン」として知られていた［Chumbala 1985］。スコータイの石碑には、祭礼の時にこの五色の布を使ったことが記録されている。1361年に1人の重要な宗教指導者がスコータイを訪れた時、王家の布告により五色の布がその通り道に敷かれたという［Division of Education 1964］。
　スコータイはラームカムヘーン王の治世の間は富裕で強い王国だった。しかし

▲釣り鐘型の仏舎利塔の列。アユタヤ。15世紀。

王が1317年に死去すると勢力は衰え、1378年にチャオプラヤー川の南に位置するアユタヤ王国のラーマーティボディー王がスコータイを併合し王国の一部とした。

アユタヤ王国

　アユタヤ時代（1350〜1767年）、タイ族は、国家的な儀式にバラモン僧と仏僧が参列するという、今日でもタイにおいて続けられている慣習を含め、いくつか

序章 タイの人々、その歴史と文化

のクメール文化の伝統を守っていた。アユタヤの君主たちは、「神王」というクメールの概念を反映した「生命の主」という称号を用いた。アユタヤが力を増すにつれて宮廷のライフスタイルは贅沢になり、金銀の錦織や宝石で縁取りされた絹織物などの宮廷衣裳は王の力を反映したものとなった。

15世紀の半ばから、イスラム教徒の商人が、コロマンデル海岸*からスマトラ、ジャワ、ビルマにおける主要な通商ルートの港へインドの織物を持ってくるようになり、そこからさらにそれらの織物はアユタヤへ送られた。15世紀の終わり頃にはポルトガルがこの商売を引き継ぎ、17世紀にはドイツとイギリスの手に移った［Irwin and Schwartz 1966］。17世紀、商品はヨーロッパ、中東、インド、インドシナ半島、マレー諸国、中国、日本の間を行き来した。マドラスからアユタヤへの貿易品は、マラッカ海峡を通り、マレー半島の東沿岸を北上し、シャムのかんぬきとして知られるチャオプラヤー川河口まで船で運ばれた。アユタヤは上流50マイル（80km）にあるので、マドラスからの全航行時間は約6ヵ月であった。もう1つのルートはベンガル湾を横切りメルギーから川船でテナッセリムに出て、そこで仲買人が船荷を小舟かあるいはロバと象に積み替え、アユタヤの東北部まで運ぶというものであった。このようにして捺染や手描き染めの綿布がス

▶チエンマイ県プラシン寺院の壁画。19世紀のチエンマイの統治者の王宮。窓から女性たちが覗いている。カーテンはヨーロッパあるいはインドから輸入された捺染綿布である。

ーラト*やコロマンデル海岸からアユタヤに輸入された。これらの織物は壁掛け、部屋の仕切り、敷物、および衣服用に用いられた［Gittinger 1982］。これらは直接染色法か防染法*の技法による手染め、あるいは、木型による捺染の製品であっ

＊コロマンデル海岸　インド東南部。マドラス（チェンナイ）などの港がある。
＊スーラト　インド北西部のアラビア海に面した港。
＊防染　糸でしばったり、糊や蠟などをつけて布の一部に染液が浸みこむのを防ぎ、模様を染め出すこと。

▲タイのマーケット用にインドで作られた手描きおよび捺染の綿織物の細部。18世紀または19世紀。

た。この貿易に関する記述は、オランダやイギリスの貿易会社[*]の17世紀の記録の中に次のように見出すことができる。「マースリーパトゥムからの最後の輸送船である4隻のインド船が、布市場を興奮させるようなあらゆる種類の捺染の織物を運んできた。しかし、ほとんどは直接に王に売られるであろう、なぜなら王はいつも最高の値段をつけるから…」[Satkul 1970]。

インドのパトラ（経緯の絣）の織物もタイに向けて輸出された。そのことについては、アジアで働いていたヨーロッパ人が書いた記録に出てくる。17世紀のフランスの旅行者タベルニエも次のように書いている。「パトラは、絹で織られた、様々な色の花が描かれている非常にしなやかな布で、アーメダーバードで作られている。これはオランダにとって儲かる投資の1つで、会社はこの独占的な交易に社員が手を出すことを許さない。それらはフィリピン、ボルネオ、ジャワ、ス

---

[*]東インド会社。

序章◆タイの人々、その歴史と文化

マトラ、およびそのほか周辺の国々に輸出されている」

パトラは形は長方形で、12の基本的なデザインがある。中央部分には植物と動物の形態を基にした模様がある。織物の耳部分は縞や単純な幾何学模様で縁取られている。布の両端は花、植物、あるいは動物のモチーフ、幾何学模様およびジグザグの線と縞が配されている。タイやカンボジアの王宮の織物はパトラの様式の影響を受けたが、インドの模様の代わりにシャムとクメールを起源とする織り模様が用いられることが多かった。パトラはパーチョンカベーンとして、身体の周りに巻きつけたりタックを取ったりしてパンタロン風に着られた。

ナーラーイ王の時代（1656〜88年）にはヨーロッパの布や衣服が流行した。アユタヤに来たフランス人たちは王家と良好な外交関係を築き、ナーラーイ王とルイ14世は手紙の交換をした。1684年にシャムの外交官たちがヴェルサイユ宮殿を訪れた時、ルイ14世は「彼らに会うのを喜び、いかなることでも兄弟王のシャム王を援助すると約束する」［Launey 1920］と言明した。

タシャール神父＊の手紙によれば、フランスのファッションに関する報告がナーラーイ王に届くと、王は次の品々をパリに注文した［Chumbala 1985］。

1. 金で刺繍され真珠の装飾のついた赤いベルベットのコート
2. 赤いベルベットで真珠飾りのある袖なしの外套2枚。2枚ともベルベットの小布と絹と金のレース飾り付き
3. 白いベルベット
4. 青いベルベットと赤いベルベットの小布。絹、金のレース、金色の絹および真珠で刺繍したもの
5. フランス様式にタイの袖をつけた緋色の外套
6. アユタヤから送った模様のとおりに絹と金箔で刺繍した3枚の布
7. タイのデザインで作ったレース
8. フランダースのテーブルクロス
9. 金の花模様のついた薄地の絹各種
10. 縞の織物

17世紀にはアユタヤは通商の中心で、少なくとも4ヵ所の織物市場があり、外国の商人たちが集まって売り買いをしていた。アユタヤの市民たちが中国の絹織物、インドの手描きおよび捺染の木綿布と絹の錦、ヨーロッパの麻織物とレースなどの熱烈な顧客であったという記録が残されている［Chumbala 1985］。輸入の織物は王宮のインテリアにも用いられた。1753年にスリランカの外交官たちは、アユタヤの王宮の応接室が高価な敷物と白い麻織物で溢れていたと述べている。

アユタヤの黄金期は1767年に突然の終焉を迎えた。この年にビルマの軍隊が侵入し、人々を殺戮し、略奪し、街を焼き尽くしたのである。彼らは王家の人々と

32〜33ページ　チエンマイ県プラシン寺院の壁画。「パソ」というロンジー（腰巻衣）を着けたビルマの高官たちが描かれている。これは、長さ10ヤード（9m）で、腰の周りに巻き、脚の間を前から後ろに通したあと、胴から一方の肩にかける。模様は「ルンタヤ」と言い、綴織の技法で波型の線を出している。役人たちは丸首のシャツとゆったりした上着を着て、ビルマ王室役人の被り物を被っている。膝のすぐ上に刺青の模様が見える。グループを案内している男性は田舎風の服装である。

＊タシャール神父　Gui Tachard（1650？〜1715？年）。フランスのイエズス会士。

何千人もの市民を人質とした。若き将軍プラヤー・タークシン*は落城するアユタヤから抜け出し、シャム湾のチャンタブリーで部下たちと再結集した。首都が廃墟となったため、プラヤー・タークシンは南方のトンブリーの小さな漁村の地に新しい首都を築くこととした。ビルマはさらに何回も侵略を試みたが、彼はそれを撃退した。そのような時代だったので、アユタヤ時代の手の込んだ衣裳は簡素な服に替える必要があった。女性はいつでも男性と共に戦えるようにしていなければならなかったので、簡素なパーチョンカベーンを着用して、髪も短く切って男性のように変装し、侵略兵から性的暴行を受けないようにした[Na Nakorn 1979]。1782年に、プラヤー・タークシンの下で武勲を挙げたチャクリー将軍が人々に推されて王位につき、チャクリー王朝を開いた。首都は川を渡ってバンコクに移し、そこに王宮と寺院が建設されて、発展の時代が始まった。

バンコクの王宮

19世紀の間、シャム王国は栄えた。王族により芸術、文化の振興が図られ、西欧との間に外交関係が確立した。学校、病院が建てられ、道路が敷かれた。平和はタイ族の人々に安定をもたらし、ビルマによって荒廃させられた川谷や町を再び繁栄させた。バンコクのファッションは、ビルマとの戦いによってもたらされた混乱と崩壊のあとに訪れた新しい安定の時代を反映したものとなった。人々はすでにアユタヤ時代に出来上がった衣服の慣習を捨て去っていたので、ラーマ1世は新しい王宮から、シャムの時代に合った新しい決まりを発令した。高級官吏は錦織の絹を着ることと黄色の絹の傘を用いることを許された。地位の低い人々は簡素な服を着ることと無地の傘を用いることが要求された。金細工師と宝石商は、地位の高い人々にだけ贅沢な金やダイヤモンドを売るように命じられた。

19世紀の半ばまでには、エリート階級の間にヨーロッパのファッションが人気となったが、それはシャム風に変えて取り入れられた。女性は伝統的な腰巻衣パーシンあるいはパーチョンカベーンに西欧風のブラウスを着て、絹ストッキングと靴を履いた。ブラウスの上にはタイの絹か輸入の絹シフォン*でできた飾り帯を着けた。蝶結びの付いたレースのブラウスと西欧風の帽子も流行した。キャミソール型の上衣と華麗なパフ袖のジャケットは若い人たちに人気があった。伝統的衣服は今でも祭礼や国家的行事には着られるが、このシャム風と西欧風の混ざった服装は20世紀に入るまで続くことになる。

19世紀から20世紀の初頭まで、ラーンナーとイサーンはシャム王国の辺境とな

▲モンクット王(ラーマ4世)とその配偶者。1862年。王はパーチョンカベーンをはき、金で縁取りしたジャケットを着ている。配偶者は絹のマットミー模様の腰巻衣と錦織の絹の飾り帯を着用している。ピットリバース博物館。

▲バンコクの高級官吏の妻クンイン・サンガッド・ウィチャエン。レースで縁取りした洋風のブラウスと絹のパーチョンカベーンを着用している。1900年頃。サイアム・ソサエティ。

---

*プラヤー・タークシン アユタヤ王朝の末期にタークの国主の地位にあった。ビルマ軍を撃退したのち、1768年にトンブリーを都として王位についた。晩年は偏執的挙動などにより内乱を招いて王位を追われた。1782年に処刑され、1代15年のトンブリー王朝は終わった。1954年に救国の英雄としてトンブリーに銅像が立てられ、12月28日はタークシン記念日となっている。

*シフォン 透けるように薄い柔らかい手織の織物で、製織後も精練せず張りをもたせてある。経または緯に太い糸や金糸・銀糸を縞状に入れる場合もある。衣裳のほか帽子の装飾やリボンなどに用いられる。2枚以上重ねて用いられることが多い。

序章 ❖ タイの人々、その歴史と文化

▶ナーン県プーミン寺院の壁画。ヨーロッパおよびアジアの19世紀の服装を描いている。19世紀半ば、タイ東北部に西欧の貿易商とキリスト教伝道者がやってきた。

っており、バンコクからは小舟、馬、ロバあるいは象を利用して何日もかかり、雨季には通行不可能となった。このように比較的孤立した位置にあったため、ラーンナーとイサーンでは独自の文化が栄えて20世紀を迎えた。19世紀から、ラーンナーおよびイサーンの主要都市とバンコクとの間には、それらの地域を治めるために派遣された役人を通して正式の接触があった。外国の商人や宣教師も都市

や農村で活動していた［Hudson 1965］。これら外国からの訪問者の姿はラーンナーの仏教寺院の壁画に生き生きと描かれている。

1890年頃にチエンマイで写された初期の写真には、バンコクから派遣された何人かのシャムの行政官と専門家がシャム風と西欧風の混ざった服を着て写っている。チエンマイの王族の女性たちはエドワード様式*のブラウスにパーシンという服装だが、村民たちはその地域の服装で写っている。

イサーンのコーンケーンなどの主要な都市もまた、バンコクからの役人に治められたが、イサーンの商業はチークの森と肥沃な農地を持ったラーンナーのようには栄えなかった。しかし、イサーンではすばらしい絹布が生産され、それらがチエンマイ、ナーン、バンコクの王族たちや金持ちに買い求められた。ラーンナーやイサーンの田舎では、都市における外国貿易や商業の影響はほとんど受けなかった。これらの地域社会では、仏教と稲作という村の伝統が維持された。

稲作の周期

タイの農民は村の共同体の中で生活し、重要な食料として米を栽培している*。かつてタイでは、平民は誰でも家族を扶養するために25ライ（約10エーカーあるいは4ヘクタール）までは耕す権利を持っていた、と言われている*。しかし、今日のタイは基本的に小規模農民が谷地や平地を満たしている国であり、彼らは、時には「蛙の鳴き声の中に住んでいる人々」と言い表されている。米はタイの文化において特別な重要性を持っており、以下のように村の神話の中で仏教と結びついている。

「米というのはすばらしいものであり、高価なものである。釈迦と米は同時に生まれた。米は信仰とともにやってきたのである。師は、米を持つことによりすばらしい徳が得られるとたたえている」［『米の精霊の神話』Tambiah 1970］。

稲作の周期はモンスーンの雨の到着で（通常は6月）始まり、田は水牛により耕される。種籾はまず田の端の苗床に蒔かれ、そこで注意深く育てられてから、1年のうち最も雨の多い時期に、灌漑された田に移される。農民は、早朝に家で蒸したもち米を籐の容器に入れて昼食として田へ持っていく。もち米は、大釜に湯を沸騰させた上に木製の蒸し器を置いて蒸す。昼食は、籐の容器から取ったもち飯を指で丸めて、カレーや田で捕まえた小魚で作った料理につけて食べる。食

▲チエンマイ県ブアッククロックルアン寺院の壁画。女性たちは簡素な横縞のパーシンを身に着け、髪は上部で結んでいる。1人の女性は、土器の壺の上で蒸されているもち米の入った木製の桶をかき回している。

---

*エドワード様式　イギリスのエドワード7世時代（1901～10年）に流行した服装スタイル、女性服はハイネックで胸を張りウエストを絞り、腰は小さく後ろに突き出しスカートの裾を曳くスタイル。

*米　チャオプラヤー川デルタ地域を中心とするタイ国中部では長粒インディカ米を生産し輸出の主要品目にもなっているが、北部、東北部ではもち米を自給的に栽培し常食としている。なお、6月に植えられた稲は10月には収穫される。南部では9～10月に田植えし1～2月に収穫というところもある。中央平野の灌漑水田では乾季稲作も行なわれる。二期作、三期作を行なうところもある。したがって、次ページの1月か2月に収穫されるという記述はある地域に限って当てはまる。

*アユタヤ時代の法にこう書かれていたという。当時、タイでは王の下に、土地の配分に基づく、貴族―平民―奴隷の身分制度があった。

▲チエンマイ谷地の航空写真。雨季に米が栽培されている。13世紀以来の複雑な灌漑システムが存在している。

38～39ページ　タイ北部、メーホンソーン近くの谷。米が大きな箕（み）の中に吹き集められている。1人の男性が長い取っ手のシャベルで米を空中に放り上げ、他の2人は丸い竹製のうちわで落ちてくる米をあおいで籾殻を分けている。

事時には田の中の小屋に入るが、これには竹と木に波型のトタンとプラスチックのような近代的材料も加えて作ったというものもあり、小規模な村の建造物の例として興味深い。床にはその地方で織られたいぐさのござが敷かれている。飯を入れる籐の容器とござの織り模様は、タイの織物に見られるものと似ている。

米は乾季（1月か2月）に収穫される。この時は家族が集まって田から田へと作業を進める。彼らは稲の茎を小さな鎌で刈り、手作業で脱穀し、籾殻を吹き分ける。直径6フィート（2m）を越える大きな箕（み）を使って行なう脱穀方法は絵を見るように興味深い。稲束が箕の縁で叩かれると穀粒が箕の中に落ちる。穀粒は大袋に入れられ、牛か水牛が引く木製の荷車に載せて村へ帰る。タイ北部では収穫の時期には日が沈むのが早く、夜は涼しいので、いくつかの田では農民は稲の切り株を燃やし始める。収穫された米が家に隣接する納屋に無事に貯蔵されると、人々は次の植え付けの季節まで厳しい農作業から解放される。そして女性たちは、糸紡ぎと機織のために育ててあった綿の実と蚕に向き合うのである。

土地が肥沃で灌漑の行きわたった谷地では、この1年間の稲作のパターンは何世紀にもわたって続いてきた。しかし、東北部では土壌の質は貧弱でモンスーンの雨は不規則であるから、多くの農民と未婚の少女たちは都市へ出稼ぎに出る。結婚した女性や幼い子供たちと高齢者は村に留まり、おそらくその社会に、ある種の安定性を提供している。米の収穫が家族を養うのに十分でない村では、市場で売れるような絹織物と木綿織物を織ることが収入を得る重要な手段であり、都市への移住防止に役立っている。万一、米が不作の場合には、織物を少しずつ売る。つまり、女性たちは織物を銀行のように使うこともできる。このように織物は村の経済にも重要な貢献をしているが、第2章で述べるように、信仰と村の社会生活においても重要な役割を果たしている。

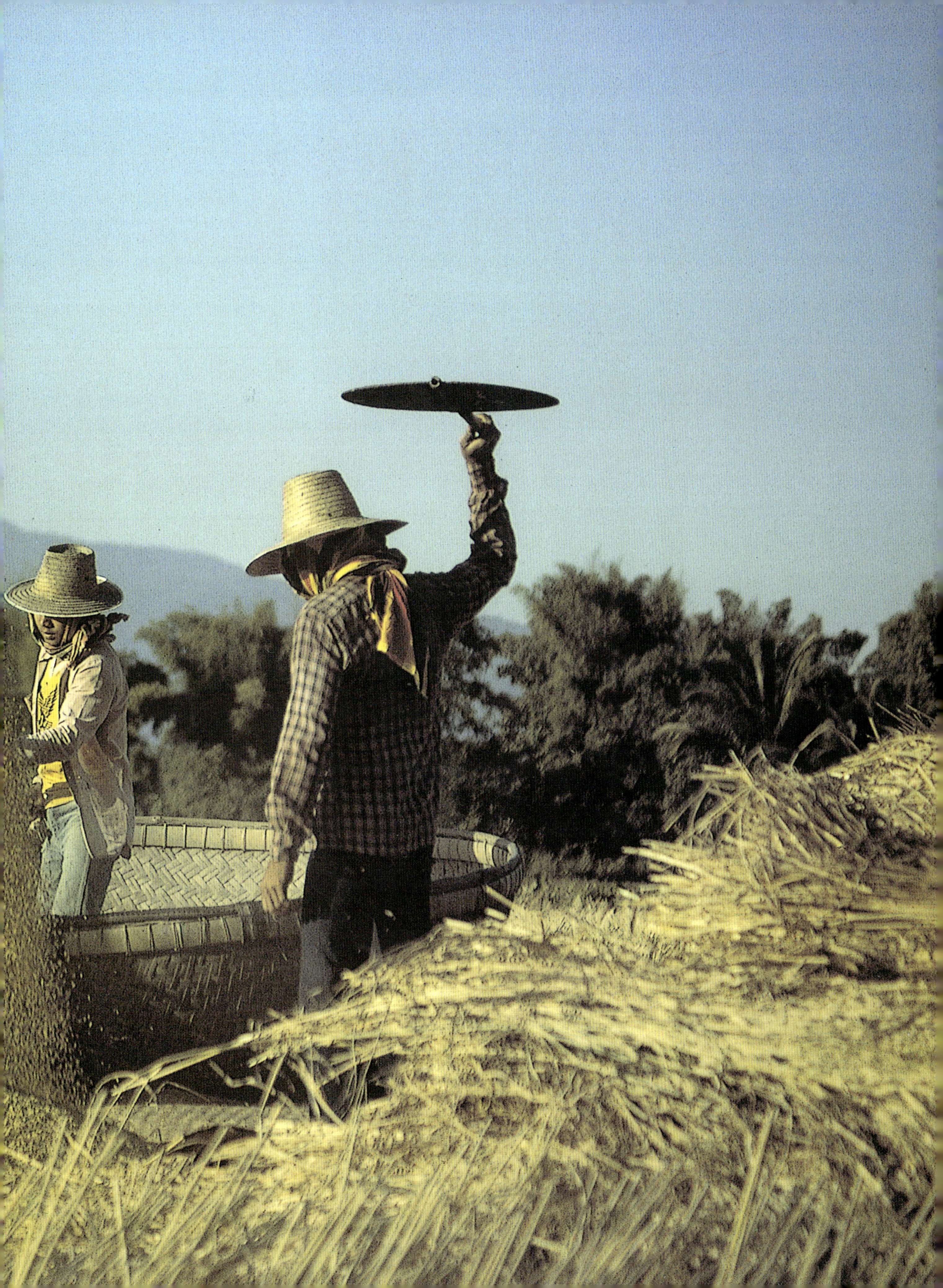

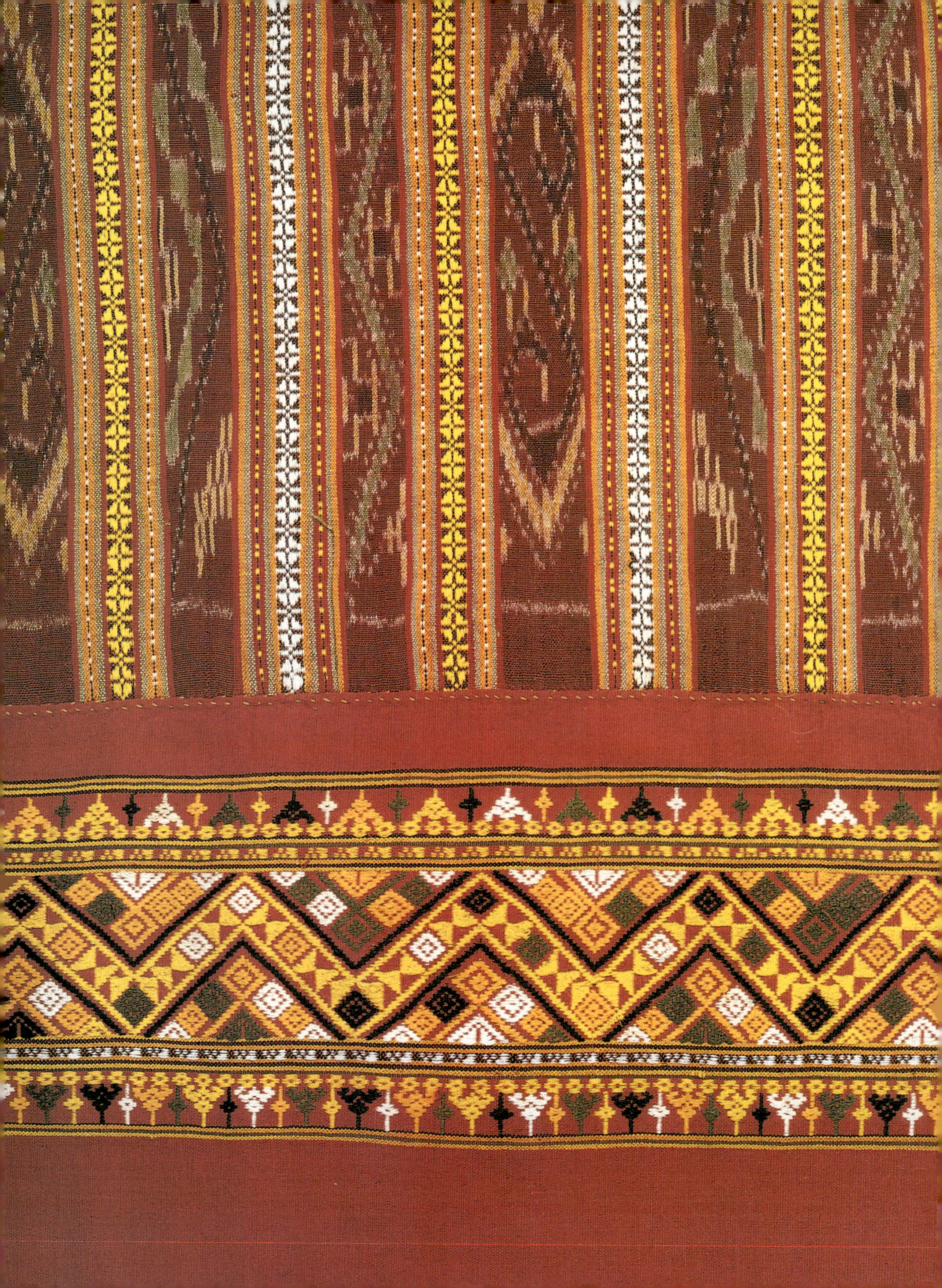

第2章

◆

織物、宗教と社会

　織物は着るにしても贈るにしても、あるいは宗教的儀式に用いるにしても、男性および女性たちと一生共にあって、誕生から死にいたるまでの道筋と、主要な仏教の祭事に反映される季節の移ろいのしるしとなってくれる。人の一生は晴れやかな模様の衣裳で始まるが、祖母たちの衣裳は美しい沈んだ色調へと変化し、高齢者は暗くすんだ色合いのものを着るようになる。織物に使わない糸もまた象徴的な用途を持っている。すなわち手紡ぎされた木綿糸に、蜜蠟を擦りこみ、僧侶によって清められてから、宗教的儀式の間、礼拝者のための囲いの象徴として用いる。この糸は人間の肉体と精霊を結ぶ象徴としても用いられる（48、54ページ参照）。

　世界の他の多くの地域と異なり、タイ族の間では織ることは独占的に女性の技である。古くからのタイ族の伝説によれば、守護神霊が神との仲介者クン・ボロムを通じて女性に織ることを教えたとされる。クン・ボロムの家系についてはさまざまに推論されてきた。あるタイ族の伝説では、彼は中国南部の雲南の王であると述べられている。また他の伝説では、タイ・ラーオの伝説的祖先であるとされている。クン・ボロムはタイ族の守護神霊がタイ文化の基礎を敷いた時、その仲介者として働いた。クン・ボロムは季節的なモンスーンの雨をもたらし土地を肥沃にする力を持つと信じられている。彼は農業の技術とタイ族の美術と工芸とをすべて教えた。守護神霊の導きを受けて、彼は女性たちに養蚕、木綿栽培、糸紡ぎ、織り、染めの技術を授けた。クン・ボロムは織るための道具、織機、紡

◀パーシンの細部。ピチット県。このデザインは絵緯模様を持つ木綿の部分と絹の緯マットミーの部分とが交互に配置されている。裾布は幾何模様を表した赤地木綿の錦織である。

▲ナーン県のプーミン寺院の壁画。タイのフレーム型織機で布を織っているラーンナーの女性が糸巻きを選んでいる。織機は竹の踏み木に繋がった4枚の綜絖枠と彫りのある木製の緯打ち具を備えている。経糸は上部の枠の上に渡され、織り手の上でその枠に固定されている。

錘車※、針、杼※をデザインした。彼は、織ることは技と勤勉さをもって行なわれるべき家庭の義務であり、この世における尊敬と、来世において報われるべき精神的功徳をもたらすと語った。

クン・ボロムの伝説は説教の形式で伝えられている。以下は、タイ東北部の村々において朗吟されているイサーンの説教の抜粋である。

> 良い妻は鍬の歯のようだ。もし彼女が優れた織り手なら、彼女の夫は美しい布を着ることができる。おしゃべりで織ることが下手な妻は、家族を貧しくみすぼらしい身なりにする。
>
> あなたの布をあわてて売ってはいけない。良い時期が来るまで待てば、よい値段が付けられる。あなたが上手に織った新しい布の値うちを知りなさい。腕ききに見せて、良い評価を得たら、正当な価格が得られるまで置いておきなさい。

＊紡錘車　木綿のような短い繊維を紡いで糸にする装置。
＊杼（ひ）　開口した経糸の間に緯糸を引き込む木製・金属製の舟形をした器具。中央に緯糸を巻いた管を差し込むように作られている。

第2章 ❖ 織物、宗教と社会

▶高床式住居の下で機織をしている若い女性。
ナーン県バーンドンチャイ村。

▲木製の杼を削っている村のきこり。
ナーン県バーンドンチャイ村。

▲絵緯模様の見本。カーラシン県バーンノーンヘーン村。
ワシントンDC、スミソニアン研究所。
写真はビクター・クランツによる。

　お金持ちになりたければ、あなたは創造的で勤勉でなければならない。功徳を積むことに注意を払い、寺院に寄付をしなさい。織ることに熟達しなさい。そうすればあなたは尊敬され、けっして借金することはない。

　タイの田舎では伝統的にすべての女性は布の織り方を教えられ、織ることは女性らしさを示すものと考えられる。男性たちは織物生産のための道具、すなわち織機、杼、紡錘車などを作る。しかし、いったん織機が組み立てられて、使われだすと、彼らは織機に触れることはしない［スリヤ・サムットカプト先生との会話から］。唯一の例外は村社会で織り手として認められた女装男性の場合である。
　伝統的な村社会においては、機織技術の巧拙は、妻あるいは主婦として成功するかどうかの目安となっている。すなわち若い女性が上手な織り手であると分かれば未来の花嫁として重んじられる。少女たちは母親か親戚の女性から機織を教えられ、幼児期から自分の家や村の中で行なわれる養蚕や糸紡ぎ、織り、染めの多くの過程を観察している。模様の織り方は書き記されてはいないが、ある世代から次の世代へと先例によって伝えられる。模様が複雑な場合は、参考として見本が残される。大人を観察して過ごした子供時代のあと、青春時代を通して技術を向上させた少女は、結婚するまでに、家庭用および儀式用の様々な織物の織り方を会得するであろう。

求婚と婚約

　求婚の季節は、伝統的に、米の収穫後、女性たちがそれぞれの家の中庭で糸紡ぎや機織に時間を費やす時期である。夕方、ランプの明かりの下に、若い男性たちは婚約していない少女たちを観察し言い寄るために集まってくる。東北部の多くの村々では、年配の女性たちは自分たちが若かった頃の機織の季節を思い出す。彼女たちが仕事をしていると、若者たちがセレナーデを聞かせるために楽器を携えて尋ねてきたものだった。タイ東北部のパヤー（求愛詩）には、機織に関する

▶ビルマ人の恋人たちを描いた寺院の壁画。
ナーン県プーミン寺院。
女性はゆったりとしたジャケットと胸当てを着け、金の円筒形の耳飾りをしている。男性はビルマ式に捻って結び目を作った頭布を着けている。耳たぶの大きな穴には装飾品がない。タイ北部の壁画にはしばしばビルマ人が兵士や高官、あるいは労働者として描かれている。

言葉が恋愛の肉体的あるいは精神的暗喩として使われている［Thamawat 1980. コーンケーン大学ソーラット先生の訳による］。

　　少年：座らせてください妹よ。あなたは夜明けの星のように美しい。天から
　　　　　降りた女神のようなあなたの傍らに座らせてください。
　　少女：どうぞお座りください。私の傍らのこの場所には誰もいません。けれ
　　　　　ど入り口には座らないでください。そこは犬の座るところですから。
　　少年：あなたは一番美しい絹布と最も繊細な絹糸に匹敵します。あなたは絹
　　　　　のように涼しげで美しい。あなたは一番目の細かい筬（おさ*）を使って最上等
　　　　　の絹布を作るのでしょう。あなたは25羽の緯打ち具*です。
　　少女：まあ、お兄さん、もし私が25羽の筬にたとえられるのならば、私の織

機に使う最上等の糸を探さなければなりません。
少年：私はあなたが新しいのが手に入るから捨てようとしている古い肩掛けのようなものです。あなたは55羽の優れた筬です。あなたが織るための糸を私が持っていたらいいのに。だけど私はあなたが私に関心があるのかどうか、それとも私を染めていない粗悪な糸だと思っているのか、分かりません。どうぞ私をそんな風に思わないで、私の糸をあなたの織機に通してください。
少女：あなたはけっして私を木綿にたとえたりせず、美しい絹にだけたとえて下さい。（原注）
少年：私は斧を持ってきて薪を切ることを決めました。私は罠で魚を捕まえ籠に入れて戻ってきます。私はとても絹の衣服を着たい。ですから私は蚕を育てるのを助け、彼らに食べさせる桑の葉を運びます。私はあなたのために苗床から稲の苗を運び、田に植え替えるのを手伝います。

（原注）　少女の美しさを上等の絹になぞらえるのは、求愛詩のごく一般的な喩えである。絹はしばしば女性の繊細な美しさを表現するのに使われ、木綿は粗野な容貌の女性を表現するのに使われる。ある詩では、男性は繭の外側の粗剛な繊維に、女性は内側の細く滑らかな繊維に喩えられている。

　求婚者に魅惑された（たぶん、彼の求愛の詩に惹かれた）少女が婚約に至るには家族の賛成が必要である。伝統的に、若い男性は、見習い僧の期間が終われば結婚できると考えられている。見習い僧の修行をするまでは、若い男性は「熟していない」とか「煮えていない」とか表現される［スリヤ・サムットカプト先生との会話から］。女性の結婚年齢は決まってはいないが、女性もまた「熟している」と思われることがその資格となる。1つの基準は、彼女が伝統的なパーシン（腰巻衣）、パーサバイ（飾り帯）、パーホーム（毛布）、パーロップ（敷布）、モーン（枕）、パーサロン（腰巻衣）などの様々な織物を織れるかどうかである。ある地域では、若い女性の挑戦の最終目標は、パーシンの装飾的な裾布で、完成するのに6週間かかる精巧な「ティーンチョク」であるとしている。

　婚約が発表され家族もそれを認めると、星占者に相談して、結婚のための吉兆の日と時間が決められる。それから未来の花嫁は新しい家庭のための織物の準備に忙しくなる。結婚に際して贈られる習慣的な引出物は様々だが、花嫁は義理の母にパーシンを贈り、他の誰に引出物を送るかは自分の母親と相談して決める。引出物を受けるのは花嫁と花婿の親戚と友人たちで、彼らはそのお返しに贈り物をする。それは多くの場合は金銭であり、金持ちならば金を贈る。タイにおいては、結婚に際しての贈答の習慣は、その家族の民族的背景によって異なる。ナーン谷地では、タイ・ルーの花嫁は結婚当日に彼女自身が着るパーシンと、豊かに

＊筬（おさ）　竹または金属の薄片が一定間隔に並べられたもので、経糸の密度を一定にし、織物の幅を決める役を果たすとともに、杼口に通した緯糸を織前に打ち付けるのに用いられる。
＊25羽　筬の目の密度、数が多いほど目の細かいことを示す。

▲木綿の敷布の細部。ナーン県。手紡ぎ木綿の平織地に鉤、ジグザグ、花模様が赤と黒の木綿と、紫、黄、緑、茶色の絵緯で表されている。

装飾を施した絵緯模様の敷布を織る。彼女は花婿のために、野外で働く時に着るインジゴ染め（藍染め）のシャツとズボンも織る。ナーン県のバーンドンチャイ村では、花嫁は蚊帳と日常使うものより装飾的な特製の布団カバーも織る。花婿は毛布1枚、ナイフ1本と新居のための2、3枚の布を持ってくるだけである。タイ東北部のスリン県では、花嫁衣裳を織るのは花嫁の親戚の女性たちである。

結婚

　伝統的な村社会においては、新しく結婚したカップルは、花嫁の父の敷地内に暮らすことになる。その敷地内には、1軒あるいはそれ以上の家があって、そこにはごく近い親戚の人たちが住んでいる。一番下の娘とその夫が主家を継ぎ、妻の両親が年をとったら面倒をみるという母系制が一般的である。すぐに住める家がない場合は、結婚する前に家が建てられ、完成した時に僧侶たちにより清められる。花嫁と花婿の両親たちは、4人の村の長老に結婚の儀式を執り行なうことをお願いする。長老たちの義務の1つは、コントゥーン（持参金）、ならびに、花嫁を育てたことへの感謝の印として花嫁の両親に贈られる「母親のミルク代」

第2章 ✣ 織物、宗教と社会

▲結婚用敷布の細部。ピチット県。手紡ぎの木綿糸による平織に絵緯模様。
(右) 赤、黄、紫、青の絹糸でダイヤモンドとジグザグの模様。
(左) インジゴの木綿糸でダイヤモンド、鉤、四角形、動物形模様。

と呼ばれる少額の支払いを調整することである。持参金には布や家庭用の織物などが含まれる。裕福な家族は豪華な贈り物をして、新婚夫婦とその家族をいかに大切に思っているかを示そうとする。

カール・ボックという、ボルネオ、スマトラ、ビルマ、ラオス、タイを旅行したヨーロッパ人の旅行家は、1882年に目の当たりにしたタイ北部の王子の結婚式について次のように書き記している［1884.再版1986］。

　　昼ごろ、町の中を楽団が通った。太鼓、銅羅、笛などを演奏し、歌い手は、結婚というよりは葬式の行進曲のような単調な歌を詠唱していた。それに続いて2人の踊り手、その後には様々な形に飾りつけられた花を捧げ持った召使たちと奴隷たちがやってきた。その花のいくつかは趣向をこらした実に芸術的なもので、最後は竹の上に組み立てられた巨大な花の塔だった。そのあとから、長い銀の柄の大きな赤い傘を持った一群の傘持ちがやってきた。そしてまたたくさんの音楽家たちが王子の従者たちを先導してきた。従者は2人ずつ並び、ある者は金と銀の柄のついた抜き身の刀を携え、ある者は刀を上向けに持ち、…ある者は彼らの主人のものであるお決まりの金製銀製の食

器類、すなわち、取っ手つき大コップ、ビンロウジ入れの箱、痰壺、デカンター等々を運んでいた。最後に花婿自身が、軽装二輪馬車に座ってやってきた。その馬車を引いているのは彼の子馬ではなく、一群の男たちで、引きながら大声で叫ぶのも彼らの仕事だった。花婿自身は…金の刺繍のある青い絹の上着を着て、金のバンドのついた黒いビロードの帽子をかぶっていた。傘持ちの後ろには、また2人ずつ従者たちがやってきた。1組は現金の箱を、もう1組は一族伝来の金銀の食器類を持って続いた。次は槍持ちの一団が、美しく飾られた、すべて立派なキバのある9頭の大きな象を従えてやってきた。先導の象は赤く塗られた天蓋付きの巨大な輿(こし)を載せていた。その輿には多量の金の刺繍のついた様々な形の枕やふとんが積み込まれていた。女性の扇のように、あるいはシャムの本のように、ジグザグに折りたたまれた、それらのすべては、幸せな夫婦の未来の住居の調度品となる予定のものであった。

このようなぜいたくは、王族にしかできなかった。彼らの衣類やリンネル類には金で刺繍が施され、敷布でさえ絹で織られ、結婚の儀式は手のこんだものだった。村だと、結婚の朝、僧侶たちが花嫁花婿とその家族の人たちに祝福を与えることになっている。花嫁の家では、花嫁が花婿や付き添いとともに、仏像と花とお香と蠟燭を載せた祭壇の前で、僧侶たちがやってくるのを待っている。僧侶たちは祭壇の横に用意された敷物と座布団に座り、経典を読む。白い木綿の糸が、仏像から時計の針と反対方向に窓の外へ、そして家の周囲にぐるりと巻きつけられる。糸は家を3回まわり、最後は僧侶の鉢または供物皿に結びつけられる。僧侶が経典を読むと、糸によって作られた境界の中に存在するものはすべて祝福を受ける。僧侶たちは花嫁花婿と彼らの家族たち、そしてお客たちに清めの式の象徴として聖水を振りかけ、2人にさらに特別の祝福を与える。

儀式が終わると、僧侶たちには別の席で食事が供され、法衣とその他の贈り物が贈られる。それから僧侶たちは退去し、花嫁は結婚のパーシンとパーサバイに着替え、花婿は花嫁の両親から贈られた衣服に着替える。この衣服の一揃いは「パーハウィハオ」と呼ばれる。特に結婚の時に交換される結婚用の衣服や日常生活用の布は、その家族の民族的背景と彼らの地位、身分を示す。豊かであるほど、その織物には多くの絹や金銀の糸が使われているだろう。

タイ東北部では、最初の宗教儀式が終わったあと僧侶たちがユニークな儀式を行なう。それは、仏教と精霊信仰の両方の要素を含んだものである。参加するのは、花嫁花婿、定められた村の長老たちと、選ばれた結婚式の招待客たちである。バナナ、花、ゆで卵、一握りの飯が円錐形に盛られた「パークワン」と呼ばれる供物が花嫁花婿の精霊に供される。パークワンには儀式に精霊をひきつけるために供する食べ物が美しく盛られている。そして、精霊を呼ぶための詠唱が始まり、次のように精霊に語りかける。

さあ、私は美しい花嫁のクワン（精霊）には花婿の側に、花婿のクワンに

第2章 織物、宗教と社会

は花嫁の側に座ってもらうように頼みます。さあ、クワンが来ました。…花嫁はあなたのためにすでに寝室をしつらえました。彼女はあなたを待っています。寝室には絹と木綿の布があります。花嫁のクワンに戻ってもらいましょう、そしてまた遠くでさまよっている花婿のクワンにも。どうぞ今日は帰ってきて下さい。[Tambian 1970]

　供物に結ばれた、白い糸が女性の仕切り役の手から花嫁花婿の手へと通り、それから男性の仕切り役、最後に儀式を統べる長老へと結び付けられている間、この語りかけが続くのである。東北部のある地域では白い木綿の糸の代わりに「パーコマ」（男性の飾り帯）が用いられる[村人からの聞き取りによる]。長老たちによって呼び出され、供物の美しさに魅せられた精霊たちは、木綿糸あるいはパーコマを通って花嫁花婿のところにやってくる。儀式の次の場面では、竹の輪と紡いでいない木綿が花嫁と花婿の頭の上に置かれ、蠟燭が灯され、詠唱が続く。招待客たちが、幸運がもたらされるようにと木綿糸を夫婦の手首に巻いて儀式は終了し、それから家族や客たちは結婚の宴を楽しむ。

誕生

　女性が妊娠すると、彼女に対する保護と子供の発育を願って儀式が行なわれる。この時は、年長の女性たちだけで儀式を執り行なう。木綿の輪が妊娠した女性の頭の上に置かれ、身体の前に蠟燭が灯されて、彼女に清めの水が振りかけられる。木綿の糸がパークワンに結びつけられ、年長の女性たちの手を通って妊娠した女性へと渡される。そして、出産の間、母と子を守ってくれる精霊たちを呼び出すために詠唱が始まる[Tambian 1970]。

　織物は新しく生まれた子供のための保護の象徴である。赤ちゃんが女の子であれば、母親が妊娠期間中に身に着けていたパーシンに包まれる。男の子であったら、父親のパーサロンに包まれる。パーシンやパーサロンを親が身に着けていたことが重要である[タイ東北部の村での聞き取りによる]。

　今ではもう行なわれていないが、かつては、出産の後、母親が7日間火の側で過ごすことがしきたりで、それは母親の体力を回復させると信じられていた。母親は熱を保つ働きのある竹とバナナの葉を貼った特別なベッドに横になっている。魔力を象徴する文字や絵が描かれた布が、ベッドの周りの8つの大切な方向に下げられる。ベッドの上に掛けられるものもあれば、ベッドの下の床に敷かれるものもある。その目的は、母親がこの苦行に耐えている間、悪霊から守ることであった。僧侶たちに清められた白い木綿の糸は、その力の及ぶ境界を示すものだったのである。

　東北部の母親たちの歌う子守唄には絹や木綿に関するものもある。[Peetathawatchai 1973]

▲ナーン県プーミン寺院の壁画。金と漆塗りの供物用の鉢と皿は、結婚式を含む仏教の儀式に用いられる。

第1の子守唄

眠れよ坊や眠れよ、
子守唄を歌いましょう。
お父さんは木綿と絹の商いのため中部タイに行っています。
お父さんは帰る時おまえにお魚を買うでしょう。
それは辛いのです。私はおまえが強く育つようにカレーを作りましょう。
眠れよ坊やぐっすり眠れ。

▶コーンケーン県スラブアゲーオ寺院の壁画。男性が、木枠に懸けられたインジゴ染めのサロンかパーコマで作られた揺りかごを揺する様子が描かれている。書かれた文字を読むと、これらが宗教的な物語のある特別な一場面であることが分かる。タイ東北部では、こうした説明はパーリ語、サンスクリット語、イサーンあるいはタイ中部の文字で書かれている。

第2の子守唄

眠れよわが子、私が歌っている間に。
眠れよゆりかごの中で、私が揺らしている間に。
私は満月の下で糸を紡ぎます、そして若者たちと話をします。
おまえが大きくなるまでおまえの世話をしてくれる（継）父を見つけます。
おまえのおじさんやおばさんたちは私たちを見捨てました。
近所の人たちからも私たちが無視されているのに。
彼らは船の艫（とも）のように大きいプラーブック（ナマズ）を食べても一口も分けてくれはしない。
彼らは象の頭のように大きいプラースアー（川魚の一種）を食べているけれど一口もくれはしない。
私たちがもらうのは施し物のプラーカオ（川魚の一種）だけ。
空には月と星が出ているのに、ただ広くて淋しい。
ああ、いったい誰が屋根を葺く草を集めてくれるというのだろうか。やっぱりおまえが私の面倒をみてくれるのだね。

▶ 見習い僧が得度式の行列で付き添いの人々といっしょに寺へ運ばれている。チエンマイ県。タイ北部では見習い僧は華やかな服装をするが、東北部では白い法衣を着ることが多い。

見習い僧と僧侶

　少年が成人に近い年齢になると、ある期間、寺院に入るのが習慣となっている。すなわち雨安居*が始まる前の週に仏に帰依することを誓い、3ヵ月の雨安居の間、

＊雨安居（うあんご）　僧侶が旅行や遊行をせず、寺院に留まって修行に専念する仏教集団の行事を言う。雨季の3ヵ月間がこれに当たり、農作物の新芽を踏んで歩くことのないようにという仏陀の教えによるとされる。単に安居（あんご）とも言う。雨安居入り（カオパンサー）は陰暦8月16日、雨安居明け（オークパンサー）は陰暦11月15日で、雨安居明けの翌日から1ヵ月以内にブンカティン（カティナ衣奉献祭）が催される（54ページ参照）。

▲僧侶が家の清めの儀式を執り行なっている。バンコク。

ワット（寺）に滞在する。ワットには、村人たちと僧侶とが共に礼拝する寺院、見習い僧が得度する第2の寺院、僧侶が寝泊まりする僧坊、および西の端の墓地がある。さらに、村の少年たちのための学校や、村人たちが祭りのために食べ物を用意する調理場、宗教行事の行列に用いる祭礼用品をしまっておく別の建物などがあることもある。

村の人々は1年を通して多くの宗教行事に参加する。寺の境内は巡業市や音楽会や芝居などにも利用される。年を取った村人たちは長い間お祈りをする時や祭りの時は寺に泊まったりする。このように、寺は宗教の中心となり、人々の社交の場ともなっている。

少年が出家するのは大きな誇りなので、親戚の女性たちは彼が寺に入る前に法衣を織る。得度式の日には、家族や村の人々もやってくる。タイ北部には、ビルマの伝統と同じように、華やかな色の服装をして、顔に色を塗る所もある。彼らは、お供え物の花、線香、蠟燭などの鉢に続いて、村の男性たちが肩の上に担いだ輿で運ばれる。白い法衣の上に儀式用の絹の袈裟を着る場合もある。東北部では、見習い僧が日常の衣服を捨て特別な腰巻衣「パーハン」に替えることが本気

で仏門に入る第一段階となる。パーハンは、パーチョンカベーンと同じようにパンタロン形式で着られる。すなわち腰に巻いてから両脚の間を通し、前か後ろで襞を取る。パーハンは2色か3色の糸を軽く撚り合わせた糸を使って玉虫織に織られ、模様はないが、表面が微妙に光り、平織物の僧侶の法衣のようにシンプルなものではない。パーハンは葬式の時にも、家族の男性の棺を覆うのに用いられる。葬式の後、この布は寺院に運ばれて清められてから家族に返される。

　若者は、パーハンから得度式用の白い法衣に着替えた時、僧侶への第2段階に進むことになる。簡素な白い法衣を着るか、北部の伝統の派手な色のものを着るか、いずれにせよ見習い僧は得度式の広間に入る。彼は僧侶の1人に頭を剃られ、白からサフラン色の法衣に着替える。すべての仏教僧の生活を支配する質素、貞節、帰依の誓いを行なった時、彼は完全に俗人から見習い僧になる。ほとんどの若者は3ヵ月後に寺院を去るが、何人かは一生を僧侶として送ることになる。

　僧侶と寺院はその地域社会により支えられている。村人たちは寺院の維持の費用を払い、住職や僧侶たちと協同して修繕も行なう。僧侶たちはほとんど全員がその土地の男性であり、したがって、寺院と村の間の提携は大変緊密なものとなっている。女性たちの役割は毎日の食べ物を提供し、寺院が必要とする法衣その他の織物を織ることである。僧侶は俗人が「功徳を積む」ための仲介人である。つまり、僧侶へ織物などの贈り物をすることによって、人々は現世において幸福で道徳的な心の状態に達し、来世に向けての恩寵を得ることになるのである。

仏教の行事

　タイの仏教の行事は稲作のサイクルに対応している。すなわち雨安居は米の種まきと成長の初期の時期と一致している。経典によれば、釈迦如来は、新しく種子をまいたところをうっかり踏んでしまうといけないから、僧侶は寺院に留まって祈るべきで、村を訪れてはならないと命じている。仏教の主要な積徳儀式は、米が実って田畑の仕事が少なくなった時期に行なわれる。収穫の祝いとさらなる積徳儀式は2月か3月、収穫された米が家の近くに建てられた米倉に無事に納められて時行なわれる。

　4つの主要な仏教の祭礼は、カオパンサー（雨安居入り）、オークパンサー（雨安居明け）、ブンカティン（10月と11月の満月の間に開催される積徳儀式。カティナ衣奉献祭）、ブンプラバート（最も盛大な積徳儀式で1年で最大の村の祭り）であり、それらの折には僧侶には織物が贈られる。これらの儀式の際の多くの織物については第6章で詳細に述べる。

＊カティナ衣　雨安居明け（旧暦11月15日）から1ヵ月の期間に僧侶に贈られる法衣。この期間に僧侶にカティナ衣を寄進することは在家者にとって大きな積徳行為となる。法衣のほか様々な品が寄進される。

カオパンサー（雨安居入り）

雨安居の始まりのカオパンサーには、村人たちは僧侶たちに雨安居の沐浴儀式の際に着る白い法衣を贈る。これらは染めていない手紡ぎの木綿の平織の織物であるが、今日では通常、機械で織られたものが用いられている。

オークパンサー（雨安居明け）

雨安居の終わりのオークパンサーには、僧侶には村人たちの合同の贈り物として法衣が贈られる。本当に尊敬される僧侶には、織り手が繭から最上の糸を選んで織った絹の法衣が贈られることもある。絹の法衣は僧侶にとっても一般信者にとっても特別な重要性を持ち、何人かの僧侶は謙虚に、それを着ることを遠慮する。例えば、東北部のある寺の住職は村の織り手たちから一組の絹の法衣を贈られたが、彼はそれを着ることを遠慮して、近くの寺院の、自分が絹を着るに相応しいと判断した、人々に尊敬されている僧侶に回したという［ポーガーム寺院の住職からの聞きとりによる］。

ブンカティン（カティナ衣奉献祭）

ブンカティンは10月のモンスーンの終わりを示す祭りで、儀式は2日以上にわたって行なわれる。僧は安居を終えており、見習い僧も村社会に戻ることができる。第1日目には、僧への贈り物がバナナの茎や紙の吹き流しが飾られた木製の輿「ハウカティン」に積み込まれる。贈り物はお金、食べ物、法衣一揃い、枕、時には布団用の布などである。行列に使われる幟や絵の描かれた旗が倉庫から持ち出され、必要ならば補修される。夕方には寺の境内で小さな市が開かれる。次の朝、村人たちは勢ぞろいして寺院に向かう。これは彼らがそれぞれの一番良い衣服を着る機会でもある。男性はパーチョンカベーンかパーサロンをはき、パーコマを肩に掛ける。女性は一番良いパーシンとパーサバイを身に着ける。今日では、男性はズボンと模様の付いたシャツを着て腰に飾り帯を巻き、女性は西洋風のブラウスを着て肩には機械編みの白いレースの飾り帯をかけるのが普通になっている。寺へ向かう行列では、男性が輿や幟や旗を担ぐ。しんがりを務めるのは楽隊で、女性と子供たちが踊りながらそれに続く。境内に入る前に行列は寺の周りを3周する。白い木綿の糸が寺の外をひとまわりし、儀式の間、この糸に囲まれた中のすべてのものは功徳を得る［Tambriah 1970］。輿に乗せて運ばれた法衣は村の長老から住職に贈られ、そのほかの贈り物は僧侶たちに贈られる。最後に経典が読まれてカティン祭は終わる。

ブンプラバート（大本生経の祭り）

ブンプラバートは功徳を積むための祭として1年のうちの最大のもので、米の収穫のあとにやってくる収穫祭でもある。寺の建物の内部および境内は色とりどりの吹き流しと「パートゥン」（幟）とで飾られる。寺の内部の装飾には2種類のタイプがある。1つは色糸をマクラメのような模様に配した間に一定の間隔に竹の棒を固定した緩い構造のものである。その端は銀紙や色糸の房で飾られてい

▲僧侶と村人たちが、儀式用の幟を寺の儀式の前に点検している。コーンケーン県ポーガーム寺院。手前にいる村人たちは絹の飾り帯を着けており、男性は格子柄の腰巻衣をはいている。後方にサフラン色の法衣を着た僧侶が立っている。

第 2 章 ❖ 織物、宗教と社会

る。これらの装飾は蜘蛛の巣に似たブンプラバートのための特別なもので、悟りに達する前に何度も生まれかわる仏陀と自然界の結びつきを表現している。もう1つのタイプは織機で織られた木綿または絹の幟で、これは、仏陀の像が置かれた祭壇の周りに下げる。これらの幟には、寺や儀式用の供物を入れた鉢、動物、鳥、花などの模様が織り出されている。また、真っ直ぐにぶら下げるために、竹の棒を緯糸の間にところどころ挿入してヒラヒラしないようにしてある。寺の境内の幟は遠くからもよく見えるように、約16フィート（5 m）もの長さで、長い竹竿の上に掲げられている。通りかかる人にも祭りのあることがわかるように、道端にも1、2本の幟が立てられる。以前は川が主要な交通路であったから、幟は川の土手にも掲げられた。ブンプラバートのために、幟は寺の建物の北、南、東、西の定まった場所に固定された竹竿にも掛けられる。それぞれの竹竿の下の地面の上には籠が置かれ、儀式の間に、もち米、蠟燭、花などが精霊への捧げ物としてその中に入れられる。精霊はそのお礼として村に健康と幸福をもたらすと信じられている。仏教儀式に掲げられるすべての幟には宗教的なシンボルが描かれているが、その中身や模様は織り手の民族的背景によって様々である。このような宗教的、民族的バリエーションについては第6章で述べる。

聖なる色の慣習

色の付いた布を身にまとうということは、祭りを祝うという以外に、特定の曜日を示すことにもなる。この慣習は、アユタヤ王宮の人々が人間は7人の守護神に守られており、各神々は週のうちのある1日と特定の色で結び付いていると信じていたことに関係があると考えられている。赤は日曜日、クリーム色は月曜日、ピンク色は火曜日、緑色は水曜日、オレンジ色は木曜日、青色は金曜日、紫色は土曜日である。この伝統は首都がバンコクに移された後も続き、ラーマ2世の治世（1809～24年）の時、宮廷詩人のスントーンプー[*]はその著作中でこの慣習を次のように再編している［Chumbala 1985］。

　　正装のためには、次の7種の聖なる色が入っていなければならない。
　　日曜日――赤を着る。大きな幸運がやってくる。
　　月曜日――白を着る。長寿の秘伝。
　　火曜日――青と紫の混色。恩寵に与る。
　　水曜日――緑の日。
　　木曜日――黄色の線が入ったオレンジ色を着る。
　　金曜日――グレーを着て、戦いに熱中する。
　　土曜日――全てを紫で装う。

▲儀礼の幟の細部。コーンケーン県ポーガーム寺院。幟は白い木綿の経糸と緯糸を使った平織。平たい竹の棒が経糸の間に随所に織り込まれ、模様や寺の名を表している。寺の名の文字はタイ中央部の文字（現代タイ語）である。

▲儀礼の幟の細部。ナーン県。白い機械紡ぎの木綿の経・緯糸に赤、黄、緑、紫、ピンクの木綿絵緯糸で寺の模様が織り出されている。

---

[*]スントーンプー　タイの詩人（1786～1855年）。平易な言葉で、ポピュラーな旋律を用いて多くの詩を残し、詩聖と呼ばれている。

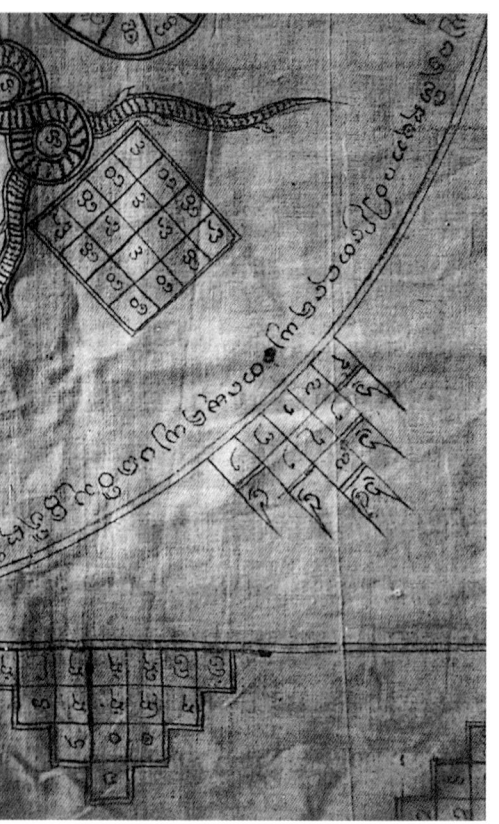

▲精霊信仰の織物の細部。チエンマイ県。平織の木綿織物に墨で文字と絵が描かれている。蛇に巻きつかれた幾つもの四角形と円形、ラーンナー文字の添えられた外側の円形、および霊力があると信じられている文字と記号の組み合わせが見られる。

神聖であると証明されているこの規則を欠かしてはならない。

このような7つの色の慣習は男女ともに見られる。バンコクの国立博物館にはラーマ4世（1851～68年）が着用した7つの聖なる色のリネンのジャケットの収集品がある。あまりにも多くの服装が必要であったということは、ほとんどの人々の財力ではまかなえないということであり、この慣習は富と権力の象徴となった。しかし、宮廷のファッションが変わるにつれて規則も改められた。チュラーロンコーン王（1868～1910年）の時代の慣習は次のようであった。

月曜日──淡い黄色のパーチョンカベーン（腰巻衣）に淡い青と濃いピンクのパーサバイ（肩に掛ける飾り帯）
火曜日──羽根のような濃い青のパーチョンカベーンと赤いパーサバイ
水曜日──鉄のような濃いグレーあるいは錫のようなグレーのパーチョンカベーンに黄土色のパーサバイ
木曜日──葉のような緑のパーチョンカベーンに深紅のパーサバイ。あるいはオレンジのパーチョンカベーンに淡い緑のパーサバイ
金曜日──深い青のパーチョンカベーンに黄色のパーサバイ
土曜日──紫のパーチョンカベーンに淡いグレーのパーサバイ

白は喪の色であった。このような7つの色の慣習は徐々にすたれているが、その日の色を着ると幸運に恵まれると信じているタイ人たちはまだ少なくない。

護身の織物

職探し、兵役、その他しばらく家を留守にしなければならないような理由で若者が郷里を離れる時、母親は餞別として絹の「パーサロン」を織る。これは悪霊から身を守ると信じられており、家族や故郷を思い出させるものとなる。タイ東北部では、大怪我から身を守るように、兵士が戦場に母親のパーシンを持っていくことが習慣になっていた［コーンケーン大学のスリヤ・サムットカプト先生談］。平織の染めていない木綿の表面に黒色で幾何学模様、神獣、古代文字などが描かれた精霊信仰の何枚かの織物が残されている。これらは護身の力があると信じられ、あるものはかつて戦場に持っていかれ、あるものは精霊信仰の儀式の際に使用されていた。

魔除けの儀礼

タイ社会において、仏教は人生に影響を及ぼす霊力を信仰する精霊信仰と共存している。個々の霊は人生の特定な局面に力を及ぼすので、慣習に従って鎮めなければならない。村の霊媒師はその儀式や手順を心得ている。祖先の霊、村の守護霊、稲や田の霊、木、湿地、森林の霊が鎮められるべきものである。例えば、

第2章❖織物、宗教と社会

▶村の境の小道に残されていた供物の皿。コーンケーン県バーンファン村。竹で編んだ皿の周囲には9本の竹の棒に蚕の繭が結び付けられている。皿の中身は握り飯、米の菓子、煙草、ビンロウジ、線香、清めの水、蝋燭である。

　あらかじめ村の守護神霊の了承を得ずにその村にとって特別な木を切り倒した場合などのように、村人が村の慣習を破ったりすると霊は怒ると信じられている［Tambiah 1970］。怒った霊を鎮めるには、適切な場所に特定の捧げ物をしなければならない。それは個人の家や敷地内、村や田、あるいは村の周辺中の特定の場所である。供え物の中には織物や織り糸が含まれる場合がある。

　東北部のバーンファン村で目にした霊への供え物は道の脇に残されていた。それは竹で編まれた約15インチ（38cm）四方の皿でできており、繭が結び付けられている9本の竹の棒で飾られていた。皿の上に並べられているのは握り飯と米の菓子、煙草、ビンロウジ、線香、清めの水と蝋燭であった。村人たちは繭の意味については知らなかったが、霊媒師の指示により供えたと語った。

　体内に取りついて精神病を引き起こすと村人たちが信じている厄介な霊もある。このような場合、悪霊払いの儀礼が必要となる。霊媒師は悪霊を見分け、悪霊払いの儀式を行なう。悪霊をおびき出すために病に侵されている人の着古した衣服が用いられることもある。悪霊払いの謝礼に肩掛けやパーサロンのような織物が渡される場合もある。

死

　葬儀の際、織物は中心的な役割を果たす。家族に死者が出ると、遺体には最上等の衣服を着せ、敷物の上に安置し、頭を西に向けて枕に載せる。布団、毛布、衣服などといった死後の世界で必要であろうと考えられるものを含め、葬儀式に

使う品々が遺骸の枕元に置かれる。白い木綿の糸が頭の上と両足で結ばれ、遺体の入棺準備が進められている間に、何人かの男性は火葬用の薪を集める。準備が完了すると遺体は棺に納められ、男性の場合はパーハン、女性の場合はパーシンで蓋を覆う。パーハンは来世への旅に必要な布と言われている［ファーンハムの西サレイ美術学校のスリヤ・サムットカプト先生の講義。1990］。僧侶の読経に導かれた行列により、棺は家から墓地へと運ばれる。墓地では更なる儀式と読経が行なわれ、それが終わると棺を覆っている布が外される。故人の親類の男性が

第2章❖織物、宗教と社会

歯でパーハンを外すこともある［スリヤ・サムットカプト先生談］。それから、僧と村人たちが火葬用の薪に点火する。村人たちは、清めのためにまず寺へ行ってから家に戻る。式の間使った織物も清めのために寺へ持っていく。数日の後、葬送儀礼が営まれ、最後に僧は遺族から法衣、枕、毛布を寄進される。

　葬儀においては、織物と仏教および精霊信仰の間に強い関連があることがはっきりしている。織物が女性にとって宗教的にも世俗的にもステータスを得る手段となるということも明らかである。しかし、今日タイでは機織を習う女性が少なくなり、工場生産の織物が伝統的な手織りの布に取って代わっており、こうした入り組んだ関係は急速に消滅しつつある。

▲パーハンの細部。コーンケーン県。赤い絹の経糸と撚りをかけた緑と黄色の絹の緯糸で平織に織られ、緑と黄色の細い緯縞の縁部が付いている。

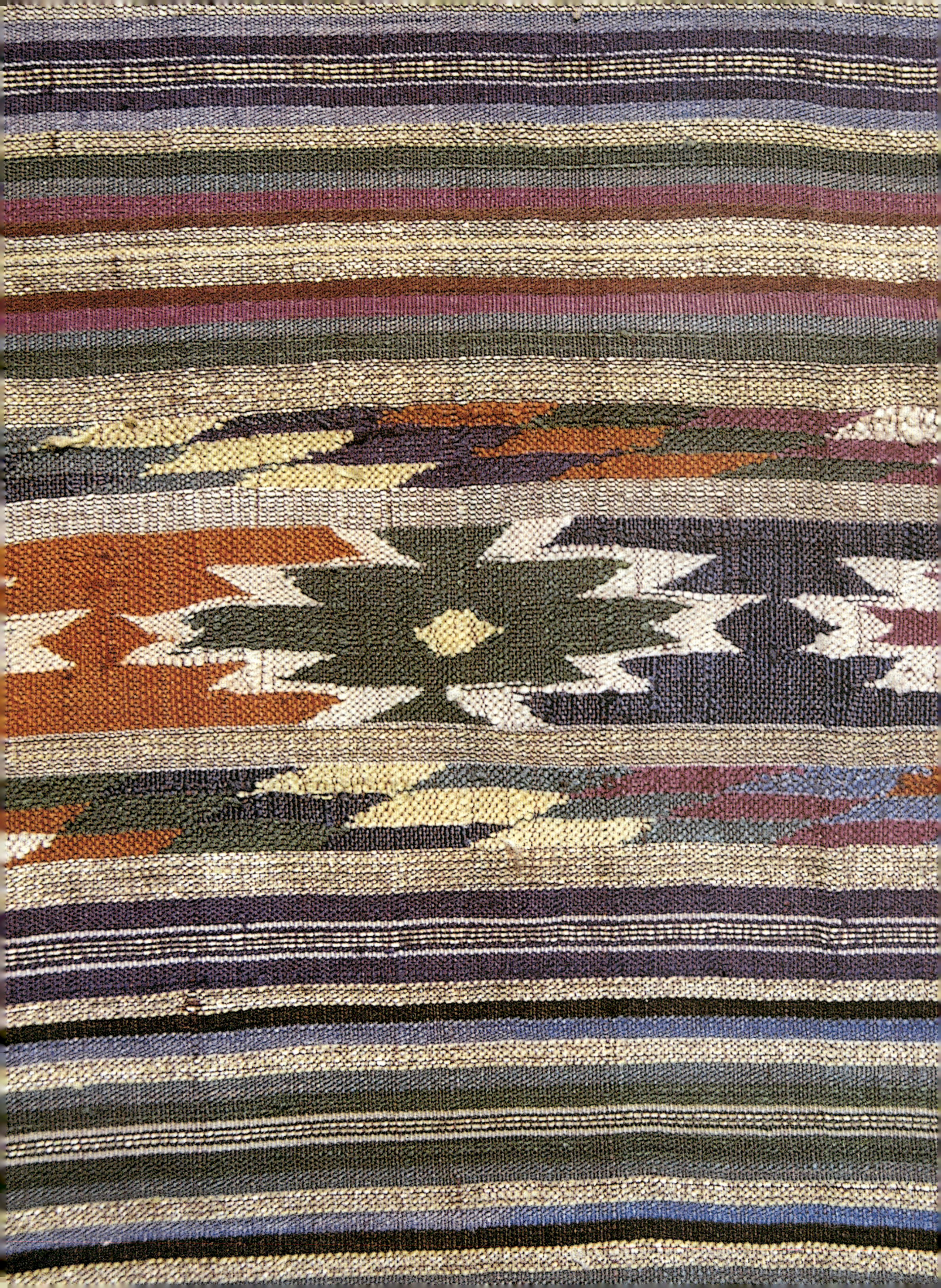

第3章

◆

絹と木綿の生産

　タイでは絹や木綿の生産は女性たちの仕事であった。彼女たちは綿を栽培し、養蚕用に野生のカイコ蛾を採集した。また、土地の草木を原料として染料を作り、川泥や植物からの抽出物や粘土を使って糸を媒染した。彼女たちが織機に向かうのは家事の手が空いた時で、猫の手も借りたい田植えや刈り入れの時は休止した。このような伝統は、いくつかの農村地方では続いているが、変化したこともたくさんある。すなわち、今では家内工業で男性たちが糸の精錬や染色を手伝ったり、大勢の女性たちが手織り工場に雇用されるなどしているのである。

木綿

　タイ族は、現在のタイ国の谷地に移住した時、稲作地を作るために土地を開拓し、二次的な作物の1つとして綿を育てた。綿は種蒔きから収穫までがおよそ7ヵ月なので、衣類や寝具用の糸は比較的短期間で生産することができる。ここ20年以上にわたり、タバコや大豆のような値段の高い換金作物を生産しようという趨勢があり、タイの綿栽培は衰退してきている。しかしながら、北部のチエンマイ県のチョムトーン、ナーン谷地、チエンカム、さらに東北部のノーンカーイなどでは、今なお手紡ぎ・手織りの布の生産を専門にしている織り手がいて、彼女たちから、その地元産の木綿の需要がある。

　綿はモンスーン期の初めに蒔いて、12月から2月に収穫期を迎え、綿花（綿の実）が摘み取られる。固有種の綿にはクリーム色と淡い茶色の2色がある。綿の

◀ナーンの県のパーシンの細部。木綿糸の縞の部分には銀糸・金糸の列が入り、綴織の縞の部分には幾何学模様がある。

▲ローイェット県の村で作られたマットミー織の絹のパーシンの3例。

▶タイ北部チョムトーンのセーンダー・バンシットさんが木綿の綛糸に囲まれ座っている。この糸が染められ、織られて、彼女の作品となる。彼女は伝統的なタイの織模様や染色から着想を得ている。彼女の前に置かれているのはラーンナーの織物のコレクション。

第3章 絹と木綿の生産

実は木に付けたまま枯れるまで残された後、手摘みされ、約5日間日光で乾燥され、その後綿繰りして種子を除去され、釣り鐘型に織られた籠に入れられ、狩猟用の弓のような形の道具でほぐされる。すなわち、綿の塊の中で弓の弦が何回もすばやく弾かれ、繊維は次第にふわふわになる。繊維が充分にふわふわになったら、木製の太い棒の周りに巻きつけ、葉巻くらいの太さの篠(しの)*にする。それからその篠は紡錘上で回転され撚りがかけられ連続した糸が作られる。用いられる紡錘車はインドの糸車に似ており、繰り手が床に座り、手で推進車を回して紡錘を回転させる。紡がれた糸は竹の枠に巻き取られ、容量2～4パイント（1～2.5ℓ）の粘土製の染色壺に合うように綛(かせ)*に作られる。以上は、村の道具立てでの木綿糸生産について記述したものである。家内的な小規模工業においては木綿は機械で紡績され、大きな合成染料*の染料桶に合った綛にされる。今日、多くの女性たち

＊篠（しの）　繊維を平行に集め、撚りをかけない状態の太い束。
＊綛（かせ）　一定の枠に巻いたのち取り外した糸の束。
＊合成染料　原文は aniline dyes（アニリン染料）であるが、アニリン染料の種類はごく限られている。ここでは天然染料に代わってさまざまな色に用いられる染料を指していると考えられるので、アニリン系に限らず広く合成染料としたほうが適当と思われる。

▼ナーン県の綿繰り。女性は典型的なナーン・スタイルのパーシンを着用している。

▲家の下の場所で木綿を糸巻きする女性。北部のチョムトーン。木綿糸は、織る時に使われる木製の杼に合わせて、大きな竹製の糸巻きから小さな管にさらに巻き換えられる。

は機械紡ぎの、染色済みの糸を市場で購入して使っている。

絹

　最初のころ、村では、カイコ蛾は野生の桑の木から採集され、季節毎に産卵した。今日、タイ東北部の多くの女性たちは家の庭で桑の木を栽培し、常に飼育種を持っている。桑は2、3年で根付き、若木は生育の速いモンスーンの季節の前に刈り込まれ施肥される。タイの固有の蚕は学名 *Bonbyx mori Linnaeus* という。この繭は黄金色で、豊かな光沢のある糸となり、タイシルクに特有の外観と手触りを与えている。蚕にはその土地特有の種、その土地で自然交配し生まれた雑種など、いろいろな種類がある。タイ農林省によって収集されただけで今のところ19種ある（原注）。天然の蚕の名前は、その土地土地によって様々である。

（原注）：今のところ確認されている19種類は次のとおりである。
Nang Noi, Nang Lai, Nang Luang, Na Noi, Nang Kiew, Nang Sew, PC.1（Pak Chong）, RE.1（Roi Et）, CB.9（Chonnabot）, Thai Surin, RE 3, PC.21, NK.4（Nong Khai）, NK.1, Phut Thai Song, CB.2, Block Nang Sew, Nang Num, None Rue-See.［これらのデータは東北農作物開発プロジェクト（タープラー、タイ、1988年）のチャイナート・モナイヤポン氏の提供による］

第3章 ❖ 絹と木綿の生産

　養蚕の時期は、モンスーンの雨が桑の若葉の成長を促す時で、田植えが終わって女性たちが自由時間を持つ時期でもある。最初の蚕は、シーズンが終わっても蚕を飼育し続けていた人々との物々交換により入手する。これは、貧しい家庭にとって重要な収入源となる。養蚕の最初のサイクルでは蛾に産卵させ卵を孵化させる。まず、雄の蛾と雌の蛾を籐の笊の中に一緒に入れ、木綿の布で覆って放置する。それから約7日後に、雌の蛾は1匹当たり250〜300個の卵を生む。その卵は9日後に孵化し小さな芋虫になる。これが蚕である。蚕は、紙を敷いた円形の籐製の平たい大笊の中に移され、孵化して3日後から餌が与えられる。蚕には、女性が家の庭や村はずれなどから集めた新鮮な桑の葉が、細かく切って1日に3回与えられる。桑の葉を遠くの場所から集めた場合は、暑い太陽の光線で葉が萎れるのを防ぐため、バナナの葉で包んで運ぶ。十分なだけの桑の葉を持たない場合、彼女は米と交換してでも不足分を手に入れるだろう。

　蚕を陽ざしから守り、必要な水準の衛生と保護を維持するには、熟練を必要とする。蚕には、早朝、昼、夕方早めに細かく切った桑の葉が与えられる。東北部の村では、女性たちは寺の僧侶たちに昼食を持っていき、帰ってきて蚕に餌をやるということになる。籐の笊に敷かれた紙は、毎日掃除され交換される。蚕は、成長につれて、大きさによって等級分けされ分類されて新しい笊に移される。蚕は、特に寄生蜂、蠅、蟻などの害虫の攻撃を受けやすい。蟻その他這い込もうとする昆虫から保護するために、籐の笊は、水の中に立てられた木製の棚の上に置かれている。寄生蜂と蠅から守るためには、笊は木綿の布や古いサロン等で覆われる。掃除するためや蚕を等級別に分類するために布を外す時には、特に警戒が必要である。最近、蚕を保護するための新しい方法が導入された。それは、竹の枠に防虫網を貼り、小さな小屋くらいの大きさの害虫よけの囲いとする方法である。その中は、掃除を行なったり、蚕を等級別に分類したり、餌を与えたりするのに十分な広さがある。窓と戸口に網を張ったコンクリートの飼育小屋でもよいが、最初の資金とその後の維持費を持つだけの余裕のある家庭でのみ所持できるものである。貧しい家庭では、昔ながらの方法で蚕を飼育し続けている。

　蚕の飼育は30日かかる。そして、蚕が成長するにつれ、桑の葉を与える回数は、時には1日4回にもなる。こうすれば蚕は速く成長するが、多くの女性は忙しい家事を抱えているため4回もえさを与える暇がない。蚕は糸を吐いて繭をつくる時になると葉を食べることをやめ、透明に見えるようになる。それを女性たちは「成熟した」と表現している。この時期になると蚕は、直径5フィート（1.5m）の大きくて丸い「ジャーウ」と呼ばれる、仕切りのある笊に移される。成熟した蚕は、少量の分泌物を吐き出して、それを仕切りの壁にくっつける。それからまず繭毛羽と呼ばれるクモの巣のような繊維が吐かれる。これがこのあとに吐かれるフィラメント*の土台になる。こうして繭ができるまで2、3日かかる。繊維を吐き終えたら、繭をジャーウから取り外し、害虫の侵略を防ぐように布で覆われた

▲昆虫の食害から蚕を守るための網を張った飼育小屋の中で、蚕を等級別に分類する女性。コーンケーン県バーンヒンラート村。

---

*フィラメント　長く連続した繊維、長繊維。

右ページ　繭から絹繊維をほぐし、巻き取っている。2つの等級が糸車の上に見られる——外側の粗悪な繊維と内側の繊維である。全ての繊維が巻き取られたら、残っている蚕は、村の子供たちが生のままおやつとして食べる。また、スパイスやハーブと一緒に料理し、蛋白質の豊富な食物にもなる。コーンケーン県バーンサワーン村。

▶家の中で座って絹糸を巻き取っている女性。その後ろでは、赤ちゃんが木枠に懸けられた長い布でできた揺りかごの中に眠っている。コーンケーン県バーンサワーン村。

籠の中に入れられる。繭は10日以内に解舒*されなければいけない。そうしないと蛾が羽化してしまいフィラメントを損傷してしまう。傷んだり食害された繭は糸繰りする前に捨てられる。健全な繭のうちのいくつかはそのまま置いて羽化させ、養蚕のサイクルが続けられる。

　糸繰りに適した繭が準備できた時、木炭や薪を焚いて小さな火が用意される。温度の調節が楽だという理由でもっと太い木を使う女性もいる。水を入れた粘土の壺、または金属の大鍋に繭が入れられ、火にかけられる。温度は沸点よりやや低めに保たれる。熱湯がフィラメントをほぐすので、先の分かれた竹の板で、同時に10～20個の繭からフィラメントを引き上げ、撚りをかけて1本の片撚り糸*とする。次に片撚り糸は、導糸車を通り竹の糸巻き枠に、あるいは籠の中に繰り入れられる。経験をつんだ繰り手は、糸が彼女の指の間を通る時の感覚によって、デニール*が変化したかどうかが分かる。もし糸の太さが細いと感じたら追加の繊維を加えるであろう。手繰りの絹は手触りが丸く、タイシルクの重要な特徴である独特の光沢を持っている。丸さと撚りの均斉さは、この絹が均一の色に染まるということを保証している。

　絹糸を繰ることは骨の折れる作業である。0.5ポンド（0.25kg）を繰るのに約12時間かかる。女性たちはたいていグループになって座り、作業をしながらおしゃべりをする。絹は3等級に分けて繰られる。繭の一番外側の繊維は比較的粗剛

---

*解舒（かいじょ）　繭から繊維をほぐすこと。正常な繭から繊維を解舒し連続した糸を作る一連の操作を製糸と言う。
*片撚り糸（かたよりいと）　何本かの繊維を平行に並べて一方向に撚りをかけた糸。
*デニール　繊維や糸の太さを表す単位。長さ9000mの糸の質量（g）がデニール数となる。例えば9000mの糸の質量が10gであれば、太さは10デニールで、デニール数と太さは比例する。

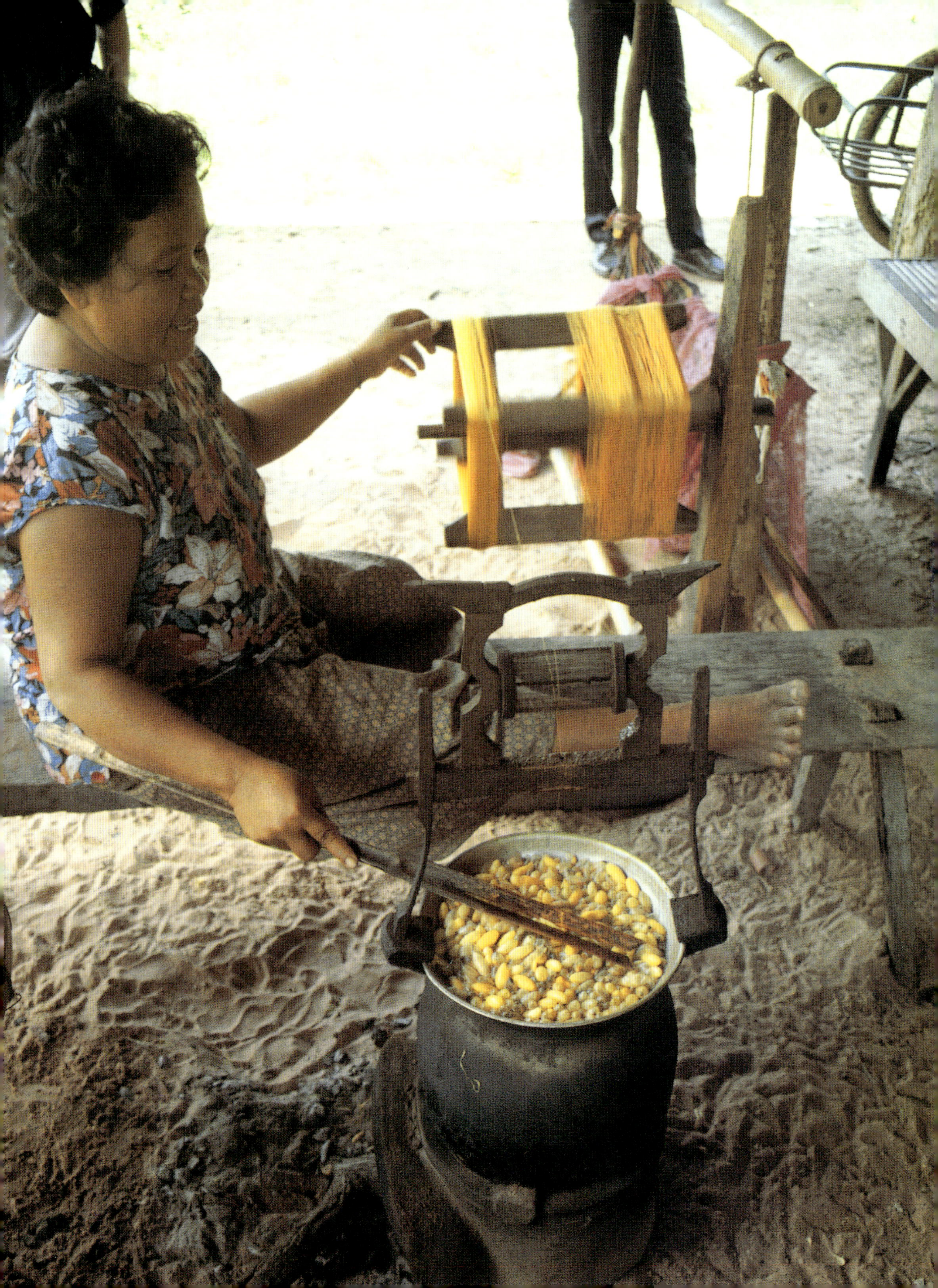

で毛羽立っているので別の綛（かせ）に作られる。最近ではそれらは、家具用の柔らかい織物用に、外部の仲買人たちに売られている。繭の中間層の繊維は最も滑らかで一番繰りやすい。最も内側の層からの繊維は非常に細くてもつれ易いので、結び目ができないように忍耐と集中力が必要とされる。内側の層からの糸繰りは時間がかかるが、上質の絹を生産できる。村の織り手たちは、内側と中間層の両方の絹を自分たちの織機用に使用する。

繭の中のさなぎは、村の子供たちにとっておいしい軽食となる。彼らは大鍋のそばに立って、おいしそうなさなぎが顔を出すのを目を見開いて見つめている。貧しい村において、さなぎは子供にも大人にも重要な蛋白源を提供している。おいしい料理のために、さなぎは臼でひいてペースト状にし、唐辛子、にんにく、塩、エシャロットを混ぜて食べたり、あるいはハーブやスパイスを加えてバナナの葉に包んで蒸し焼きにされる。残りのさなぎは、村の中で物々交換したり地域の市場で売られたりする。

染料と媒染剤*

今世紀まで染料を抽出するための草や灌木は、その地方の森林や荒れ地から採取されるか、もしくは家々の庭で栽培された。2、3種類の染料は中国からの貿易ルートで入手されていたが、これらは辺境の村には届かなかった。今日では、合成染料がタイのどこの市場でも入手できる。近年は植物染料への興味が復活してきており、何人かの優れた織り手と染め手は伝統的な作り方によって、特に木綿用に種類豊富な様々な色の染料を作ることを専門とし始めている。これらの織物の多くは専門家の小売り店を通して購入することができ、このような専門家をその作業場に訪ねることも可能だ。しかしながら、このような植物染料の復活にもかかわらず、一般的には合成染料が広く使われている。植物染料と媒染剤を用いることを記憶しているのは、年配の女性だけである。彼女らはかつて染料の元であった草や灌木を森の中で見分けることができ、色を抽出する方法を記憶している。当時は女性たちが草や灌木の保存に関する権限を持ち、不必要な伐採や過度な放牧を防いだ。

植物染料がまだ使われている村では、高床式の家の下や家の構内の一隅が、染浴の準備のために空けられ、原料や用具類がそこに置かれている。木炭の火鉢が染浴の加熱に使われ、染料成分は土器の壺で混ぜられる。染め手は計量器を用いず、未処理の染料の嵩を勘案して染める糸の綛の大きさを決めているので、作り方を正確に記録するのは難しい。はじめは、なぜポンドやキロで正確に計らないのかと不思議に思うが、染め手が、およその容積を、絹または木綿1に対して染料（例えば果実、根、葉、茎など）2というように決めているのを見ると、得心

---

*媒染剤　染着性の乏しい染料で染色を行なう場合に、染料と繊維の仲立ちをする物質。媒染剤に含まれる金属イオンが染料と繊維に結合し、洗濯などに耐える丈夫な染色効果を得る。同一の染料を用いても媒染剤の種類により色調が異なる。

第 3 章 ❖ 絹と木綿の生産

▲田舎の農園と森から収穫された植物染料や媒染剤に用いられる物が、利用に備えて、干されたり、籠に入れられて置かれている。タイ北部チョムトーン。

させられる。染浴の準備には、色が抽出されるまで原料を水に浸すか煮出すかする。抽出液はろ過して沈殿物を除去し、様々な酸やアルカリ剤が、液の色や濃度、匂い、味によって正確な量を調節しながら加えられる。

　女性たちの中にはすべての綛を加える前に少量の糸で染浴をテストする人もいる。しかし、経験を積んだ染め手は染料がちょうど良いバランスになったら分かるという。染め手は調理人に似ていて、彼らはそれぞれに、同じ基礎的処方の準備に関してお気に入りの方法を持っている。多くの場合、同じ染料を絹にも木綿にも用いることができるが、媒染剤を使わなければ絹の方が濃く染められる。染料に加えられる助剤は、染浴を酸性にするかアルカリ性にするかによって選ばれる。染め手は自分の染浴を、甘いとか、すっぱいとか表現する。例えば木綿を染める染浴を作るためには、ひとつかみのタマリンド*の葉か、市販のアルカリ剤により正確な味覚を作り出す。絹の染浴には酸っぱい味を出すように酸味のある果物が加えられる。

＊タマリンド　熱帯地方産のマメ科の常緑高木、チョウセンモダマ。

染料の種類と採取源

植物染料

色	学名	日本語 / 英語	利用部位
赤/ピンク	*Caesalpinia sappan*	スオウ / sappan wood	髄
赤/ピンク	*Areca catechu*	ビンロウジ / betel nut	堅果
赤	*Carthamus tinctorius*	ベニバナ / safflower	花
赤	*Morinda citrifolia*	ヤエヤマアオキ / Indian mulberry	木質、樹皮、根
赤	*Baccaurea sapida*	ビルマブドウ / Burmese grape	木質
赤	*Bixa orellana*	ベニノキ / annatto	種子
黄	*Tamarindus indica*	タマリンド / tamarind	葉
黄	*Garcinia mangostana*	マンゴスチン / mangosteen	樹液
黄	*Cudriana javanensis*	クワ科の植物 / mulberry family	髄
黄	*Aegle marmelos*	ベルノキ / bael fruit tree	果実、種子のさや
黄	*Curcuma longa*	ウコン / turmeric	根茎
黄	*Nyctanthes abortristis*	夜咲きジャスミン / night-flowering jasmine	花冠
黄	*Rauwenhoffia siamensis*	/ nom meo	樹皮
黄/茶	*Artocarpus integrifolius*	パラミツ / jackfruit	髄
カーキ	*Oroxylon indicum*	/ sword-fruit tree	樹皮
カーキ	*Tectona grandis*	チーク / teak	髄
緑	*Terminalia belerica*	ミロバラン / myrobalan	樹皮、果実
緑	*Terminalia catappa*	野生アーモンド / wild almond	葉、樹皮
緑	*Ananas sativa*	パイナップル / pineapple	葉
緑	*Garcinia tinctoria*	/ ma hud	髄
緑	*Sesbania grandiflora*	マメ科の木 / leguminous	葉
黒	*Harrisonia perforata*	アカネ科の植物 / bitter bark	果実
黒	*Piper methysticum*	コショウ / pepper	根
黒	*Canarium kerrii*	/ kakoem	果実
黒	*Diospyros mollis*	コクタン / ebony	果実
茶	*Phisophora mucronata*	マングローブ / mangrove	木質
茶	*Peltophorum inerme*	/ nonsi	樹皮
茶	*Acacia catechu*	カテキュ / cutch	木質
橙/金	*Lawsonia inermis*	ヘンナ / henna	葉
橙	*Bixa orellana*	ベニノキ / annatto	種子のさや、葉
青	*Indigofera tinctoria*	インジゴ / indigo	茎、葉

昆虫染料

色	学名	日本語 / 英語	利用部位
赤	*Lakshadia chinensis*	シェラック / shellac	昆虫分泌物

第3章 絹と木綿の生産

　媒染剤は染料を固定するのに使われる物である。今日では、既製品を市場で購入することができる。しかし以前は地元で原料を得ていた。木綿に黒、青、黄色を固定するには、糸は水牛の遊ぶ泥池から取ってきた泥の中に浸された。川の沈泥が、必要とされる固定剤を含んでいるという土地もある。ナーン県では木綿に赤い染料を固定するのに木の樹皮の灰を使った。最近になってだが、絹繊維は錆びた金属分を含む水で媒染するというところもある。タイ東北部コーンケーン県の染め手のグループは、10年前に、仏教聖地への巡礼の旅の間に出会った他の県から来た女性のグループから、錆を含んだ水の特性についての話を聞いた。多くの女性たちが、宗教的な集まりは他の地域の織り手や染め手と会ったり処方や方法を交わしたりするよい機会だったと言っていた。

　木綿は、冷水に浸され、繊維を丸く均整にするように叩かれた場合は、より簡単に染料を吸収する。絹には、セリシン*を取り除き繊維を綺麗にする処理を行なう。すなわち沸騰した水の中にバナナの木の灰や、ホウレンソウの灰を溶かし、その液を冷却して綿布の袋で漉して処理液を作る。絹糸の綛は漉された液体中で煮られ、放冷された後、液から取り出して吊るし干しにされる。セリシン除去後、綛は、棘のあるつる草の根と水から作られる液体で、染色のために前処理される。まず約20インチ（50cm）の乾いた棘のあるつる草の根が、マッチ棒の大きさに刻まれ、水で煮られる。できた溶液は3日間放置して固形物を沈め、漉される。絹の綛はこの溶液で煮られ、すすがずに引き上げ、吊るして干される。

　植物染料の使用をめぐっては多くの習慣や迷信がある。染色桶は住居構内の家屋から離れた特別の隅に置かれ、染料は仏教における聖なる日には使われなかった。また、僧侶たちは染料の強さを弱めると信じられていたので、近寄ることを許されなかった。妊娠中や生理中の女性たちもまた染浴に影響を与えると信じられていた［Peetathawatchai 1973］。媒染剤の使用をめぐる制限としては、材料の準備中は話をしないというのもある。

　過去には、莫大な種類の木や草や灌木が染料や媒染剤として用いられたが、今日は、高齢の女性たちだけがそれらを識別することができる。換金作物への土地利用が進み、多くの森林や雑木林が開墾され、染料植物の産地が失われた。おそらく村々の高齢の女性たちが、全ての原材料を知る最後の世代であろう。しかしながら、たとえ小規模な専門的市場ではあっても、手紡ぎや植物染料染色の織物への評価は高まっており、古い技術が完全に失われることはないであろうという楽観論も強まっている。

赤

　赤色染料「クラン」（シェラック）は学名 *lakshadia chinensis* という虫によっ

＊セリシン　原文は gum。ここでは前後の文脈から考えてセリシンとした。繭を構成する繊維は、蚕の体内の2本の絹糸腺から分泌されるタンパク質フィブロインが、口のところでセリシンという別のタンパク質に覆われて吐出される。セリシンは熱水中でやわらかくなり、精練によりほとんど除去され、フィブロインが絹繊維として利用される（訳者補遺の「絹について」の項参照）。

▲絹のパーシンの細部。ピチット県。このパーシンは絞り染めで幾何学模様が表されている。赤い染料は虫の樹脂から作られたクランである。この様式のパーシンを作ったラーオの人々はラーオ・クランとして知られている。

て分泌される。この染料は絹を赤、木綿をピンクに染める。雌の虫はアメリカネムノキ（rain-tree. 学名 *Samanea saman*）の枝に沿って樹脂を分泌する。樹脂を収穫するには、女性たちは長い棒を使って分泌物を剝がし取る。樹脂は太陽で于され、粗い粉状に挽かれ、これが塩基性染料[*]の原料となる。

　木綿をこの染料で染めるのには多くの処方があり、以下に述べるのはナーン渓谷のタイ・ルー族の村の例である。タマリンドの果実「マカム」（学名 *Tamarindus indica*）1個、および柑橘系果実1個の果汁に水を加えて鍋（約2〜3パイント、1〜1.7ℓ）にいっぱいにし、沸騰させる。この液体をとっておいて、綛にした木綿を入れ2〜3時間放置した後、すすがずに引き上げ、吊るして干す。そうしている間に、粉末状のクランを沸騰した湯に溶かし、放冷した後、漉して染浴を準備する。前処理された木綿糸を染浴に浸し、頻繁に撹拌しながら2日か

---

*塩基性染料　化学構造上塩基性（水溶液がアルカリ性を示す）の染料。絹や毛繊維は化学構造中に酸性基を持っているので、中性あるいは弱酸性の染浴から直接染められる。木綿繊維は中性のため、あらかじめ酸性の媒染剤で処理しないと染められない。

第3章 絹と木綿の生産

ら3日でむらのないように染める。それからすいで吊るして干す。染料を固定するための媒染剤には樹皮の灰が使われる。この処方を教えてくれた女性は、灰を作るための木の名前は知らず、木の形や色によってだけ認識していた。彼女は、樹皮が燃やされている間、また、灰が集められている間は、そこにいる人は誰も話をしてはいけない、そうしないとこの成分は染料を固定しないだろうと言っていた。灰は集められると熱湯に溶解され、柑橘系の果汁が加えられる。そして放冷してから漉される。染められた木綿糸を入れ、頻繁に撹拌して全ての繊維をむらのないように処理する。それからすぎ、吊るして干す。

クランは絹を濃い赤に染めるので、タイでは染料として広く使用された。「ラーオ・クラン」として知られるタイ・ラーオの一部族があるが、彼らはこの染料を際立って美しい赤の衣裳を作るのに効果的に使っている。染料は前述の処方のようにアメリカネムノキから採取され、粉にしてから少し水を混ぜてペースト状にする。そのペーストを、ヤシの葉で作った漉し器に入れ、熱湯をゆっくり注ぐ。出来あがった赤い液は1晩そのまま置いて沈澱させる。その間に、「マクルート」(学名 *Citrus hystrix*)の果汁と、湯の中にタマリンドを浸して作ったタマリンド水とを混ぜ合わせて、その液体を保存しておく。この混合液を、作っておいた赤の染浴に少しずつ、染め手がなめてみてちょうどいい味になるまで加えていく。甘過ぎず酸っぱ過ぎず、ちょうど中間の味と思われるくらいでなければならない。染め手は味に納得すると染料桶を加熱し、絹の綛を入れる。絹は、均等な赤色になるまで撹拌され、引き上げられ、すすがれて吊るし干しにされる。

もう1つのやり方は以下の通りである。クランの粉を3日間水に浸けておいた後、この液を粗く織った木綿の袋で漉し沈澱物を取り除く。その間にタマリンドの果実を1晩水に浸けて、できた液体を、酸味のある果物の果汁と一緒に、漉した染料溶液に加える。前述のやり方と同じように、染め手がちょうど良い味かどうか染浴をなめてみる。ちょうど良ければ、絹糸を入れ、すべての綛が均等に染まるまで染浴中で煮る。いっそう濃い色にするためには、クランの粉の量を増やし、液は煮詰めて濃縮する。

何人かの染め手は、北部訛りで「セラック」と呼ぶ木を使い、木綿を淡い赤茶色に染めるが、これは色あせしやすい。この樹皮は、約4インチ(10cm)の長さに削られ、少なくとも1時間は水で煮られる。得られた液体は、漉してとっておく。これに綿糸を加え、染料が繊維の中に染み込むまで煮続ける。染料の色止めのための媒染剤は、柑橘系の果汁、塩、豚肉の脂身、および水から作られる。糸はこの溶液の中で煮られ、それからすすがれて吊るし干しにされる。

インジゴ

インジゴ(「クラム」学名 *Indigofera tinctura*)は衣服や寝具用の木綿を染めるのに用いられる草本である。タイでは絹の染色には用いられない。インジゴは稲の後の二次作物として綿と共に植えられたが、換金作物を栽培しようとする趨勢に押されて、手織りのインジゴ染めの布に対する専門的な要望のある地方、例えばタイ東北部のノーンカーイ、タイ北部のチョムトーンなどでだけ栽培されて

▲木綿のパーシンの細部。コーンケーン県。このパーシンは括り染めによりマットミー模様を出している。コーンケーン大学イサーン文化博物館。

いる。

　以下に述べるインジゴの準備方法は、女性たちが約4分1エーカー（0.6ha）の小区画でインジゴを栽培している村で聞き取ったものである。インジゴは成熟したら刈りとり、束にして結んで水の入った大きな陶器の甕の中に浸す。刈りとるのは夕方露が降りる前で、そうしないと染料が葉から簡単に抽出されない［タイ北部のチョムトーン県の優れた織り手であり染め手であるセーンダー・バンシットさんからの聞き取りによる］。インジゴの束は、3日間、水の入った甕に入れ、時々かき回して発酵させる。発酵した葉は搾って染料を抽出した後捨てる。さらに新しいインジゴを甕の中に入れ、さらに3日間置いて発酵させる。発酵しなかった葉と茎はもう1回搾ってから捨てる。

　搾り取った強い匂いのある液に灰汁を加えると、液は青色に変わる。染め手は灰汁の量を色と匂いによって計る。その比率は、ほぼ灰汁1に対しインジゴ5である。灰汁を加えたら、インジゴの液は沈澱物を安定させるために2日間そのまま澱ませておく。その後、表面の液を捨て、インジゴの沈澱物は染色にとりかかるまではペースト状にしてしまっておく。多くの女性は、地元の市場でこのペースト状のインジゴを買う。今は灰汁も購入することができるが、以前はカタツムリの殻とカポックの樹皮を焼いた灰から作られた。何人かの村人はこの生産を専門の仕事とし、インジゴ染めをする人と米や他の日用品との物々交換をしていた。

　染浴を準備するには、インジゴペーストはタマリンドの木の灰を水に溶かした液の中に撹拌しながら溶かされる。これで発酵過程が始まり、染料は活性化される。発酵が始まったら、サトウキビやタマリンドなどの酸味の果実を染料の桶に加えることによって、発酵を維持させる。熟練した染め手は、味を見ることによ

第3章 絹と木綿の生産

って正確な pH レベルを維持する自分だけのやり方を知っている。染浴が準備されると、濡らした木綿糸が15分間入れられ、頻繁に撹拌される。糸は、その後すすがずに引き上げられ、陰干しされる。糸をいっそう濃く染めるためには、再び染浴に浸す。もし、濃いブルーブラックに染めたければ、10回まで繰り返される。最後の染浴から引き上げた後、糸はすすがれる。繰り返しの合間に染浴は補給され、再発酵を待たなければならず、全部で約12時間かかる。何度も糸を浸すことを繰り返すことにより、染め手の手と腕は青く染まってしまう。

黒

黒い染料を作るための古い方法は、黒檀の果実から採る方法である。タイ族の女性たちは黒檀（学名 *Diospyros mollis*）を庭で栽培するか、もしくは村の周りの木々から果実を収穫した。その染色法は以下のとおりである。最初に、熟した果実をどろどろになるまで潰し、灰汁と混ぜる。次に決められた量の水を加え、滑らかな液ができるまでかき混ぜる。この液に濡らした木綿の綛を入れ3日間浸す。この間、糸を均一に染めるために頻繁にかき混ぜる。3日後、繊維が黒くなったら、染浴から取り出し、絞って過剰な水分を取り除く。黒檀による染色が一般的であった東北部の村々では、女性たちは小川で取ってきた大型のカタツムリの殻を燃して灰にし、台所のかまどで得られる木の灰と混ぜた。木綿を媒染する

▶木綿のパーシンの細部。ナーン県。このパーシンはピンク色と茶色の木綿平織の縞と、インジゴ染めのマットミーとが交互になっている。ピンク色の染料はシェラックまたはスオウから作られる。茶色の染料は樹皮から作られる。

▲パーシンの細部。ローイエット県。蛇の模様と細い緯縞が交互に配されている。コーンケーン大学イサーン文化博物館。

には、濡らした綛を庭の土の上に広げ、ひっくり返して、すべての糸が均等に土に覆われるようにした。それからその綛を川の土手に運んで、粘土中で捏ね、最後にきれいな川の水ですすぎ、吊るして乾燥した。以上は、木綿糸のための方法である。黒檀の果実は、絹の染色にも使うことができるが、媒染のための処方を聞くことはできなかった。このことは染め手がこれを使わなかったということを意味するのかもしれない。今日ではほとんど市販の染料が黒檀の果実に取って代わっており、女性たちは黒色のかわりにインジゴ染浴に何回も浸してブルーブラックに染めている。

黄色

　黄色い染料はウコン（学名 *Curcuma longa*）から作られる。ウコンの根は粉に挽き、水を混ぜてペースト状にする。さらに水と2、3つまみの塩、およびいくつかの種子のさや「マトゥーム」（学名 *Aegle marmelos*）を撹拌しながら加え、液体はひと晩そのまま放置する。木綿の糸を入れ、繊維が均一に染まるようにたびたび撹拌する。その後すいで吊り下げて干す。今日、木綿は市販のミョウバンの溶液で媒染される。しかし、伝統的な方法では、水牛の遊ぶ泥池から採った滑らかな泥の中に繊維を浸す。絹をウコンで染めるには、酸味のある果物の果汁を染浴に加える。

第 3 章 ❖ 絹と木綿の生産

　合成染料が出現する前は、僧侶の木綿の法衣は、宗教書に書かれた規則に従って染色された。明るい色は禁じられ、暗い黄茶色が正しいと考えられていた。この色は、「カヌン」（ジャックフルーツ、学名 *Artocarpus integrifolius*）から採った染料で得られる。法衣は染められる前に、牛の糞や川底からの細かい泥、植物からの抽出液を混ぜたもので媒染された。染料はパンの木の髄をスライスして小片にし、それを水で煮て抽出して作った。媒染された法衣は、黄茶の色合いが決められた濃さになるまで染浴の中に浸された［Suvatabandhu 1964］。

重ね染め

　糸は二次的な色を出すために一連の複数の染浴で染色することができる。例えば、シェラックの赤い染俗に続いて、藍の青い染浴で染めることによって、紫色を作り出す。
　ウコンの黄色の染浴に続いて、藍の青い染浴で染めることによって、緑色を作り出す。
　ウコンの黄色の染浴に続いて、シェラックの赤い染浴で染めることによって、橙色を作り出す。
　黒檀の実の灰色の染浴に続いて、ウコンの黄色の染浴で染めることによって、カーキ色を作り出す。

マットミー

　ある色の上に別の色を染色するということは、タイにおいてマットミー模様を作るために用いられた技法である。この技法は、織る前に、あらかじめ決められている色づかいや模様に応じて、緯糸のところどころを括って染めるものである。括られている部分には染浴は侵入できない。伝統的にバナナの木からできた撚り糸が結び紐に使われたが、今日では、プラスチックの紐に取って代わられた。女性のパーシンのサイズの緯マットミーを作るには、括り台と呼ばれる木製の仕掛けが使われる。これはパーシンの中央布シンの幅と同じ長さに固定された 2 対の支え棒で構成されており、同じ幅に糸を張り渡した枠をこの台に載せて据付ける。女性は座って必要とされる模様に合わせて緯糸を括る。2 色以上の模様を作る時には、糸を括ってある色に染め、再び括って別の色に染める。または、それぞれの色ごとに別の括りが行なわれる。主要な色の染色は染浴に浸して行なわれるが、小さな部分の色付けは緯糸を括り台に張り戻して刷毛を使って行なうこともできる。この染色過程が完成したら、模様を染めた緯糸は緯管（ボビン）に巻きやすいように竹の枠に巻かれる。緯糸を巻いたボビンは、模様を正確に織るために厳密な順序で使われる必要があり、順序に従って紐に通しておかれることが多い。儀式用の服のための複雑な緯マットミー模様の染色は、熟練した織り手が引き受け、入り組んだ括りの型や数多くの染浴が用いられる。
　経糸もまた、織る前に括られることがある。タイにおいては、経マットミーは、模様を出す方法として、緯マットミーに先立っていたと思われる。これは、現在

▲マットミー模様に括られた絹糸が吊り干しされている。プラスチックの出現以前は、バナナの茎が括り紐を作るために使われた。コーンケーン県チョンナボット。

のタイ国にタイ族が到着する何世紀も前に定住していたラワの人々が経マットミーの木綿の衣裳を着ていたことから明らかである。緯マットミーは後の時代の宮廷の伝統の一部だと思われる。

布の仕上げ

いろいろな植物の成分が、仕上げの過程で使用される。色あせを防ぐため、あるいは、絹に艶を与えるために、ホウレンソウに似た草の葉や茎から作られる液に浸けられる。この植物を、コーンケーン県バーンヒンラートの村人たちは「パックホーム」と呼んでいた。この草は燃やして灰にして、それを沸騰した湯に溶かす。得られた液体を、粗く織られた袋で漉す。この液に絹を2、3分浸し、水分を振り払って吊るして干す。もう1つの方法は、種子を採ったあとの胡麻の木（学名 *Sesamum indicum*）を焼いて、得られる灰を利用するものである。この灰は、前述の方法と同様に沸騰した湯に溶かされる。多くの女性たちは、胡麻の調合液は絹の光沢を強くしすぎるので、パックホームの方法の方がよいと言っている。

第3章❖絹と木綿の生産

▲女性が括り台に張られた絹糸にマットミー模様を括っている。コーンケーン県。

▼大きな竹の糸枠上のマットミー模様の染められた絹糸。この糸が小さい緯管に巻かれ、模様の順序に織られる。コーンケーン県チョンナボット。

市販の染料

　タイでは、19世紀に合成の化学薬品が導入されるまで、植物染料と媒染剤にはもっぱら自然の物質が使われていた。合成染料がタイに伝えられた正確な年は定かではないが、1870年頃、紫色の合成染料が初めて中国に伝えられ、すぐあとにチェリーピンクが伝えられたと考えられる。これら2つの染料は交易でタイにもたらされ、最初は女性のパーシンの裾布ティーンチョクに使われた。合成染料は20世紀中頃までには、人里離れた農村地域を除いて、一般的に使われるようになった。

＊紫色の合成染料　初めての合成染料は1856年にW.H. Perkinによって発見された紫色の塩基性染料モーベインである。タイ国へもこの染料が最初に導入されたものと考えられる。

第4章

織機と機織技術

◀プータイ族のパープレーワーの細部。カーラシン県。地を組織する経糸と緯糸は赤い絹糸である。それにオレンジ色の菱形の中を青、緑、白の花で埋めた模様が絹の絵緯で表されている。この帯は織り手は裏側を見ながら織り、模様は指で拾うか、または杼道棒を用いて織られている。

　機織が盛んな季節になると、高床式の家の下に置かれた織機がカタカタと動く音が村々に鳴り響く。織機は土の上に置かれ、床板が特別に作られることはあまりない。織機置き場は家の中の農具や漁網や籠の置き場で、多くはトウモロコシやタバコのような農産物干し場と共用である。女性たちは家事や農作業の間に断続的に機織をする。田植え後、さらに収穫後は機織にいっそう多くの時間が割かれる。これら比較的軽い労働の期間には、養鶏や養豚、家計の切り盛り、おそらくは養蚕も行なう。織機が家の中の共用スペースに設置されているため、機織の最中でも子供や家畜に目が届き、商人や訪問者の相手をすることができる。家族の誰かが経営している美容院などや小さな店のような仕事にも都合がいい。ある村では、村の美容室となっている竹囲いの脇に多くの織機が設置されていた。女性たちは髪を結いに立ち寄り、そこで髪が乾くまで織り手とおしゃべりをする。

　タイでは手織りの仕事に対し援助が活発で、販促も多様だ。特に貧しい地方の村では、自分で糸を買う初期経費がない女性たちに小売り業者たちが織機や糸を提供している。彼女たちには出来高が支払われる。織り手に織機を提供して、その製品を引き取り、カタログやメールオーダーによりタイ国内や海外のチャリティショップで販売している慈善団体もある。女性たちが小さな手織り工場で働くという家内工業的な生産も重要で、その製品は工場内の店や国内・国外の小売り業者を通じて入手できる。独自の高品質の絹製品を生産する熟練した織り手がいて、バンコクや海外の金持ちの顧客から注文を受けて生産しているという地域もある。

織機と付属品

　タイの定住農村における伝統的な経糸の張り方は竪型織機[*]のものである。タイ

▲民家の階下に設置された織機。ナーン県バーンドンチャイ村。階段の下には部屋に上がる前に脱いだ住人の靴がある。

織機と大きさや構造でもっとも近いものはビルマのフレーム織機で、経糸の終部は織り手の頭上の木枠に結ばれる［Innes 1957］。大きさは様々であるが、タイ

＊竪型織機　原文は standing loom（立っている織機）。一般に経糸が垂直方向に張られた織機を言い、古い時代の織機に多い形式である。別のところでフレーム織機（frame loom）という表現が使われているところから、四隅に柱を立て上部で長方形の枠で留めた形のものを指していると思われる。42、82ページなどの写真にその形が見られる。われわれが2006年にタイ北部および東北部で調査したところでもこのような織機がほとんどであった。ただし、経糸は垂直に張られてはいない。

第4章 織機と機織技術

　織機の平均値はおよそ長さ12フィート（3.6m）、幅4フィート半（1.4m）、高さ4フィート半（1.4m）である。織機の構造は凹と凸の継ぎ目で組み立てる単純なもので、機織の季節が終わり、家の中で場所ふさぎになると、簡単に分解して収納される。リング・ロスによりマレーの織機として紹介されたように［Ling Roth 1918, 1977復刻］、ある地域では経糸が織り手から遠い端の板に巻きつけられている織機を使用している。商業的にはビルマ織機の改良型が開発されている。その場合は経糸は織機の後部にある歯車つきの円形の緒巻*に巻かれており、織り手の必要に応じて均一に前方に送り出すことができる。織機の前方に同様な装置があり、新しく織り出された布が巻き取られる。

　織機の外枠は経糸に張りを与えるためにある。緯糸を織込むために経糸を開口させるには、綜絖*とそれを上げ下げする装置を必要とする。各綜絖はその穴に1本ずつ経糸が通され、上下が綜絖枠と呼ばれる竹の棒に連結されている。綜絖枠は滑車にかけられた紐によって織機の最上部に連結している。経糸の下側では、

▶家の下に設置された織機で働く女性。織機の枠は地元の大工により作られ、その場所が家で別の用途に使用する必要がある場合は簡単に解体できる。綜絖枠と踏み木は竹製で、緯打ち具の枠の木には模様が彫られている。コーンケーン県。

綜絖枠は竹製の踏み木に取り付けてある。最も単純な織機の構造は平織用の2枚の綜絖枠を持つものである。織り手が竹製の踏み木を順番に押し下げると綜絖枠が互い違いに上がり下がりして開口部が綜絖の列の手前側と反対側にできる。タイの織機は後方の緒巻が手前の布巻より高く設置されており、これがよい開口の助けとなっている。複雑な織物用の綜絖枠の数は16以上になる。綜絖は伝統的には木綿でできていたが、現在ではナイロンが広く用いられている。

　織り手は杼を使って緯糸を杼道に通す。木製の杼には様々な長さがあり、10インチ（25cm）までのものは精密な模様織用、20インチ（51cm）は簡単な平織用である。それらは投げられた時、杼道をすばやく通ることができるように滑らかな面の長い曲線状に作られている。杼の真中の緯管入れの周りに飾りが彫られているものもある。緯糸が通されるたびに織り手は筬を取り付けた緯打ち具で緯糸を織前に打ち付ける。緯打ち具は椰子の木で作られており、綜絖の手前の位置に、織機の枠に取り付けられている。筬の彫刻には職人の精巧な技を必要とする。筬羽のゲージにもいろいろあり、細い絹糸には目が細かい「フームカン」が必要である一方、太い木綿糸には目の粗い「フームサー」が必要である［Lefferts 1978］。筬はたびたび使われると滑らかなつやを生じ、そういう筬を織り手はよい打ち込みができるという。ここ数年、金属製の筬が導入されてきた。これは、値段は椰子の木製の筬の2倍もするが長持ちする。しかし金属は多湿の気候ではさびやすく、手入れはいっそう必要となる。織り手たちには個々に好みがあり、ある人は厚手の布用に金属の筬を好み、またある人はより軽快な打ち込み用に椰子の木製の筬を好む。

　すべての伝統的な機織用具は簡単で実用的であるが、多くの部品が職人の創造的な才能をはっきり示している。滑車の軸には象、兎、馬、「キンナリー」（タイの伝説上の架空の生き物。上半身は人で、下半身は鳥である）など、様々な形が彫られている。あるものには幾何学模様が描かれており、あるものにはワニスが塗ってあるかあるいは磨いてある。タイのそれぞれの地方によって独自の彫刻の

▼下と85ページ　木製の滑車。象と豚が彫られている2つはタイ北部のもので、もとは色が塗ってあった。キンナリー像が彫られている2つはタイ東北部のもので、磨いた木製である。
写真はアディソン・カッスルによる。

＊緒巻（おまき）　必要な長さの、必要な本数の経糸を織機上に装備する円筒状の糸巻（手織り機では円筒状でない板状のものなどもある）、経巻とも言う。
＊開口（織機の）　緯糸を通すために綜絖を上下し、経糸を上下2組に分ける作業。
＊綜絖（そうこう）　経糸の開口に用いる器具。針金製あるいは綿やナイロン糸製のものがあり、長さの中央に経糸を通す穴（目）が作られている。原則として織機上には経糸と同数の綜絖が用意され、各綜絖に経糸を1本ずつ通す。織物組織に応じて、同時に上下する綜絖は同じ綜絖枠に連結される。したがって平織の場合は綜絖枠は2枚であるが、複雑な組織になるほど数は増える。
＊布巻（織機の）　織機において織りあがった布部分を巻き取るもの。
＊杼（ひ）　開口した経糸の間に緯糸を引き込む木製・金属製の舟形をした器具。中央に緯糸を巻いた管を差し込むように作られている。
＊杼道（ひみち）　原文はshed。Shedは綜絖により上下に分けられた経糸の隙間、杼の通り道となる。杼口、開口部などとも言う。
＊緯管（よこくだ）　杼に装填する緯糸を巻いた小さな糸巻、単に管、あるいはボビンとも言う。
＊筬羽（おさは）　筬を構成する竹または金属の薄片（羽）、通常、羽と羽の間に経糸が1本ずつ通される、羽の密度、数が多いほど経糸の間隔が密になる。

形式がある。筬を取り付けた緯打ち具は、渦巻きの彫刻と花や植物の模様で飾られている。管巻機や糸車にも花や植物の模様が彫ってあり、東北タイでは「ナーガ」（神話の蛇に似た竜）が糸巻きの先端の一般的な模様である。

経糸と緯糸の準備

　機織を始める前に、経糸と緯糸は必要な長さに準備される。経糸を準備するには、糸の綛は糸が絡まらないように交差させながら、竹製の巻き枠から整経枠*に移される。経糸を整経枠に巻く回数は枠の幅にしたがって決められる。経糸の長さは織られる物の数と長さにより決まり、だいたい平均14フィート（4.3m）から30フィート（9m）である。特に長い経糸が必要な場合、村の小道で準備されることもある。次の段階では、経糸を綜絖と筬に通す。平織用には織り手は2枚の綜絖枠を持つ装置を選び、綾織用には織り手は3枚から8枚の綜絖枠を必要とする。織り手たちは、同じ幅の綜絖枠と筬のセットに前回の経糸の終端を通したままにしておく。多くの織り手は服地や家庭用の様々な織物を織るためのいくつものセットを持っている。個人用のセットを持っていない人は村の誰かから借りる。使っていない時の綜絖枠と筬のセットは、家の中や屋根の垂木に吊るしておく。サイズ・数とも適した綜絖枠を備えた適切なセットを選ぶと、織り手は新しい経糸を順に前回のままになっている経糸の終端に結びつける。これは毎回綜絖と筬に新しい経糸を通し直すことを省き、経糸を準備するための巧妙な手っ取り早い方法である。新旧の経糸がつながると、結び目に補強のために米糊を塗り、新しい経糸は綜絖と筬に均一に引き込まれる。織り手は糸を結んでいる間新しい経糸がもつれないようにするために、しばしば布に丁寧に巻き込んだり糸の終端を家の梁に吊るしたりする。

　綜絖と筬は、糸が通されると滑車に取り付けられた紐で織機の外枠に吊り下げられる。経糸の終端は織り手から遠い端の補強の横木の上を通り織機の外枠のてっぺんに渡され、折り返して織り手の頭上の枠に結ばれる。経糸の織り手側の終端は布や布巻に取り付けられる。マレーの織機では経糸は織機の後方の補強の横木に下げてある緒巻に巻きつけて使用する。

　緯糸の準備では糸は綛から木の糸巻機を経て竹製の糸巻に巻き戻される。次に織ろうとする織物に用いられる杼に適した緯管（ボビン）に巻き戻す。緯管を準備する作業者は床に坐り、足で管巻機を固定する。マットミー（絣）を織るには染めた緯糸の管は正確な順序にしておく。さもないと模様がゆがんでしまう。このことは、緯管の竹の芯棒に、順序にしたがって木綿糸を通しておくことによって確保される。

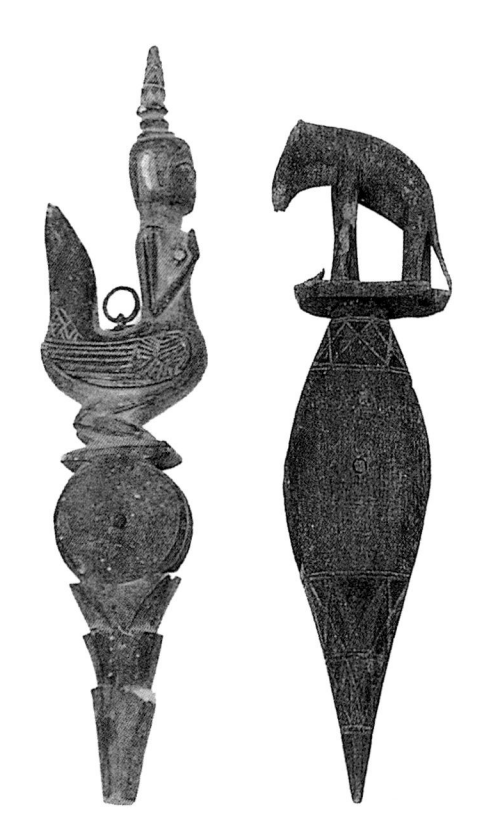

＊整経枠（せいけいわく）　経糸準備工程で、経糸を必要な長さ、本数、順序、密度に応じ、等しい張力で巻き揃える大枠、一般に円筒状。

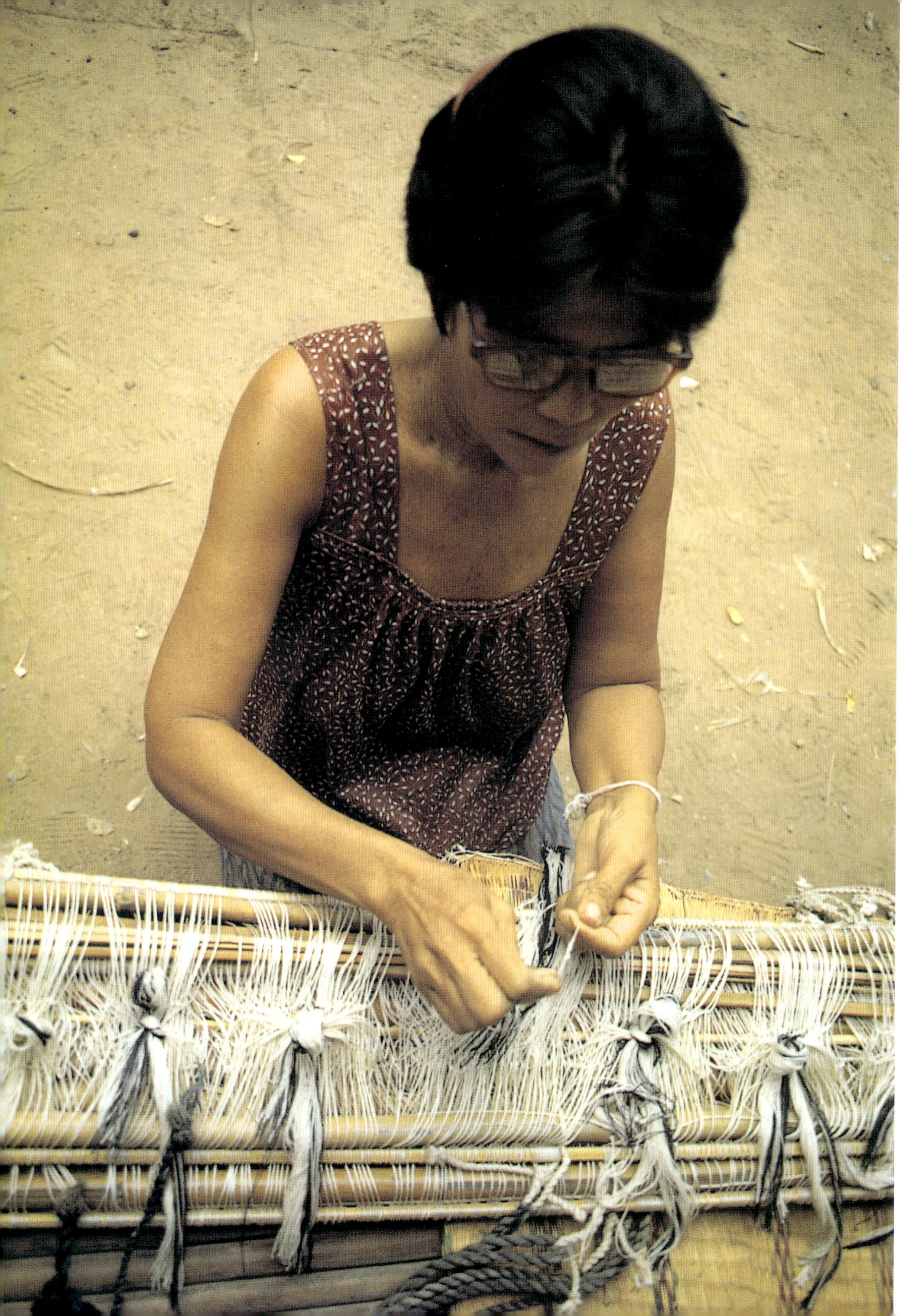

第4章 織機と機織技術

◀新旧の経糸をつないでいる女性。全部を正しい順で結んだのち、結び目を補強するために米糊を塗り、新しい経糸は綜絖と筬に均一に引き通される。コーンケーン県バーンチャイソー村。

▲木綿の毛布の細部。コーンケーン県。全体は菱形の綾織の模様に織られ、間隔を置いた黒い糸の部分で簡単な格子柄を表すように織られている。コーンケーン大学イサーン文化博物館。

織模様

平織

　最も簡単な機織の手法は、ある1本の経糸の上か下に緯糸を通し、次に次の経糸の下か上に通すという織り方である。こうしてできた織り組織は平織と言われる。経糸と緯糸に異なる色や撚りのものを用いたり、織目が詰った織物にするか目の粗い織物にするかなどにより変化がつけられる。時には違う色の糸を撚り合わせて1本の糸のように用いて織ることもある。経と緯を同じ撚りの糸で同じ糸間隔に織ってできた布はバランスの取れた平織と言われる。これは特に農民の上着やズボンなどの服地に用いる無地の藍染めの一般的な木綿織物である。またこの織り組織は生地として売られる木綿織物や絹織物を織るためにも使われる。経糸と緯糸の色を変えて織った布は玉虫織と言われ、キラキラした輝きを出す絹織物を織る最も一般的な方法である。タイ東北部では、緯マットミーを平織で織るのが普通であるが、綾織も使用される。

　1インチ当たりの経糸の数が緯糸の数より多いとその布は経組織*と呼ばれる。この組み合わせは経マットミーにしばしば用いられ、緯糸が隠れるので経糸による模様がはっきり出る。この織り方は経糸に引き揃え糸*を用いたり、経に縞模様を出す場合にも用いられる。緯糸の数が経糸の数より多いとその布は緯組織*と呼ばれる。この織り方は緯マットミーや地緯糸以外の緯糸（絵緯）を用いて模様を出す場合に用いられる。

綾織

　経糸または緯糸が平織のように単純に上または下に交錯しない場合、経糸または緯糸は交錯するまでに1、2本の糸を飛ばし浮き上がる。この浮きが斜めに連続して現れたものは綾織として知られている。綾織は経糸の上および下に渡される糸の割合により区別される。通常の比率は1対2、1対3、1対4である。東北部では綾織は平織用の2枚の綜絖枠を結合し、さらに追加の何枚かの綜絖枠を加えて経糸を通し、これらの綜絖枠を順に引き上げ、幾何学模様のような模様を織り出す。模様により16枚までの綜絖枠を使用する。この技術は古代中国の伝統的な織り方に由来するのであろう。

絵緯

　地緯糸以外の緯糸（絵緯）を用いて模様を出す織り方は、タイでは「キット」または「ムーク」として知られている。絵緯による模様は平織や8枚までの綜絖

---

*経組織（たてそしき）　織物の表面に経糸が多く現れている組織。
*引き揃え糸　原文は plied yarn（撚り合わせた糸）。われわれが現地で確認したところでは、2色の糸を引き揃えた糸であった。2本の糸を引き揃えて1本に巻き取ると、通常ごく緩い撚りがかかる。ここで plied yarn と表現されている糸はその程度の緩い撚りのかかった糸である。この糸を用いて織ると、一方の色が布の表面に出るところと、もう一方の色が表面に出るところができ、その結果、ちらちらした外観が現れる。
*緯組織（よこそしき）　織物の表面に緯糸が多く現れている組織。

▶経糸の間に木のへらを挿し込みながら模様をひろっている女性。コーンケーン県バーンチャイソー村。

▲経糸と直角に織機の枠から吊るした垂直糸綜絖。模様にしたがって竹の杼道棒が垂直な糸綜絖の中に挿し込まれている。糸綜絖には輪の部分があり、それに経糸が1本ずつ通されている。この仕掛けは織り手のそばにあるので、織り手自身が織機の前で操作できる。絵緯の模様は布巻の上に見えている。ナーン県バーンドンチャイ村。

　枠を必要とする様々な綾織に織り込まれる。最も古い方式の1つに、平織の緯糸の列の間に絵緯を通す杼道を作るために、木のへらを使い1列ごとに模様を拾う方法がある。今日でも何人かの織り手はいまだにこのようなやり方により手作業で模様を拾っているが、多くの人たちはあらかじめ決められた杼道選択方式を採用している。その方法では経糸中に挿入された杼道棒あるいは補助の糸綜絖が織りの作業の効率をあげ、簡単にする。杼道棒は通常、例えば寺、象、馬のような単一の模様を作るのに使われる。この場合、棒は順に経糸に挿し込まれる。左右対称の模様を織る時は、杼道棒は模様の真ん中まで順に差し込まれ、後は逆順に差し込まれる。花や幾何学模様もこの方式で織ることができる。

　絵緯の模様をあらかじめ選び一連の杼道棒を使う技術は、タイ北部や東北部のいくつかの村々で見られるような、いっそう複雑な織機にも組み込まれている。この場合、杼道棒は経糸に直角に設置され、織機の外枠の上端および下端の間に張られている糸綜絖装置に挿し込まれる。平織の地布の交錯は織り手が踏み木で動かす2つの軸により制御されるが、模様の選択や絵緯のための開口は織機の向

第 4 章 ● 織機と機織技術

▲杼道棒を使って絵緯の模様を織っている織り手。複数の杼道棒の列が経糸の中に見える。織り手は経糸を平らに、等間隔にするため弓形の枠を使っている。タイ北部チョムトーン。

▶垂直の糸綜絖装置が経糸に割り込んでいる織機の側面。タイ東北部バーンラーオキアオルン村。

こう端にいる1、2名の助手が操作する。とはいえ、織機の外枠が小さく、糸綜絖装置が織り手の近くにある時は、織り手は自身で全作業を行なう。1人の女性が操作する糸綜絖装置方式はナーン谷地の多くの村々でだけ見られる一方、タイ東北部では綜絖装置を3人がかりで操作するのが普通である。

　織機を準備するにはこれから織ろうとする模様にしたがって、緯1列分ごとに竹の杼道棒を垂直の糸綜絖装置に差し込む。経糸は1本ずつ糸綜絖の輪に通されており、糸綜絖の上げ下げに連動して上下する。この方式を操作するには助手が最初の杼道棒を経糸に向けて下ろす。木製のへらを、下ろされた杼道棒で作られた杼道に差し込む。それからへらを90度回転して開口をいっそう広くする。そして絵緯が通される。杼道棒が経糸の上側に残っている間に別の杼道棒を同じ経糸の下側の開口部に差し込み、上部の杼道棒を引き抜く。次に織り手は平織の地緯

▲模様を裏返して見た木綿のチョク。チエンマイ県で働く織り手はシリキット王妃の手工芸プロジェクトの支援を受けている。製品は慈善団体のチットラダー店で売られている。

糸1段を布に挿入する。模様を続けるには、綜絖装置の次の杼道棒が経糸の方に下げられ、この全工程が繰り返される。上側の綜絖装置に杼道棒の残りが1本になると、工程を逆にする。つまり杼道棒は杼道選択の同じ原則にしたがって、経糸の下から上へ動かされる。このようにして対称の模様が作られる。この工程は

第 4 章 ❖ 織機と機織技術

▶絹のティーンチョクの細部。タイ北部サンパートーン。多色の絹と金糸による洗練された幾何学模様は、織り手が裏側を見ながら手で拾っている。

模様の組み合わせが必要とされる回数になるまで、杼道棒を経糸の上下に順番に渡すことにより続けられる。ある織り手は仕事が終わると糸綜絖装置をそっくりそのままにしておくが、取り外す織り手もいる。

　最も洗練された絵緯の技術は、タイ語で「拾うこと」を意味する「チョク」と

▲コーンケーン付近の村で織られた様々な絹のマットミーの模様。それぞれの模様に呼称がある。左上から時計回りに鉤、亀、小さい菱形、ニシキヘビ、イカ、スイカ、菱形。

呼ばれる。模様は多色の絹糸や金糸・銀糸により構成される。これらは限られた長さの絵緯として地布に挿入され、しばしば布の織り手に面するのと反対の側で模様が作られる。模様は指やヤマアラシの針により拾われ、経糸が平らに均一な間隔を保ち、布幅が一定に保たれるように、織前には弓形の道具が張られる。チョクの技術は女性用パーシンの裾布用の約7インチ（17.8cm）の幅の狭い布に最も頻繁に用いられる。この独特な裾布はティーンチョクと呼ばれる。模様が大変細かく複雑なので熟練した織り手が1枚を完成するのに3～6週間を要する。

綴織*

「コ」と呼ばれる綴織は緯糸が連続しない平織である。織り手はいくつもの小さい杼を自分の前に置き、色ごとに分離した模様部分を織る。織物全体がこのよ

---

*綴織　多色の緯糸を用いた織物。緯糸は布幅全体には通さず、それぞれの色の部分だけで往復させて平織に織り、このようなさまざまな色の部分が連続して全体として模様が織り出される。

第4章 ◆ 織機と機織技術

うな模様部分の連続で構成される。ある地域では、この技術は女性用のパーシンの絵緯模様と同じ模様を織るのに用いられている。これらの模様は、綴織が一般的な、ナーンの地域のプーミン寺院、ノーンブゥア寺院などの寺の壁画に明らかに認められる。

マットミー

織る前に括り染めにされた糸により織り出される模様で、イカット(絣)として知られている技術であるが、タイではマットミーと呼ばれる。糸を染める方法については第3章で説明した。今日では多くの織り手は緯糸を括って模様を作るが、ラワ族のような少数民族の間には経糸によるマットミーの伝統も残っている。彼らは自分たちのパーシン用に経マットミーを織っている。通常、緯マットミーは2枚の綜絖枠を使って平織組織に織る。しかし時により3枚の綜絖枠を使って1:2の綾織に織る、そうすると緯糸が表に多く出る面が美しく鮮明で明るい印象を与える。

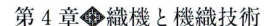

右上　絵緯と綴織を組み合せて織っている。絵緯による白い花のデザインの縁取りとして白、ピンク、青の木綿糸の小さい杼が綴織の模様を織り出す。

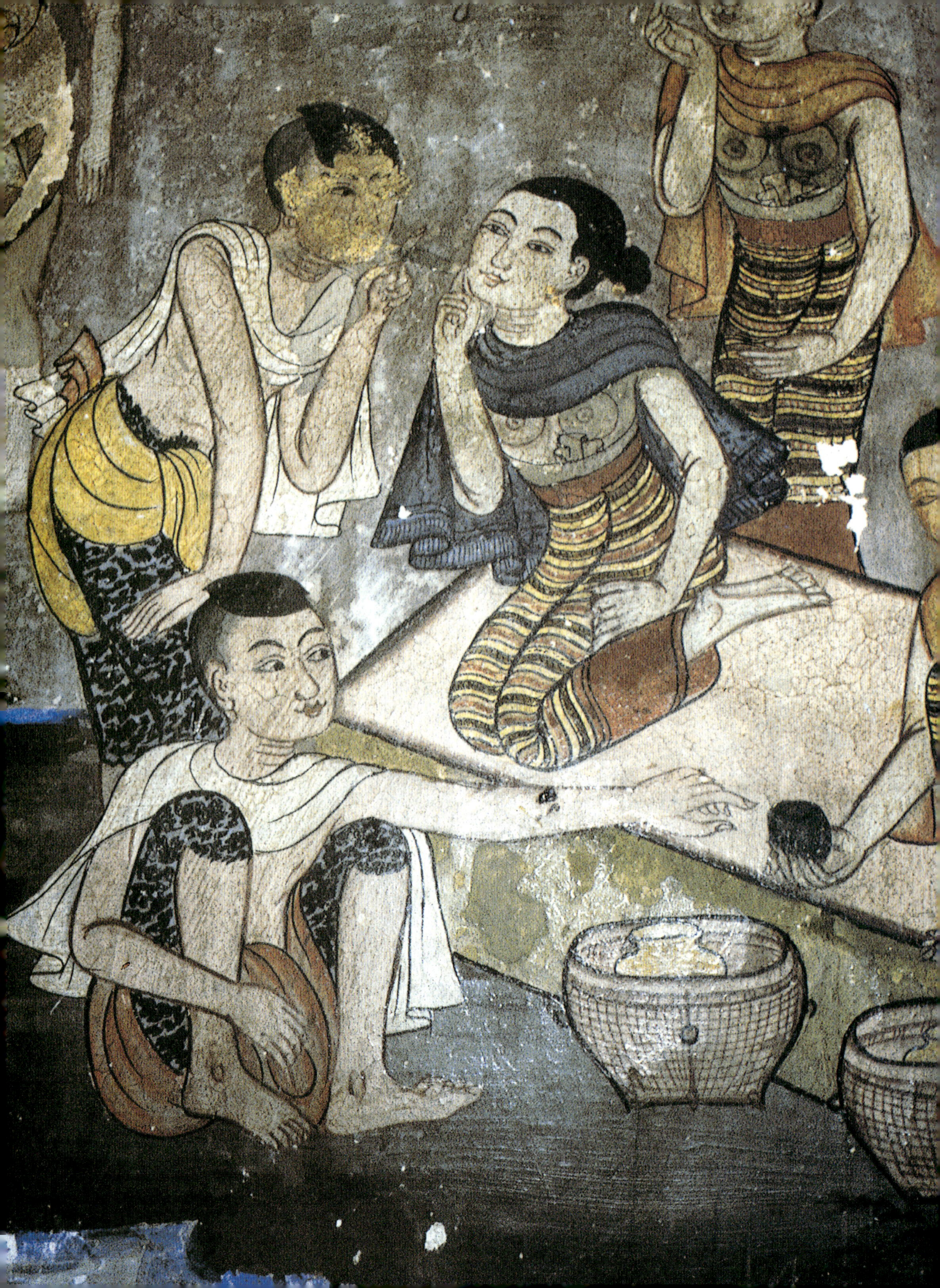

第5章

タイの衣裳

　タイの人々は華やかな模様の衣裳を着ている。緑の稲田を背景としてその幾何学模様ときらめく色彩はまさに一幅の絵のようである。聖なる日に、寺へ向かう女性たちが田の畦を列を作って歩くと、彼女たちが着ているくるぶし丈の腰巻衣が日の光の中で輝くような閃光を放つ。男性も同様に色彩豊かな飾り帯を身に着けて歩く。暑い季節、地面が乾燥し埃っぽい時に、彼らの衣裳は単調な灰褐色の風景に彩りを添えている。田畑で働くための衣服はもっと簡素なもので、たいていは藍染めの木綿か、単純な格子か縞の木綿である。年をとった人たちは、沈んだ、濃い暗い色の模様のマットミーのものを着ている。王宮では華やかな色の絹に金糸・銀糸で装飾を施した衣裳が王族および上級役人用で、最も贅沢な衣裳は最高位の人々のものであると王が定めている。

　織物はタイの高温多湿の気候では保存が容易ではない。最も初期の衣裳の形や織り模様の形跡は、テラコッタや石でできた男性や女性の小像に見られる。これらの像は、長方形の布を体の周りに垂れ下げ、腰のところで襞または結び目を作って挟み込んで着ている。この布は、短い腰衣のようなシンプルなサロン、くるぶし丈のスカート状の腰巻衣、ゆったりしたズボンの形にするなど、様々に用いられている。厚ぼったく、ぼてっとしていることもあるかと思えば、薄く軽やかで、体の線がはっきり分かることもある。このような下衣に、飾り帯が胸を隠すか胸の一部を見せるように結んだり垂れ下げたりして肩に掛けられている。この

◀チエンマイ県プラシン寺院の壁画。ラーンナーの服装をした女性商人たちを描いている。彼らは飾り帯を無造作に肩に掛け、赤い無地の裾縁のついた横縞のパーシンをはいている。男性たちは、刺青をした脚が見えるような短い腰衣を着け、女性たちと同様に飾り帯を掛けている。彼らはこの地方特有のタバコを吸っている。

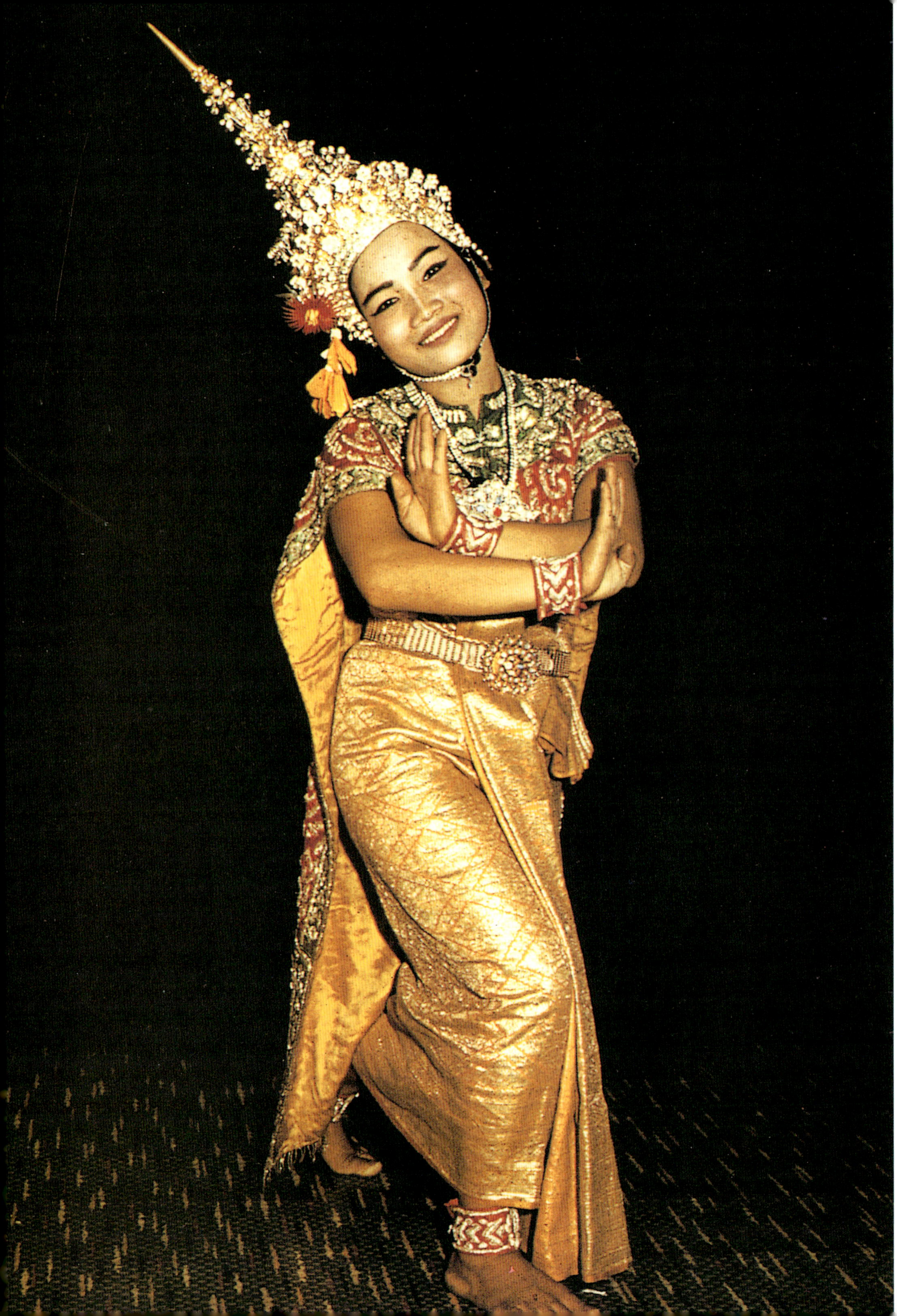

第5章 タイの衣裳

ようなシンプルな服装の上に、精巧な宝石が用いられている場合が多い。ドヴァーラヴァティー時代（6〜11世紀）のある女性の小彫像は、身体にぴったりしたくるぶし丈の腰巻衣に装飾的な首飾りと腕輪を付け、飾り帯を一方の肩にパーサバイとして掛けている［ラーチャブリー県、クーブワ寺院］。シュリーヴィジャヤ時代（8〜13世紀）の石の小彫像は、同様なくるぶし丈の腰巻衣をはき、頭部、首、腕、胴にはそれぞれ精巧な宝石が飾られている［バンコク、国立博物館］。

シュリーヴィジャヤ時代の女性のブロンズ像は、半分透けた素材で作られたふくらはぎの半ばまでの長さのゆったりした腰巻衣に、金属のウエストベルトをしている。彼女らは華やかな被り物を付け、肩まで下がる大きな耳飾りをしている。男性は腰巻衣か襞をつけたサロンを着け、シンプルな腕輪と丸い耳飾りをしている［バンコク、国立博物館］。この時代には中国の宋（960〜1279年）の皇帝に貢物を贈っていた。タイ南部のナコンシータンマラート近くの小国の記録には、染料、毛布、花柄の織物が記されている［Wong 1979］。それに対して中国は、銀、銅、絹布、衣類と装飾品類を贈っている［Fraser-Lu 1988］。20世紀初期のケントゥン、チエンマイ、バンコクの王宮の衣裳を見ると、この時代までずっと中国の絹、刺繍、ベルベットがこれらの地方の衣服に用いられていたことが分かる。

1238年にタイ族はクメール族を追い出し、肥沃な中央平野のスコータイに首都を置いた。寺の石の彫物に当時の服装の様式が残されている。女性は花柄か幾何学模様のサロンを身体に巻き、一端を両脚の間に通して腰で結び目を作って留めている。上半身は裸で、首飾りと腕輪をしている。男性たちは、ふくらはぎの半ばまでの長さのズボンと、上部で結んで襞を作った膝丈のサロンをはいている。首周りと袖口に模様のある縁布が付いた短い袖のシャツを着ており、その上に襞のある飾り帯を肩から掛けている。彼らの被り物は金属製のように見え、前部には装飾がある。用いられている布や色彩についての情報は乏しいが、中国の外交官チョー・タ・クアンが1296年に書いた手紙の中に、「シャム人たちは衣服を作るのに繊細に織られた黒い絹布を用い、シャムの女性は裁縫が大変上手だ」とある。スコータイの石の碑文には、ベンチャロンと呼ばれる五色の布（27ページ参照）について五色とは、赤、白、緑、黄、黒であると書かれており、外交や通商の記録にもそのことは出てくる［Chumbala 1985］。

スコータイの南に位置するアユタヤは1350年から1767年までシャムの首都で、織物の交易の重要な中心であった。シャムの王族および高位の役人たちは捺染の綿布パトラ（インドの経緯絣）や錦織の絹をインドから取り寄せた。王宮はまた、インドのパトラと同様な方法で模様を出した緯マットミーの織物をタイ東北部やカンボジアから取り寄せた。王宮は王族や大臣や廷臣たちに厳しい服装の規制を敷いた。王と王妃だけが金を織り込んだ錦のサテンを用い、他の王族たちは装飾の少ない錦を用いた。大臣や廷臣の妻たちはその地位に従って格付けされたものを用いた。王宮の宝石や儀式用品も贅沢なものであった。ラーチャブーラナ寺院の考古学的調査から、ルビーと貴石のついた被り物、金の腕輪、指輪、祭礼用品などが発掘された［Pisit and Diskul 1978］。

アユタヤのナーラーイ王（1656〜88年）は、衣服をフランスから取り寄せ外国

◀バンコクの古典的な王宮の踊り手。裏の付いた、前が短くて後ろが長いショールの下に衿の開いた胴着を着ている。巻きスカートは前に襞を作りベルトで留めている。金の頭飾り、腕輪と足首飾りを付けている。

のファッションを入れるようになったが、王の死後、輸入品への課税が増加したので、外国の投資家や商人にとって王国は魅力を失っていった。シャム人たちはアジアにおけるフランスや英国の植民地の拡大に対し懸念を持ち、国内の問題に対するヨーロッパ人の干渉を恐れた。1766年にビルマ人が再びシャムを襲い、不安と飢饉の時代が続いたため、西欧との交易はいっそう減少した。

　1767年のビルマ人によるアユタヤ支配のあと、シャムの首都はバンコクのチャオプラヤー川沿いの新しい場所に移った。ラーマ1世により建設されたこの新都市は繁栄し、外国の商人たちはそこへ移住して、新しい拡大の時代が始まった。ラーマ1世は外国の織物の輸入を許可したが、誰がそれを着ることができるかについて厳しい規制を敷いた。シャム人たちは、インドに模様を送って織らせ、あるいは捺染させた（171～176ページ参照）が、しばしば輸入織物は国内の熟練した織り手たちによって模倣されたので、オリジナルは何なのかよくわからない宮廷織物もある。シャム人たちは媒染法の複雑な技術はマスターできなかったので、インドからの捺染織物の輸入は続いた。

▶拝礼している仏陀の弟子たちを描いた漆喰の装飾小壁の細部。14世紀、スコータイのマハータート寺院。

　西欧との交易の減少は、モンクット王として知られるラーマ4世の時代（1851～68年）まで続いた。この王は、王国を近代化し鉄道や道路、学校を作ることに熱心で、西欧と通商条約を結んだ。1868年にチュラーロンコーン王として知られる彼の息子ラーマ5世が王位を継いだ。チュラーロンコーン王は1897年と1907年に2度の世界旅行を行ない、ヨーロッパで撮った写真には、流行のエドワード様式の服と絹の帽子を着けており、廷臣たちは、スーツに山高帽や中折帽子をかぶっている。王がロシアの皇帝ニコライ2世を訪れた時、カール・ファベルジェ*の

＊カール・ファベルジェ　ロシアの彫金家（1846～1920年）。

第5章❖タイの衣裳

▲幾何学模様の腰布をウエストで丸めて端折って着ている石像。腕輪と足首飾りも付けている。14～15世紀。アユタヤのラーチャブラナ寺院。

素晴らしい作品を紹介されたので、宝石類や美術品を注文する常連客となった。

　西欧との外交関係の再構築とともに、バンコクにかなりの規模の外国人社会が形成された。ヨーロッパの上流女性たちはそのごてごてしたエドワード様式の服装でやってきた。腰巻衣と飾り帯という優雅でシンプルな服装は明らかに湿度の高い気候に適していたにもかかわらず、彼女たちはそれを軽蔑した。シャムの上流女性たちはイギリスのアレクサンドラ王妃が流行させた羊の脚* (leg-of-mut-

---

＊羊の脚 (Leg-of-mutton) 袖　羊の脚を思わせる形の袖。袖山にギャザーやタックをとり、袖の上の部分をゆったりふくらませ、肘のあたりから次第に細くして、袖口はぴったりさせる。ジガ (Gigot) 袖とも言う。

▲チエンマイの王子チャオ・カウィローロットの娘、ウボーン王女。模様のある縁の付いた伝統的なパーシンと襞を付けた飾り帯を肩から掛けている。

▲元服のための衣裳を着た、将来のラーマ7世王（プラチャーティポック王子）。19世紀。サイアム・ソサエティ。

ton）袖のレースのブラウスを着始めると西欧風ファッションに圧倒された。このようなブラウスはバンコクに新しく開店したヨーロッパの店に頼んで作らせた。店主は定期的に王宮を訪れ、上流女性たちの注文に応じたが、直接ヨーロッパへ発注する品もあった。チュラーロンコーン王妃パッチャリンタラは、真珠とダイヤモンドを長く連ねたネックレスを流行させたが、それらのいくつかは彼女のためにファベルジェによってデザインされたものであった。

ブラウスはますます装飾度を増し、ネックレスはますます豪華になっていったので、伝統的な絹の飾り帯は不要になってしまった。それで、飾り帯は「プレーサパイ」と呼ばれる薄い絹シフォンのサッシュに代わっていった［Chumbala 1985］。シャムの上流女性たちは洋風ファッションを一部取り入れたが、パーチョンカベーンは白い絹のストッキングと靴と組み合わせて着続けた。洋風のファッションはバンコクの高温多湿の気候には不向きであり、王族の女性たちは王宮では洋風の服装であっても、自宅ではより快適な伝統的衣服に戻るのであった。北部や東北部からバンコクの王族に嫁いできた王女たちは、郷里の織物の衣服を着ることを好んだ。

国事に関係した機会には、王と廷臣たちはアユタヤの王宮で着られたものを手本とした装飾の凝った衣裳、すなわち豊富に金糸を使った錦と絹の衣服に貴石をちりばめ、手の込んだ宝石類とともに着用した。最も盛大な行事の1つは、子供の大人への仲間入りを画す剃髪の儀式「コーンチュック」であった。王族の子供たちは、装飾を凝らした金糸の錦と宝石類で装った。それらは王宮に備えられたものであるが、一部はインドや地方の織り手たちに注文したものである。バンコクの王族の家庭で育ったブンチラトーン・チュタトゥイット王女（1897～1979年）のコレクションには、チエンマイ県で織られた金糸を使った絹の錦や、ウボンラーチャターニー県の有名な織り手であるクン・ナ・チャンパサック夫人が織った銀糸を使った錦がある［Chumbala 1985］。これらの織物は重要な王宮の儀式において着られた。今日、タイ東北部のローイエットのパ・パヨムのような高度な技術を持った織り手たちは、王族や王宮の役人たちが着る絹の錦織やマットミーを織る任務を負っている。

世紀の替わる頃のバンコクでは、洋風ブラウスの流行は続いていたが、伝統的なパーチョンカベーンは北部および東北部ではいていたパーシンに取って代わられた。1920年代にパーシンはふくらはぎの長さにまで短くなり、西欧のフラッパードレス（ひらひらのドレス）と共にはくようになった。1932年に、政治と社会が大きく変化した。社会のあらゆる階層にヨーロッパの服装を強制する法令が敷かれた。いつの時代にもずっと続いてきた、身体に布を巻きつけたり襞を作ったりして着る方法に代わって、男性たちは西欧風のスーツに帽子を着用することとなり、女性たちはスカートを仕立て始めた。人々は過去においてはヨーロッパの

＊1932年、経済恐慌の中で特権的な王族への国民の不満が高まり、プリーディー・パノムヨンを中心とする人民党のクーデター（無血革命）が起きて、国王は立憲君主となった。

第 5 章 ◆ タイの衣裳

▶シャム時代の県知事の正式な写真。洋服と組み合わせて、襞を付けたパーチョンカベーンをはいている。1924年。ピットリバース博物館。

ファッションをタイの伝統に適合させてきたのだったが、いまや、隷属的に模倣せざるを得なくなったのである。

　1946年にプーミポン・アドゥンヤテート王が王位に就いた時も、依然、西欧風の衣服と織物が必要とされており、シリキット王妃は伝統的なタイの衣裳の未来

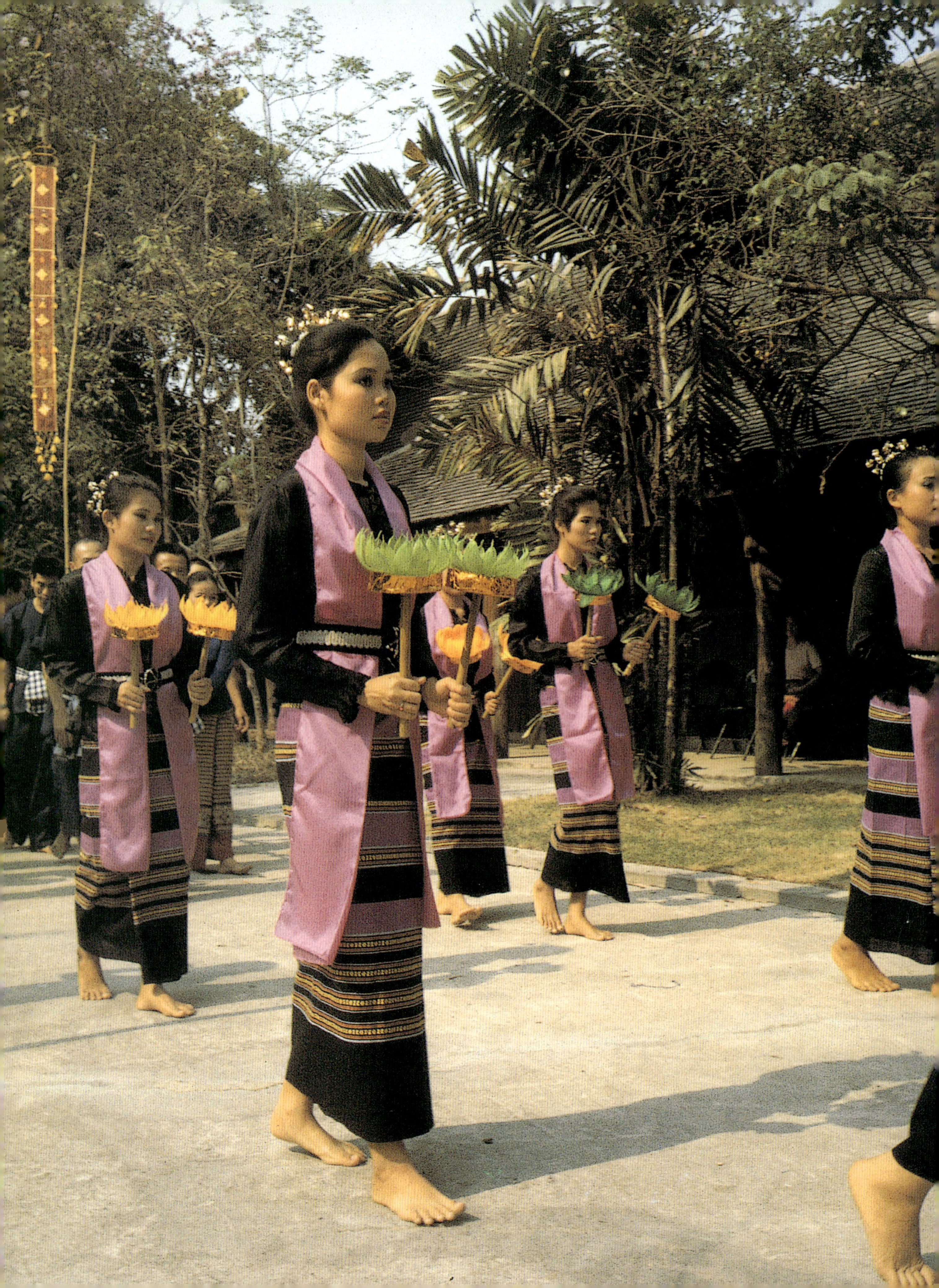

第5章 タイの衣裳

と織り手たちの生計について懸念を表明した。王妃は服飾デザイナーと服飾史家の助力を受けて7世紀から現在までの服装について研究した。その結果から、伝統的な織り模様を用いてタイシルクで織られた、昼間用と夜用の5種の服装が選ばれた。それらは大歓迎で受け入れられ、国中のいたるところでそれを真似たものが作られた。それぞれの服装には名前がつけられ、どのような機会に着るのがよいかということも示唆された。

- タイ・ルアントーン――日常的な昼間の服装。脇で襞を作って着る縞模様のパーシンと7分袖の付いた無色のブラウスの組み合わせ。
- タイ・チットラダー――昼間の正式な場での場合の服装。パーシンは模様があってもよく、前に襞を作って着る。ブラウスは立襟で長袖。
- タイ・アマリン――夕方の略式の場での服装。パーシンは金糸使いの錦あるいは縁に金糸の錦を用いたもので、襞は前に作る。ブラウスは立襟、宝石の付いたボタンで前で留める。
- タイ・バロムピマーン――夕方の正式な場での服装。パーシンは金糸あるいは銀糸の錦織で、前に装飾的な襞を作る。ブラウスは後ろ開きで立襟。
- タイ・チャックリー――国事の場での服装。パーシンは金・銀を豊富に使った錦で、襞は前に作る。ブラウスはビュスチエ*のような裁断のもので、肩から飾り帯を掛ける。ウエストに銀か金のベルトをする。

1976年にシリキット王妃は、タイ美術・工芸を後援する基金を設立した。手織りの織物はこの基金の主な受益対象の1つである。その継続的な支援は固有の織り模様、特に絹と木綿のマットミーを多くの目に触れさせ、流行させた。国際的なデザイナーがタイの手織りの織物を彼らの作品に用いたので、タイの服飾業者も勇気を得て同様にするようになった。ジム・トンプソン・タイシルクのような民間企業が高い品質のタイシルクを継続して生産しているのである。

タイの地方における衣裳の歴史を辿ることは、王宮の場合より難しい。東インド会社のトーマス・サミュエルのような17世紀の旅行者は、この国をインドの輸入織物の市場としてばかり見ており、地方の布を輸出可能な商品リストに入れることには全く言及していない。1587年、ロンドンから来た商人ラルフ・フィッチは、チエンマイに着いた時、次のように書いている。

> 私はペグーからチエンマイに行った…男たちは均整が取れて逞しい身体の周りに布を着けている。彼らは無帽で、この辺りの国々では靴を履かないので、裸足だ［Hudson 1965］。

ビルマとの戦いが続いた18世紀の間、旅行者や貿易商人には、王宮の外に出て

◀タイ国北部チエンマイにおける行進。女性たちは伝統的衣服を近代風に取り入れ、長袖のブラウスと飾り帯をパーシンと組み合わせて着ている。

---

*ビュスチエ 袖なし、ストラップレスの女性用トップ、ブラウスのように用いる。

地方を探索する機会はほとんどなかった。しかし、19世紀までには西欧との外交関係は改善され、外国人たちは地方を旅行することを許された。彼らの書いたものには人々の生活や習慣が描かれている。ただし、これらは政府の役人や森林官、技術者、宣教師、会社のエージェントたちによって書かれているので、地方の服装や織物の模様に関しては、一般的な印象を述べるに留まっている。1つの例外はチエンマイの英国領事であったレジナルド・ル・メイで、彼は広範囲に旅をし、服装を含めて地方の生活の様々な側面を記述している。1913年にバンコクから北の方へ行く途中、彼は中央平原の北端に位置するナーン川の谷地にあるウタラディットを通り過ぎた。

  ウタラディットまでの勾配は緩やかである。しかし、この要塞都市を離れると、列車は山腹の周りをゆっくり回りながらどんどん登っていく。片側は深い峡谷がびっしりと密林に覆われ、もう一方は際立って対照的に切り立った岩の塊である…ウタラディットのちょうど真上の、ラーオ族の人たちの定住地で最も低いところにあるバーンタンに我々は着いたのだが、そこで私は、汽車を見るために村から駅へやってきたラーオ美人の群れに感嘆させられた。彼らはラーオの「シン」というスカートをはいていた。…上半身はぴったりした胴着を着て、髪は蛇の渦巻きのように幾重にも巻き片側に赤い花を優雅にあしらっていた［Le May 1926］。

ナーン県に関して彼は次のように書いている。

  チエンマイに劣らずナーンもまた、美しい絹と木綿の腰巻衣を多数作っており、シャムで最高だと考えている人も多い。確かにそのデザインや色は、どれも力強く、また心地よい。私の見たナーンの絹のシンは王宮内で織られたもので、最高品質のものであった。他の多くの地域でも同様に、その地方独特のデザインで織られた布を見つけることができるであろう。

18世紀の初頭からのタイの地方における服装や織物の歴史の最良の視覚的資料は、仏教の壁画である。それらは小さな王侯国の中心である村や地方の町の寺の壁を飾っている。画家たちは僧侶や信者たちから頼まれて壁画を描いた。ほとんどの村人たちは読み書きができなかったので、それらの壁画は、仏陀の一生と仏教の概念を説明する手段であった。仏陀は、最終的な悟りに到達するまでに、王子として、貧者として、また賢人としてなど転生を繰り返して修業する。タイの仏教は上座仏教であり、その教義に従い、日常の生活は信仰と共にあった。このことが芸術家たちに、仏陀の物語を王宮や村や田舎に設定し、そこに住んでいる村人たちを描くという機会を与えた。タイ北部の壁画は、タイ・ユアン族、タイ・ルー族、山岳部族、王族、シャムの役人、兵隊、ビルマ人、海外からの訪問者などの服装を描いている。タイ東北部の寺の壁画は、タイ・ラーオ族やシャムの役人、シャムの兵隊、山岳部族を描いている。20世紀半ば以前は、タイ東北部

▲19世紀の壁画の縁飾りの細部。チエンマイ県のブアッククロックルアン寺院。単純なあるいは複雑な垂れ下がり模様は、縁の装飾として、織物を含む芸術、工芸の両方に用いられた。

の旅行は難しかったため、西欧の旅行者は珍しい存在であり、彼らはタイ東北部の寺院の壁画にはごく稀にしか描かれていない。

　寺々には、男性や女性が田畑で働き、水牛を使って土をすき、稲を植え収穫し、女性が花や野菜の手入れや食事の支度をし、糸を紡ぎ布を織り、あるいは市場で売るというような村の日常生活が描かれた壁画がある。アユタヤとバンコクの壁画には王宮の生活や習慣の情景が描いてある。王宮の場面では、金や宝石の装身具で飾った王女たちが、付き添い人たちに囲まれて絹のクッションに寄りかかっている。人々の宗教生活は、僧侶が式を司り、村人たちは床の敷物の上に座って手を合わせて祈っているという寺の儀式の場面に描かれている。織物史学者にとって最大の関心事は、衣服や日常生活用織物の織り模様が識別できる場面である。そこには絵緯の模様、マットミー、撚り糸や縞の模様などがある。王宮の服装や日常生活用織物には、しばしば絵緯模様に金糸が使われていたが、これらは壁画では金箔を使って再現されている。インドから輸入された錦、絹、捺染の木綿もまた識別することができる。

　多くの壁画は19世紀および20世紀初頭に修復されている。例えば、ナーン県のプーミン寺院の壁画がそうである。修復者たちは時おり服装を当世風に修正したので、女性たちは西洋風のブラウスを着ている。原画では女性たちは上半身は裸のままか、または肩に飾り帯を掛けていたのである。男性たちの太ももの刺青は塗り隠されて、腰巻衣の代わりにズボンが描かれている。しかし、全部が全部こ

のように描き直されたわけではなく、多くの壁画は原画のままに修復されている。

　田舎の家庭では伝統的に織物は女性の仕事である。布は長方形に織られ、身体に巻きつけたり襞を付けたりして着る。女性はくるぶし丈の筒状のパーシンをはき、肩から飾り帯を掛けて、時にはそれで胸を包む。タイ・ルー族の人々は中国南部の西双版納（シーサンパンナー）からタイに定住した人々であるが、彼らは木綿のブラウスとともにパーシンを着用していた。ブラウスは色彩豊かな刺繡と縁飾りがされたもので、前身ごろが重なって脇を紐で留めていた。タイ・ルー族の女性たちは頭に白い木綿のターバン状の被りものも着けていた。村の女性たちは飾りとして髪に生花を挿し、裕福な女性たちは金の首飾りや、耳には金の円柱状の耳飾り、さらにルビーや貴石を飾った腕輪を身に付けていた。この手のこんだ耳飾りを付けるには耳たぶに大きな穴をあけることが必要である。19世紀に書かれたものの中に、耳に穴を開ける方法の説明がある。まず、小さな木釘を耳たぶに通し、次第に大きな釘へと取り替えて、最終的に直径約1インチ（2.5cm）の穴にする［Bock 1884. 再版1986］。この穴には、大きな金の円柱だけではなく、タバコや花も挿した。

　寺の壁画やタイの田舎の初期の写真では、女性たちはたいていパーシンと飾り帯を着けている。飾り帯はタイ族のグループにより「パーサバイ」、「パービアン」または「パープレーワー」と呼ばれている。これは平織の絹か木綿で、壁画から青、黄、白、赤が好まれたことがわかる。タイ東北部では飾り帯はたいてい白い絹で織られている。タイ東北部のプー・タイ族は、派手な絵緯模様の赤い絹の飾り帯を用いている。

　行政官あるいは商人として北部および東北部に生活していたシャム人たちはパーチョンカベーンを着用し、髪は短く切っていたので、地元の女性たちと容易に区別できた。1889年にホルト・S・ハレットがこの両者のスタイルの違いについて次のように書いている。

　　シャム人は、男性と女性の服装は全く同じであるが、女性は男性より背が低く厚かましい感じで、耳の上に巻き毛を付けている。どちらも髪は額から後ろへ梳かしつけるか真ん中で分けるかして、後ろも脇も短く切っている。髪は太く剛く真っ黒である。

　地方の女性たちの衣裳で、最も色彩豊かで変化に富んでいたのはパーシンであった。パーシンは各部分の模様に大変特徴があることが多かった——例えば縞柄の帯状布の上部に平織の帯状布を付け、裾には多色の縁布を付けるというようなものである。帯状布はマットミー、緯錦、経錦、綴織、平織等を含む様々な織り技術を使って織られている。模様や織り方でどの民族なのかはっきりする。模様や色の僅かな違いのような、微妙な差異が特定の地区を示す場合もある。男性の腰巻衣サロンは格子か縞か撚り糸模様に限定されており、民族の違いはほとんどない。しかしながら、彼らが寺へ行く時肩に掛ける飾り帯は様々な色や模様のもので、それぞれの民族グループと関連している。

　村々の織り手たちは、40年位前まではパーシンの形式だけで着ている女性の民

▲ターバンを着けているタイ・ルー族の女性。ナーン県バーンノーンブゥア村。

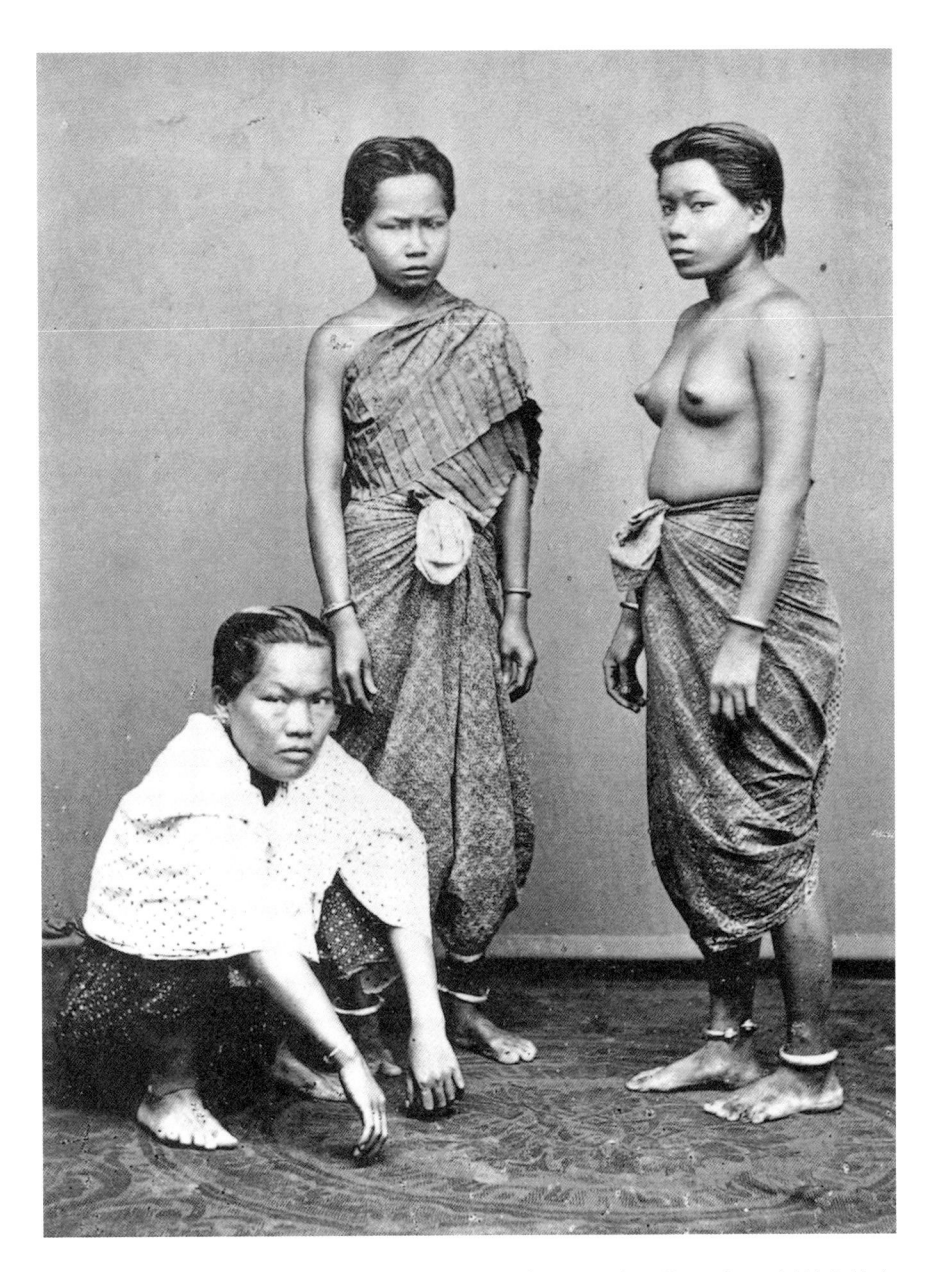

▶中部タイの服装をした娘たち。1862年。立っている左の少女は19世紀始めから流行した襞を付けた絹の飾り帯を着ている。3人とも絹のパーチョンカベーンをはいている。

族的出自を識別することができたし、ある場合には彼女の住んでいる区域を特定することも可能であったと言っている。タイ北部では、道路が建設される前は川が主な交通手段であったから、川に沿った谷地において織物の模様が類似する傾向があった。しかし、近隣から孤立した個々の谷においては、模様と様式のバリエーションは、数平方マイルの地域に限定されることが多かった。孤立の結果として生じたこのように地域的な差異は、道路や鉄道が建設されると消失してしまった。

チエンマイ県チョムトーンのセーンダー・バンシットさんという機織の名人は、村の織り手の間では、最上の一揃いの衣服に必要なだけの絹を生産するために、野生の蚕を集めて家で育てる習慣があったと語った。女性はおそらく一生持つような絹の織物を1セットだけ作ったのだろう。儀式の時、多くの女性たちは輝く

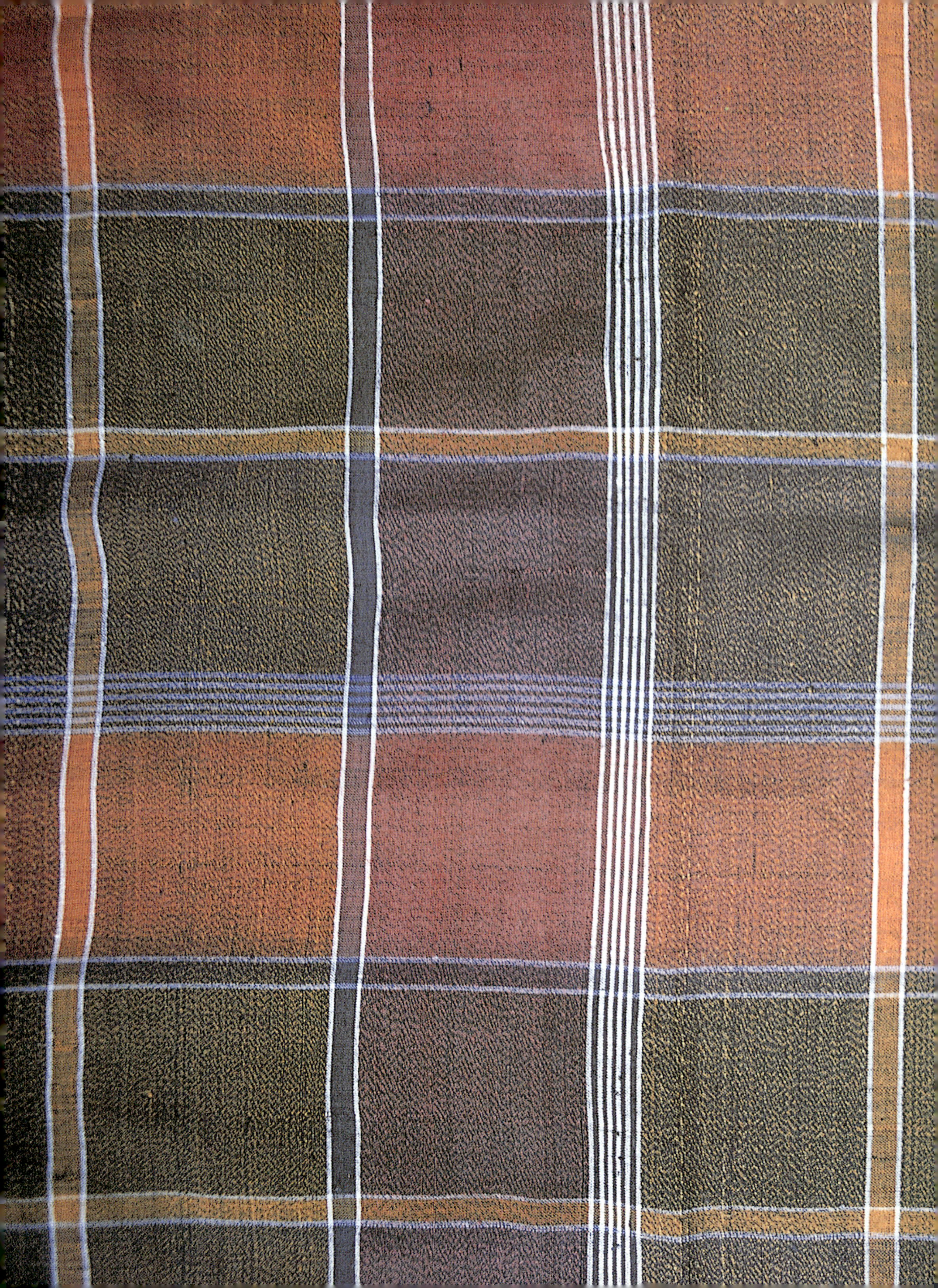

第5章 ❖ タイの衣裳

ような黄色の糸で織られた明るい柄の木綿の衣裳を着た。それは金持ちの人たちが着る金糸を真似たものだった。チエンマイやナーンの王族たちは、通常、金糸で装飾された絹を着ていた。それは、地元で製作されたものか、タイ東北部、カンボジア、中国、インドから輸入されたものであった。これら輸入された素材は地方の衣服の様式に仕立てられ、宮廷のパーシンは時には地方の織物と輸入した布とを組み合わせて仕立てられた。

タイの地方の定住農業地域においては、男性は畑仕事や家畜の世話に非常に多くの時間を費やす。このような仕事のために、彼らは脚部のゆったりとしたズボンまたは簡素な格子縞のサロンと藍染めの木綿のシャツに、棕櫚の葉の帽子をかぶっており、たいそう快適そうに見える。彼らはまた、「パーコマ」と呼ばれる格子柄の木綿の布を身に着けている。それは飾り帯として、また水浴びの時の腰布として、あるいは汗拭き布として用いられる。村のあちらこちらで、男性たちが格子柄のサロンにパーコマを肩に飾り布として掛けて寛いでいるのを見ることができる。寺に行く時は、彼らは前ボタンのシャツと、ズボンまたはサロンをはいて、たいていは絹織の特別のパーコマを着ける。タイ・ルー族の男性たちは衿に手刺繍の施された特徴のある藍染めのシャツと、複雑な絵緯模様の飾り帯を着けている。

タイ北部および東北部の壁画や古い写真から、宮廷で何が着られていたかが分かる。絵の中には、男性たちが模様のあるパーチョンカベーンに飾り帯を腰に巻き、前ボタン付きの立襟のシャツ、そして時には長袖のジャケットかゆったりした外套を着ている。これらのパーチョンカベーンの多くはインドから輸入された。木綿に手描きや捺染や媒染で染める技術はシャムにはなかったので、パーチョンカベーンの模様を送って、その通りに染めさせたものである。王族の人々に着られたものには、複雑な模様が付けられ、金箔が貼られていた。18世紀のシャムの市場は、これらを模倣した安価なインド製の捺染品で溢れ、社会の多くの階層の人々が入手可能であった。チエンマイやナーンの壁画の中には、王宮の家臣や使用人たちが模様のあるパーチョンカベーンをはいているものがあるが、おそらくこのような安価なインドからの輸入品であろう。地元で織られた無地あるいはシンプルな格子と縞柄のパーチョンカベーンをはいた男性たちが描かれているものもある。

男性たちの服装は一般に女性の服装に比べて華やかではないが、昔は、男らしさの気概と誇りは、腰の上部から膝のちょうど下まで広がった大変素晴らしい刺青で表現された。胸にも背中にも刺青した男性もいる。刺青の慣例は、ビルマのシャンの各州、ラーンナー王国、イサーン、ラオスの西部において一般的であった。刺青はタイ北部および東北部の寺の壁画に見ることができる。そして、村に住んでいる年配の男性たちの何人かは、伝統的な方法で刺青をしているが、刺青

◀男性の絹の飾り帯の細部。シーサケート県。様々な色の絹の経糸と撚り合わせた緯糸が使われ、ちかちか光る光沢の格子柄を構成している。白い絹の経と緯の線が、各格子を縁取り、地色を際立たせている。

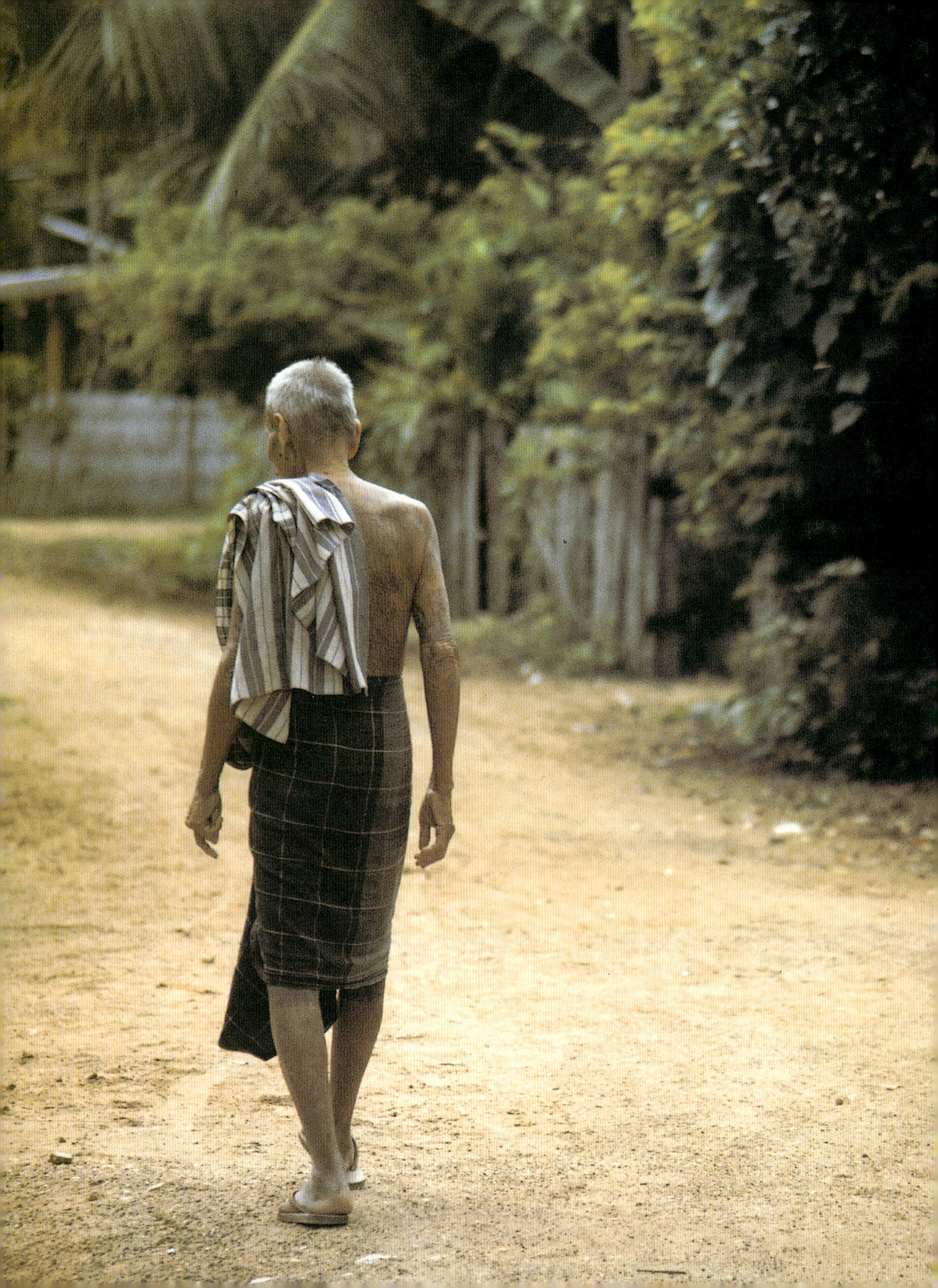

第5章 タイの衣裳

◀格子柄のサロンとパーコマを着て散歩している男性。コーンケーン県バーンヒンラート村。

の模様を美しく見せるような短い腰巻衣はもう着用していない。ラーンナーの王子たちや上流の男性たちもまた刺青をした。彼らが膝の下にちょっと刺青が見える長さの、錦織の絹または模様のある木綿のパーチョンカベーンをはいているのを壁画の中に見ることができる。壁画にはまた兵隊たちが戦闘の中で象や馬に乗っているのが描かれており、彼らの刺青は怪我を防ぐ役を果たすと考えられていた。

　東北部の村で、老人たちは、腰から膝までの刺青の完成には2日が必要であり、痛みを我慢するためにアヘンを用いたと語ってくれた。アヘンを用いてさえも痛みを我慢することができず、刺青の全部を完成することができなかったという男性もいる。刺青師は定期的に村を回って歩き、男性たちは自分の彫ってもらいたい模様を見本の中から選んだり、模様の意味について尋ねたりした。刺青をすることは男の勇気の印と考えられ、地方の女性たちから賞賛された。84歳のある男

▶ナーン県のプーミン寺院の壁画の細部。女性が愛する男性の刺青をした脚を、手の甲で優しく撫でている。

性が言うには、彼が若い頃は刺青をしていない男性と結婚しようと思う女性はいなかったそうである。旅行家カール・ボックは19世紀に実際に刺青をする様子を次のように書いている［1884, 再版1986］。

　　黒一色しか使われていないが、図柄はいずれの場合もほとんど同じような題材で、特定の階級を示すような特別な印も記号も付けられることはない。物乞いも王様も刺青師の手の中ではみな同じであり、精密な模様は依頼者個人の選択または刺青師の技に委ねられる。黒の絵の具は豚の油を燃やした煙から集めた煤を土製の壺に入れ、それに野生の牛や熊や豚の胆汁を混ぜ、少量の水を加えて適当な濃度にする。この色はいったん摺りつけたら消えるこ

とはない。2種類の器具が使われる。1つは木目塗装用のくしに似た鋭い鋸歯のある金板で、簡単な網目模様を付けたり点刻するために使われる。もう1つは、鋭い尖端と絵の具を留めておくための縦の溝を持った鋼の器具である。この器具で様々な図柄が皮膚に彫られる。

　刺青のために選ばれる図柄は、タイ族の神話に登場するものである。あるものはラーマーヤナ[*]からとられている。同じ図柄は、織物の模様、特に儀式用の帯や寺の幟にも見ることができる。

1. ラーチャシー：タイ族の伝説によると、2匹の熊の子として生まれた動物の王。獣の中で最も美しく力があり、その彫像は多くの寺の入り口を守っている。

▶コーンケーン県バーンヒンラート村の82歳の男性の刺青のある腿。このような手の込んだ大きい刺青をした人はもうほとんどいない。

2. 象：白象は王族の仲間に加えられ、タイ族の神の象徴でもある。
3. 鳥：鳩（ノックガタップ）、はげたか（ノックリン）、鷲（ノックカップア）など。
4. 虎（スア）：悪霊の象徴だが、その図像は肉体的な強さをもたらす。
5. 猿（リン）：長生きの象徴。永遠に死なず、歳をとると雲の中に住む。

*ラーマーヤナ　インドのサンスクリット2大叙事詩の1つ、タイ語ではラーマキエンという。主人公ラーマ王は神の化身とされ、タイの王朝に古くから継承されている「神王思想」のもととなる神話。物語中のエピソードは民話、地名、王の称号、寺院壁画などさまざまに取り入れられている。

第5章 タイの衣裳

6. 鼠（ヌー）
7. ホアラマン（ハヌマン）：ラーマーヤナ物語中に描かれている想像上の生き物。

19世紀の終わりには、チエンマイの北部の都市でヨーロッパの服が流行するようになった。細いズボン、エドワード様式のシャツ、ブラウス、靴、帽子がこの時代の写真に出てくる。タイ北部では、この新しい流行が王族、政府の役人、金持ちの商人たちによって取り入れられた。19世紀の後期にチエンマイで撮られた写真は、エドワード様式のジャケット、長靴、ゆったりした半ズボン、長靴下、ツートンカラーの靴を身につけている役人が写っている。19世紀の終わりには、男性の正式な服装は西欧と地元の服とが混ざったものになった。長袖か短い袖の付いた無地または模様のある丸首のシャツを着てパーチョンカベーンをはき、飾り帯またはベルトをしていた。この装いを完成させるには、長い白靴下と皮靴が必要であったが、靴と靴下は正式な場合のために使わずにとっておかれるものだったと西欧の旅行者は言っている［Hallet 1889］。頭を覆うものには、山高帽、ヘルメット帽、キャップ、麦藁帽子などがあり、これらは壁画にも写真にも出てくる。この時代の写真に写っている女性は、伝統的なパーシンと、「羊の脚」袖の付いたハイネックのレースのブラウスを着ている。この東洋と西洋の混合は誰にでも喜ばれたわけではなかった。1882年にカール・ボックは北部から次のように書き送っている。

> 2、3人のラーオ族の女性たちが、身体に合わせて裁断されて身体も袖もぴったりした上衣を着始めた。それは、近年ロンドンやパリで大変流行している「レディ・ジャージ」のスタイルを真似たものである。伸び縮みのするニットの布でなく伸びにくい木綿布や絹布では、着るにしても脱ぐにしても少なからぬ苦労が要る。この新流行は、女性たちの普段着の心地よい姿を台無しにしてしまった。

街から離れた村の人たちは、20世紀に入っても伝統的な織物による服装を着続けていた。しかし、宣教師たちが、女性たちに改宗させようとし、少女たちに学校ではブラウスで胸を覆うように説得した記録がある［Hallet 1889］。地方の交通手段はゆっくりと改善され始めた。ランパーンからチエンマイまでの最初の主要道路は1916年に完成したが、バンコクとチエンマイの間に道が開通したのは第2次世界大戦の後であった。1940年代後半まで東北部においては、埃だらけの田舎道と川が唯一の旅行の手段であった。

しかし道路が開通すると、このような田舎でも西欧風の衣服が人々の目に触れるようになった。西欧の流行は雑誌や新聞からまず村の洋服屋により模倣された。女性たちの間には、西欧または中国のブラウスを伝統的なパーシンと組み合わせ、その上にパーサバイを着けるというような新しい服装のスタイルが展開された。美容院が都会にも田舎にも開店し、女性たちは髪を短く切ったり、パーマネント

▲チャオ・プラヤー・ヨマラートと彼の家族。19世紀。女性たちは西欧風のブラウスとパーチョンカベーンを着用している。チャオ・プラヤー・ヨマラートはチュラーロンコーン王（ラーマ5世）時代に着られた制服を着ている。左に立っている彼の息子が着ている白い麻のジャケットもこの時代の流行であった。

右ページ　タイ東北部のバーンナーカー村の村人。木綿のマットミーのパーシンと青いキャミソール型上衣を着用している。

をかけるようになった。村の女性たちは、パーシンははき続けたが、畑ではブラウスやキャミソールを着るようになった。最近の20年間、若い人たちは民族衣裳を自分流に取り入れるようになっている。寺の祭りの際には、少女たちが伝統的な織り模様のパーシンを、西欧風のスカートに似せて短い丈にして着ているのが見られる。畑仕事などの時にはジーンズやズボンをはくようになったが、パーシンをはいている女性もまだいる。いくつかの村では、寺の祭礼に演技をする踊り子たちのチームを援助しているが、その踊り子たちの衣裳は伝統的な衣裳と西欧の服との興味深い組み合わせである。一方、村々の男性たちは農作業のための機能的な衣服を着続けている。それはゆったりした中国スタイルの藍染め木綿のズボン、またはふくらはぎの半ばまでの長さで股の低い「ティアオサド」と呼ばれるズボンである［Cheesman 1987］。これに長袖あるいは短い袖の藍染めのシャツという組み合わせ。正式な場合は、格子縞の「パーコマ」または「パーチェット」と呼ばれる模様のある飾り帯をシャツの上に掛ける。タイ族の各グループは、

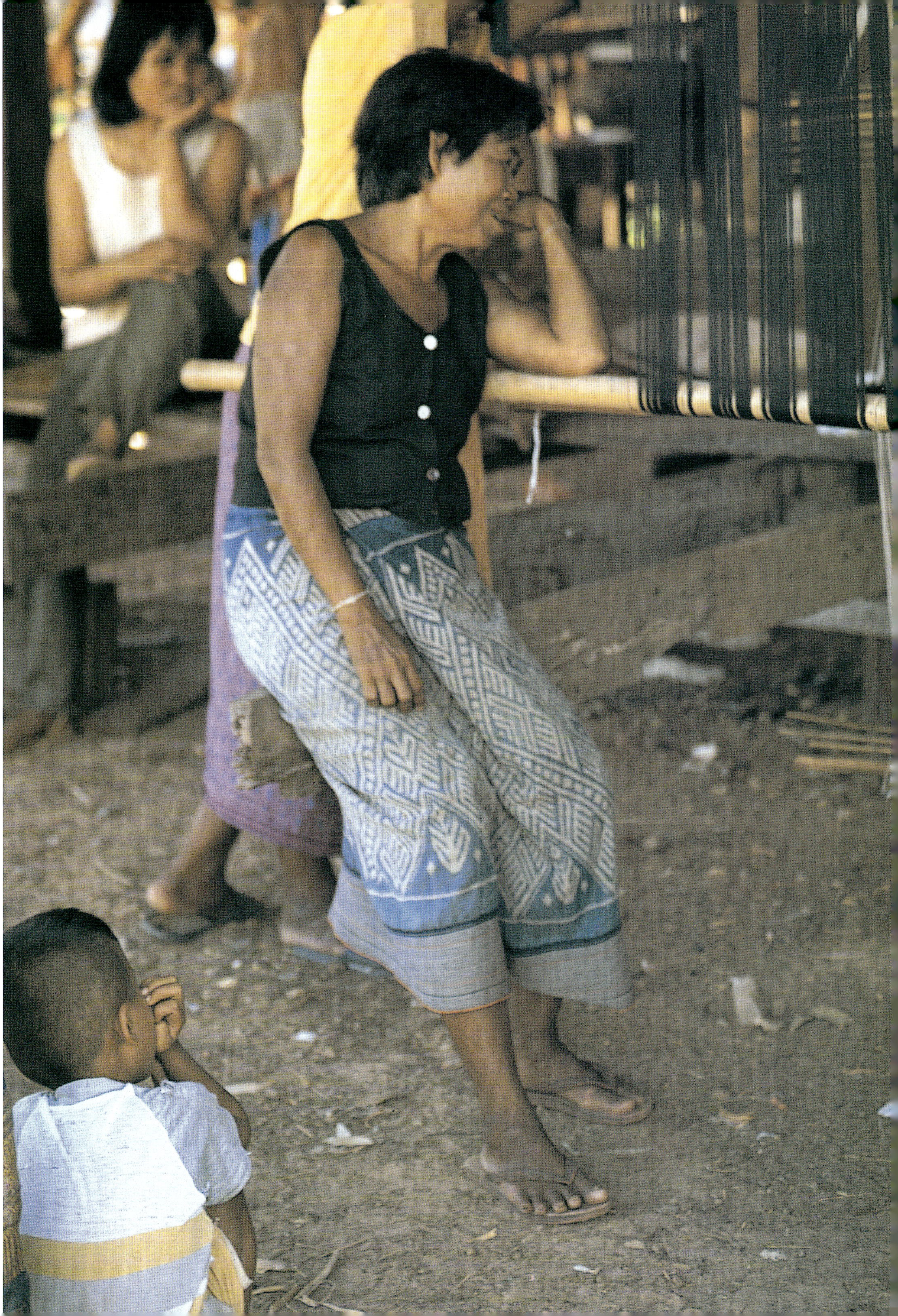

▶チエンマイ県の村の祭り。この踊り手たちのチームは常連である。彼らは伝統的な衣裳を近代的に演出して着ている。

儀式の装いのためには、それぞれの固有の服装と模様をそのまま持ち続けている。

右ページ　チエンマイ市内で仏教の儀式に参加している男性たち。インジゴ染めの木綿のシャツと、ゆったりしたズボンを着用して、格子模様のパーコマを付けている。背景に寺の幟が見える。

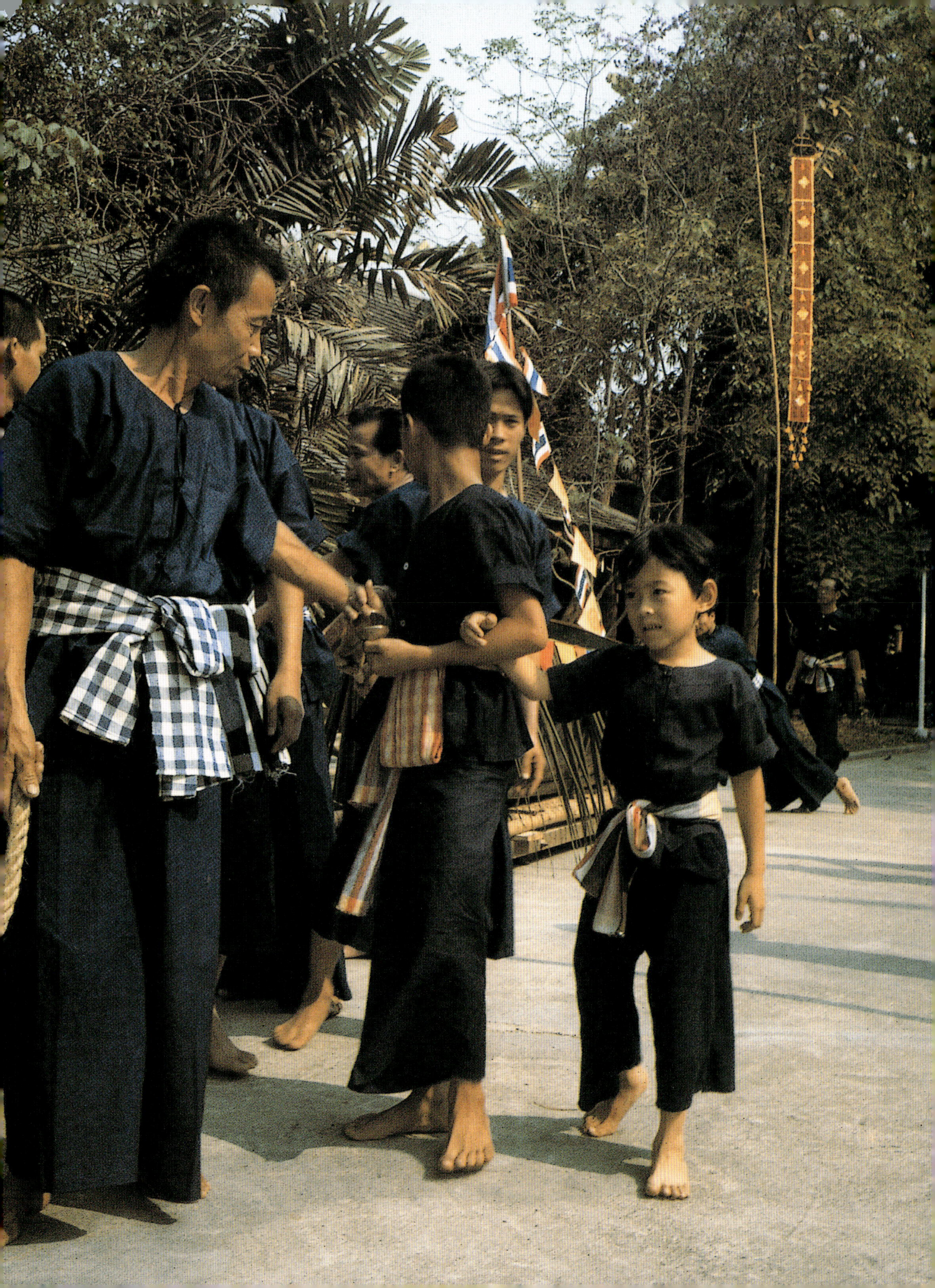

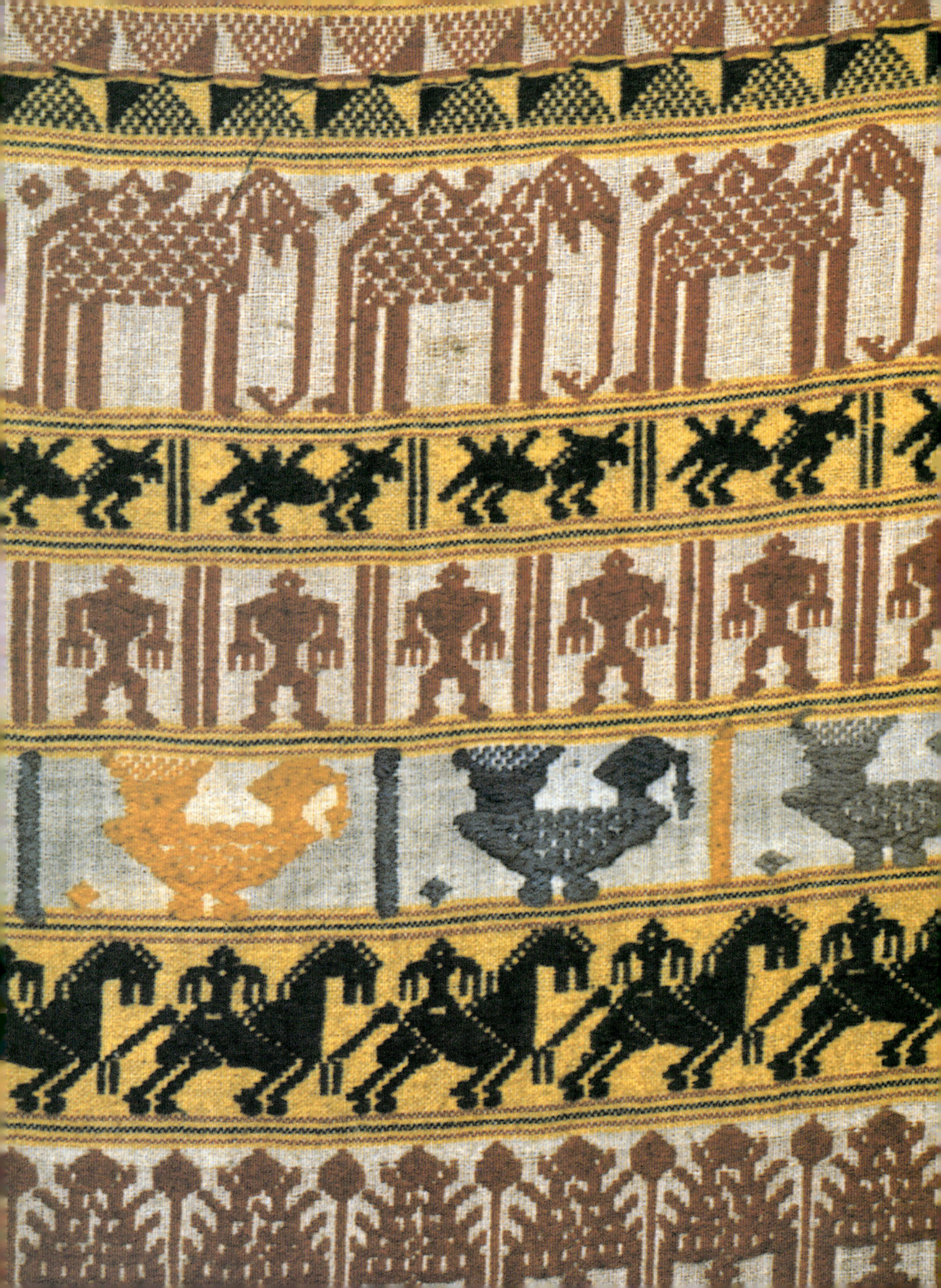

第6章

儀式用および
家庭用織物

　タイの人々は仏教徒であるが、中にはもともとは精霊信仰であったと思われる伝統を遵守している人もいる。仏教的宇宙には、無数の世界と星の集まりとが存在する。それぞれの世界は、それぞれの太陽と月と地球があり、地球には大陸と大海があって、その中心にメルー山*があり、メルー山の上に天国がある。このような世界の構造は、コマロカ、ルパロカ、アルパロカの3つの主な範疇に分けられる。コマロカはタイの村人たちの生活に最も関係のある実存の水準である。それは11の世界に区分される。そのうちの6つは神の住んでいる天国であり、4つは人間、動物、幽霊、悪魔が住んでいる世界で、最後は地獄の世界である。天国には音楽家であり歌い手である神インドラと、世界の守護神たちと、そして半神の地位を持つナーガ（蛇）が住んでいる。天国の1つには、未来の仏陀・救世主として人間世界に降りるのを待つ菩薩が住んでいる。菩薩の天国は最も満たされたところと考えられており、そこにはすべての願望を満たす金や銀や宝石のなる木が育っている。仏教的宇宙における天国と地獄は、多くのタイの寺々の壁画に描かれている。仏教的宇宙における生き物や物体を表す図柄は、儀式用の織物にも織り込まれており、それには金・銀・宝石のなる木や、ナーガ、ラーチャシー（伝説上の獣の王）、象、猿、鳥、その他の神話上の動物が含まれている。
　信者たちが僧侶や見習い僧たちの日々の暮らしに必要なものの世話をすること

＊須弥山（しゅみせん）のこと。古代インドの宇宙説で世界の中心に聳えるという高い山。

◀儀式用織物（たぶん幟と思われる）の細部。チエンマイ県サンパートーン。経糸は手紡ぎの木綿、緯糸は無色と黄色の木綿の縞を交互に入れて平織に織られている。絵緯模様には象、馬、馬に乗った人、仏陀の像のある寺などがある。

は仏教の伝統である。毎朝、夜明けに僧侶たちは托鉢の鉢を持って、村人たちから食物を集めに出かける。村人たちはそれぞれの家の戸口に、布施としての米や簡単な野菜料理を持って待ち、それらを僧侶たちの鉢に入れる。タイ東北部では、地元の寺院の僧侶たちに早い昼食を提供するために、小さな行列を作って細い道を出かけていくということもよくある。信者たちはまた、個人であるいはグループで祭りの間に衣類や日常生活用の布を寄進する。田舎ではそれらは手織りの布である。例えば、ブンカティン（カティナ衣奉献祭）のような祭りでは、寄進物は飾り立てた輿に乗せて僧侶たちのところへ運ばれる。

　僧侶たちのために布を織ることは、女性たちにとって重要な仕事である。ことに親類の男性がこれから出家しようとしている時はなおさらである。出家することや、出家する息子を持つことは、家族に名誉をもたらす最も重要な積徳行為である。もし男性が出家することになったら、その母親、姉妹たち、叔母たちは、彼の法衣、寝具などを織る。ただし、今日では、プラスチックで包装された機械織りの織物が贈られることが多くなっている。女性たちが今でも日常的に僧侶のために織物を織っているのは、タイ東北部の田舎の地方だけである。

　宗教的な祭りの時、寺の中に吊るして飾られる物の中にパートゥンと呼ばれる

▶コーンケーン県ポーガーム寺院の寺院長が、スリヤ・サムットカプト先生と共に、村の女性たちにより織られた寺の幟を調べている。

織物の幟がある。ブンプラバート（大本生経の祭り）の時は、幟は寺の境内に立てられた竹竿に掲げられる。宗教的な行列でも幟を持って歩くが、これらの多くは木綿布に模様を描いたものである。先祖の礼拝や葬式に関連したタイ・ルー族の儀式においても、幟は長い竹竿に掲げられる。このように幟はいつも寺の境内に掲げられるわけではない。高温多湿と害虫の被害などにより、幟の寿命は短くなりがちで、織り手たちは3～5年ごとに作り直さなければならない。その時は、住職や年長の僧侶たちにより、幟の大きさや宗教的象徴を含む模様について意見

第6章◆儀式用および家庭用織物

が交わされる。僧侶たちは女性たちの織物の技について十分に知らされているようである。彼らの言うには、仕事は織り手の能力に従って割り振られ、複雑な模様は最も技の優れた女性に割り当てられる。宗教儀式が終わった後は、幟は巻かれて、僧侶たちの管理の下、寺に保管される。

僧侶たちのための織物

　仏教の僧侶は、3種類のウコン色の法衣を着ているので、すぐに見分けられる。すなわち、サロンと飾り帯と全身を十分に隠せる長さの袈裟である。法衣の正確な色は僧侶の修養法典の規則に定められ、鈍い黄茶色と記述されている［Suvatabandhu 1964］。タイ東北部の田舎では女性たちが今でも法衣を織り続けており、それは時には地元産の絹で作られているが、今日ではたいていの法衣は工業生産の木綿布で作られ、合成染料で染められている。得度式のため寺院に向かう行列で見習い僧が着る絹の袈裟を織ることもまた慣習であった。雨安居の期間、僧たちは斎戒沐浴のため白い木綿の法衣を着る。かつてはこれらは村で手紡ぎされ、手織りで織られたものであったが、今日では大部分のものは商品として作られた木綿のものである。

　僧侶たちの必要なものは非常に簡素なものである。一揃いの法衣、何枚かの寝具用の布、枕、そして他の寺院を訪ねる時にほんの僅かな必需品を運ぶ頭陀袋である。寝具用の布は、今日ではたいてい平織の木綿の敷布と毛布である。しかし、以前は敷布や毛布類は出家者用に定められた特別な模様に織られたものであった［Henrikson 1978］。頭陀袋は普通は平織で、法衣の色と同じ色に染められているが、いくつかの村では織り手たちは明るい色の派手な頭陀袋を作っている。このような派手な色の袋が適当であるかどうかについては織り手たちの間に異論もある。多くの女性たちは頭蛇袋は平織で無装飾であるべきだと言っているが、派手な色でもよいではないかと言う人もいる。

寺の幟

　大きな仏教の祭りの前には、村人たちは寺を織物の幟、紙の旗、木や花などで飾るなど、準備の日々を過ごす。祭りにはそれぞれ特別な必需品がある。ブンカティンのための木製の輿はバナナの茎と花々で飾られ、幟は寺まで行列で運ぶため、倉庫の外に運び出される。ブンプラバートのためには、旗竿が境内等に立てられ、大きな幟がそれらに吊り下げられる。寺の中には小さな織物の旗と絵を描いた旗が天井から吊るされる。

　カール・ボックが19世紀の書いたもの［1884、再版1986］には飾り立てられた寺の境内の様子が記述されている。

▲得度式の行進の時に見習い僧が着た毛布の細部。ムクダーハーン県。経糸に黒、緑、赤が帯状に配置され、白と金色の絹で模様が織り出されている。緯糸は黒の木綿である。写真はキム・レッカによる。

▲僧侶のために作られた藍染め木綿の頭陀袋。平織木綿の裏付きで、輸入された双子撚りの糸で飾られている。

＊双子撚り（ふたこより）糸　2本の片撚り糸を撚り合わせた糸。

▶祭礼用の幟の細部。コーンケーン県バーンドーンポーン村。模様部分は絵緯で象、馬、騎手、供物台が黒と赤で織り出されている。その下はピンク、黒、黄褐色、黄色の緯縞である。経糸の房は切り離されておらず上部の経糸と繋がったままになっている。
206.5×21インチ（525×53cm）
ワシントンDC、スミソニアン研究所。
写真はビクター・クランツによる。

　寺院の正面には、神聖な鷲鳥を意味する鳥の形の飾りを先端に付けた高い旗竿がある。これらの旗竿は、たくさんの吹流しや幟と共にどの寺の境内にも見られるもので、それはしばしば目印として役立っている。というのは、寺は川の近くに建てられており、しばしば深い森によって視界から隠されて

第6章 儀式用および家庭用織物

いるので、僧房にやってくる旅人たちに道が分かるよう、旗竿はわざと高くしてあるのである。

1983年ボックはタイ北部のチエンマイ谷地を見下ろすドーイステープ山の上にある寺を訪れた。

　　寺の境内の中央、木々の頂のはるか上にそびえているのは、高い仏塔であった。仏塔は仏殿と同じように厚く金メッキされ、周りの暗い森を背景に太陽の光の中に煌いていた。そして、数え切れないほどの幟（トゥン）が、数ヤードごとに立てられた旗竿や寺院の建物の先端でにぎやかに翻っていた。

　寺の境内に翻っている幟は、おそらく長さは20フィート（6m）に達するであろう。チームを組んだ織り手がその地方の僧侶たちと共に模様を選んで、その幟を織るのである。時には、仏塔、寺、象、供物椀などの通常の仏教的象徴などのほかに、例えばその幟が掲げられる寺の名前が加えられる。幟は木綿か絹の地に、絵緯の模様の布が一番下部か全体に一定の間隔で配置される。また、幟が掲げられた時にぴんと張っているように、平たい竹の棒が緯方向に一定間隔で挿入される。これらの棒は、織物の耳から耳へ、仏舎利塔、寺、象、供物椀などの宗教的模様を区切るように挿入される。時には一枚の幟に同じ絵緯模様が、竹の棒で区切って用いられることもある。どの幟も一番下に経糸の房が付いており、それには銀その他の金属の鈴、竹の棒、染めた糸、紙の吹流しなどが結ばれている。幟が掲げられると、金属の鈴が微風に揺れてチリンチリンと鳴り、飾りの紙と糸が熱帯の光の中で輝き、さらさらと音を立てる。

　寺の幟を織るという伝統は、今でもナーン県やタイ東北部の一部では普通に行なわれているが、チエンマイ谷地ではもう見られないようだ。ここでは幟の多くは商人に売られたり、切り分けられて旅行者に売られている。

　タイ・ルー族は新年の水祭りソンクラーンの2日後に特別な記念儀式を行ない、先祖の霊に供物を献げる。この時は死を連想させる白い色の幟が何本も寺の境内の長い竿に掲げられる。そして3年に1回は祖先の霊に対する大規模な記念儀式が行なわれる。年配の織り手たちは、昔は幟は白い木綿で織られたと言うが、今日では幟は色糸を使った絵緯模様で飾られている。

　タイ・ルー族は、人が死ぬとその霊は長い竹竿の上で風に吹かれてくるくる回る幟に助けられて天国へ昇ると信じている。もし村人が自然死により亡くなった場合は、幟は白い木綿に色糸で絵緯模様をあしらったものがほとんどである。ナーン県出身のある年配の女性は、ラーオ人の出である彼女の父親から、彼が若い時には村で人が亡くなると直ちに女性たちが幟を織るために集まったと聞かされていた。その女性たちはチームを組んで、朝早く起き、糸を紡ぎ、経糸・緯糸を準備し織りあげた。その幟は白い木綿地に白い絵緯模様をあしらったものであった。このような務めを手伝うことは功徳を積む1つの方法であった。幟は死者の霊のために掲げられた後、寺に寄進された。

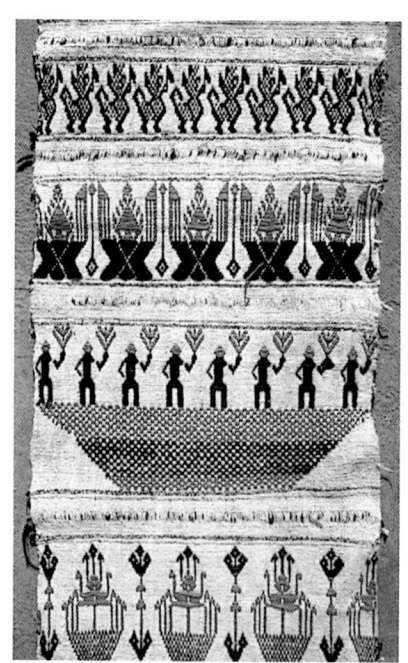

▲儀式用の幟の細部。ナーン県。経糸・緯糸は手紡ぎの木綿で、絵緯模様は赤茶と黒で鳥、供物碗、木の枝を持った人が甲板にいる船の模様が織り出されている。この枝はおそらく人間のすべての欲望をかなえる果実の付いた仏教上の木を象徴しているのであろう。
67×10.5インチ（170×27cm）

　白い幟は自然死と関係するものであるが、事故死の場合は幟は赤い木綿で織られ、多色の糸を使った絵緯模様があしらわれなければならない。その幟は事故の場所へ運ばれ、その場所で竹の旗竿に掲げられる。自動車事故が死亡原因として珍しくなくなった今日では、このような幟が道路の端に時々見られるかもしれない。タイ・ルー族の幟は、その地方の寺に保存されているか、村によっては村長の家に保存されている。このことは、幟は仏教の儀式で掲げられるものであるが、世俗的な重要性も持っていることを意味している。

　ブンプラバートの祭りの準備の一部として、女性たちは紙と糸と竹で作られた派手な色の旗を掲げる。重なった蜘蛛の巣のようなこれらの旗は、村の保護者であり雨をもたらすとされるプラ・ウパクルットを連想させる。この旗は自然界を連想させるものといわれており、ブンプラバートのたびに新しく作られ、寺の内部にその他の草木や花の装飾品と共に吊り下げられる。

　タイ・ルー族とタイ・ラーオ族は幟を6フィート（1.8m）までの長さに織り、この幟は彼らの寺の内部の、通常は仏像の周辺に下げられる。これらの幟には、様々な表象が複合的に織り込まれている。アジアの仏教芸術に共通の図柄もあれば、タイ族の神話を連想させる図柄もあり、これらの図柄の多くはパーチェットのような幟以外の祭礼用織物にも出てくる。

　タイ・ルーの幟の起源は中国南部の西双版納(シーサンパンナー)まで辿ることができる。そこには類似した様式のものがある。すなわち、染めてない木綿の地に茶、赤、あるいは黒の木綿を使った絵緯模様が組み合わされ、しばしば撚った経糸の房が付いている。その模様には、寺、供物碗、馬、象、神話の鳥などがある。甲板に木の枝を持った男性たちが立っている船の模様もある。これはおそらく、地上のすべての欲望をかなえると信じられている極楽の金と銀の木を表しているのであろう。スマトラの船の模様の布との類似性については序章で論じた。この幟にはまた、太腿の刺青に見られるような鳥、象、ラーチャシーなどの図柄も織り出されている（第5章参照）。木綿の緯糸には、幟をピーンとさせるために竹の棒を挿入する狭い隙間が一定間隔で作られている。幟の縁には、寺の壁画に見られるような、また寺の扉、窓の鎧戸、支柱などに金で刷り込まれているような垂れ飾り模様がある。これらの垂れ飾り模様は幟以外の織物の縁にも見られるものである（序章参照）。

　タイ・ラーオ族の幟もまた、仏教やタイ族の神話を連想させる図柄を持っているが、織り模様は明らかにラオス様式である。その幟は木綿の地に多色の木綿で絵緯模様があしらわれ、無色の経糸の房が付けられている。模様はラオス様式の寺、供物碗、鳥、象、馬などである。

精霊信仰者の織物

　タイ族の人々は仏教徒であるばかりでなく精霊信仰の伝統にも従っている（第2章参照）。彼らは祖先の霊、家や屋敷の守護神の霊、田畑や沼地や森の霊などを鎮めるために儀式を行なう。無色のシンプルな木綿地に神秘的な象徴を捺染し

第6章 儀式用および家庭用織物

▶儀式用の幟の細部。コーンケーン県。経糸・緯糸は染めていない木綿。鳥と象が青、赤、黄褐色、橙色の絵緯模様で織り出されている。

たり描いたりしたものが儀式の間飾られる。お守りとして戦場に持っていったものには、矢、銃弾、小刀、剣、石つぶてなどによる怪我から身を守ると信じられている象徴が捺染されていた。病気に対するお守りと考えられたものもある。

日常生活用の織物

　伝統的なタイの家庭では、女性たちが、家族が家で快適に過ごすのに必要なすべてのものを織る。彼女たちは、床に座る時に背中を支える三角形のクッションや寝る時の四角い枕はもちろん、布団、敷布、蚊帳なども作る。これらの織物は、結婚や家のお清めなどの、家族にとって重要な行事の時にやり取りされたり、寺の儀式の時に僧侶に贈られたりする。以前は、模様を選ぶに当たって、僧侶用だけの模様、家族の中の個人用の模様、客用の模様というように決まりがあった。今日ではこのような区別はもはや残っていない。

　タイの家の美点は、その涼しさと簡素さにある。非常に貧しい人たちは竹のゴザに稲わらの屋根の家に暮らしているが、伝統的な家は高床に、チーク材を使って建てられ、よく磨かれた床にチーク材を使った上品な内装が施されている。しかし、今日ではコンクリートの柱やレンガの壁が新しい家を作る場合の一般的な材料で、木材の不足を示している。靴は常に家に入る前に階段の下で脱ぐ。冷たくて滑らかな床が、軽く垂れた頭の前で両手を合わせる伝統的なワイ（合掌）の挨拶と同じように歓迎してくれる。食事をしたり客をもてなしたりする主要な居間としては、屋根のあるベランダが使われる。葦で織った敷物が、背中を支えるための三角形の色彩豊かなクッションと共にぴかぴかのチークの床に置かれている。シンプルな木の食器戸棚には家族が使うものが納められ、花や装飾品などが棚に飾られている。そして、タイ国王と王妃の写真が最も目立つ位置を占めている。内部の部屋へ行くには高い敷居を跨ぐ。それは、地面近くを移動する悪霊に

対する防護の役を果たすと考えられている。内部の部屋は仕切りによっていくつかの寝間に分けられていることもあるし、大きな1つの寝室になっている場合もある。この部屋は家具が持ち運べるので、たいへん融通が利く。寝床は軽い布団だが、この布団は折りたためるコンチェルティーナ形式[*]で、使わないときはしまっておく。布団の中綿はカポックで、地元でカポックの木（学名 Ceiba pentandra）から採れるものである。布団のカバーは藍染めの木綿で作られており、布団をたたんだ時見えるような装飾的な縁がある。また、たいていのカバーには、藍染めのカバーとは別に織った装飾的な別布が、中央に縫い付けてある。

19世紀の旅行家カール・ボックは、タイの高官を訪れた時の彼の寝床の準備について次のように記述している［1844, 再版1986］。

> 私がそっと見ていると、彼の妻が2人の召使に話しかけ、彼らは直ちに部屋の一隅で私のための寝床の準備にとりかかった。これは時間やお金のかかる仕事ではなかった。1組の布団と枕が床に置かれ、木綿のカーテンが仕切りとして周りに吊るされて、特にあらたまったこともなく、私は自分の寝る場所ができたことを知らされたのである。…寝床には台がない。人々は木綿わたを詰めた手作りの布団を敷き、蚊帳をめぐらして寝ている。

敷布

夜、布団が敷かれると、パーロップと呼ばれる敷布で覆われる。敷布は木綿で平織に織られ、装飾的な絵緯模様が縁に、あるいは全体に付けられている。帯状に織られた2枚の布が、耳で縫い合わされて敷布となっている。少女が結婚する時、多色の糸を用いた絵緯模様を縁に付けた装飾的な敷布が結婚の床用に織られる。壁画からは、王族の人々が金糸で縁どりをした敷布に寝ていたことが分かる。

毛布

タイは熱帯気候であり、夜の保温には、ほとんどの地域でパーホームと呼ばれる軽い木綿の毛布だけしか要らない。しかし、高地では、涼しい季節には温度は0度にまで下がる可能性があり、昼間も夜も厚い毛布が必要である。通常の薄手の毛布は、2倍の長さに織られて耳に沿って縫い合わされ、タイ式の布団に重なるように作られる。涼しい季節のためには毛布は通常の長さの2倍に織って2層になるようにたたんで使うか、通常の薄手の毛布に別の木綿の裏を付けるかする。平織あるいは格子か縞の綾織に織られ、赤、黒、青色などの木綿の絵緯で幾何模様を出した別布が付けられているものもある。伝統的に綿は土地のもので、手紡ぎされ、藍、シェラック、黒檀の実などが染料を作るのに用いられた。近年、これらは合成染料に取って代わられ、木綿糸は地元の村の市場で綛で買うようにな

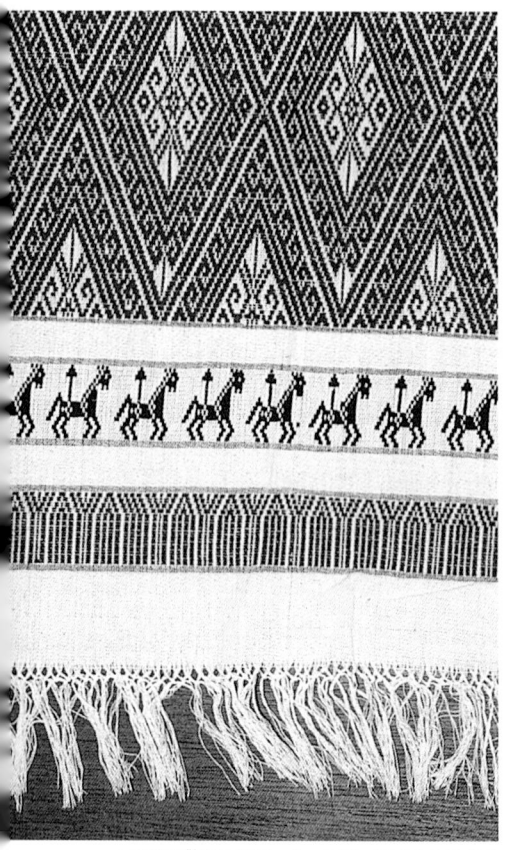

▲木綿の敷布の細部。ナーン県。長さの3分の2は平織木綿で、残りは赤い木綿の絵緯で鉤とダイヤモンドと花の模様が表され、さらに黒い木綿で馬の帯状模様が付いている。

---

*コンチェルティーナ形式　六角提灯型のアコーディオンに似た楽器コンチェルティーナのように蛇腹式に折りたためることの形容。

▶結婚用敷布の細部。ピチット県。染めていない経糸・緯糸の地に絵緯模様の布が付いている。模様の上の部分は黄、緑、青、黄褐色の絹でダイヤモンド、鉤、波、花の模様が織られている。下の部分は、藍色の木綿を使ってダイヤモンド、鉤、草木、花が表されている。

▲結婚用敷布の細部。ピチット県。染めていない手紡ぎの経糸・緯糸の地に絵緯模様の部分が付いている。絵緯模様の上部は鉤模様で縁どった幾何模様で、赤、薄紫、緑、黄色の絹が使われている。下部は藍染めの木綿で鉤、三角形、花の模様が表されている。

った。しかし、タイ東北部の一部と北部のナーン県では、何人かの女性たちが手紡ぎの地元産の木綿で毛布を織り続けている。

枕

　タイの田舎では、村の人たちは床の敷物の上に、背中と腕を凭れさせるための

▲木綿の毛布の細部。ナーン県。経糸・緯糸ともに赤、白、黒の木綿を帯状に配置し、ダイヤモンド柄の綾織に織られている。

右ページおよび130ページ
木綿の毛布の細部。コーンケーン県。経糸は白い木綿で、緯糸に黒と白の木綿を使って幾何学模様を織り出している。
コーンケーン大学イサーン文化博物館。

モーンと呼ばれるきれいな色のクッションを傍らに置いて座る。正しい座り方では、両足は片側にきちんとたたみ、けっして他の人の方に向けない（他の人の方に向けるのは無作法と考えられている）。そして背中はクッションで支える。カール・ボックが19世紀に書いたものには、次のように裕福なタイ人の家における座り方が描写されている［Carl Bock 1884, 再版1986］。

　最も上等な敷物は赤い縁布で縁取られており、クッションは長方体か三角柱形でその端は絹か金で刺繍されている。客が入ってくると、敷物が床に広げられ、クッションが凭れかかれるように客の後ろに置かれるか、腕を支えるように脇に置かれる。敷物やクッションの品質はもっぱら客の地位によって選ばれる。チャオ（支配者）たちは一般にテーブルと何脚かの椅子を持っているが、「著名な外国人」が訪れて、彼が脚を組んで座わるのがつらそう

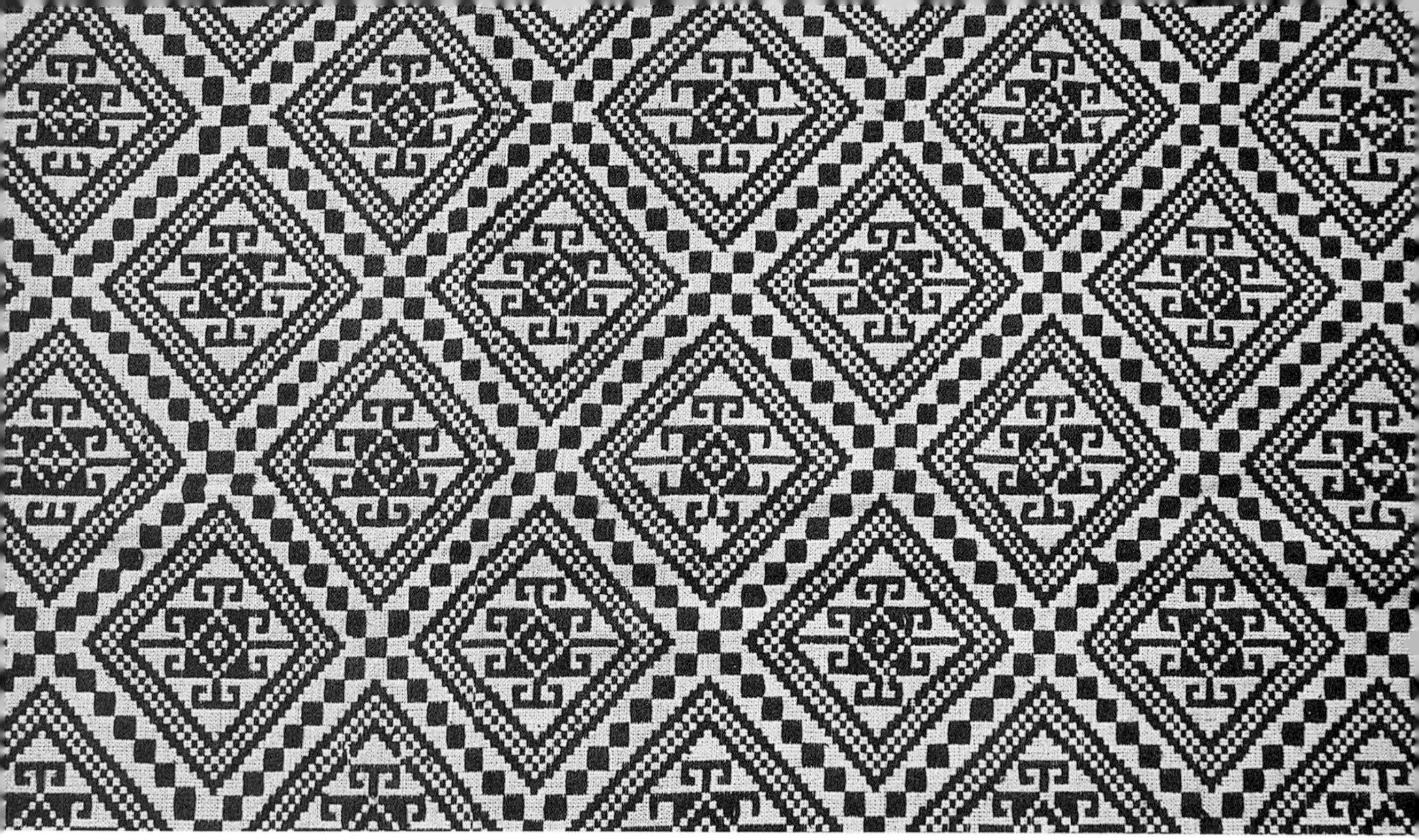

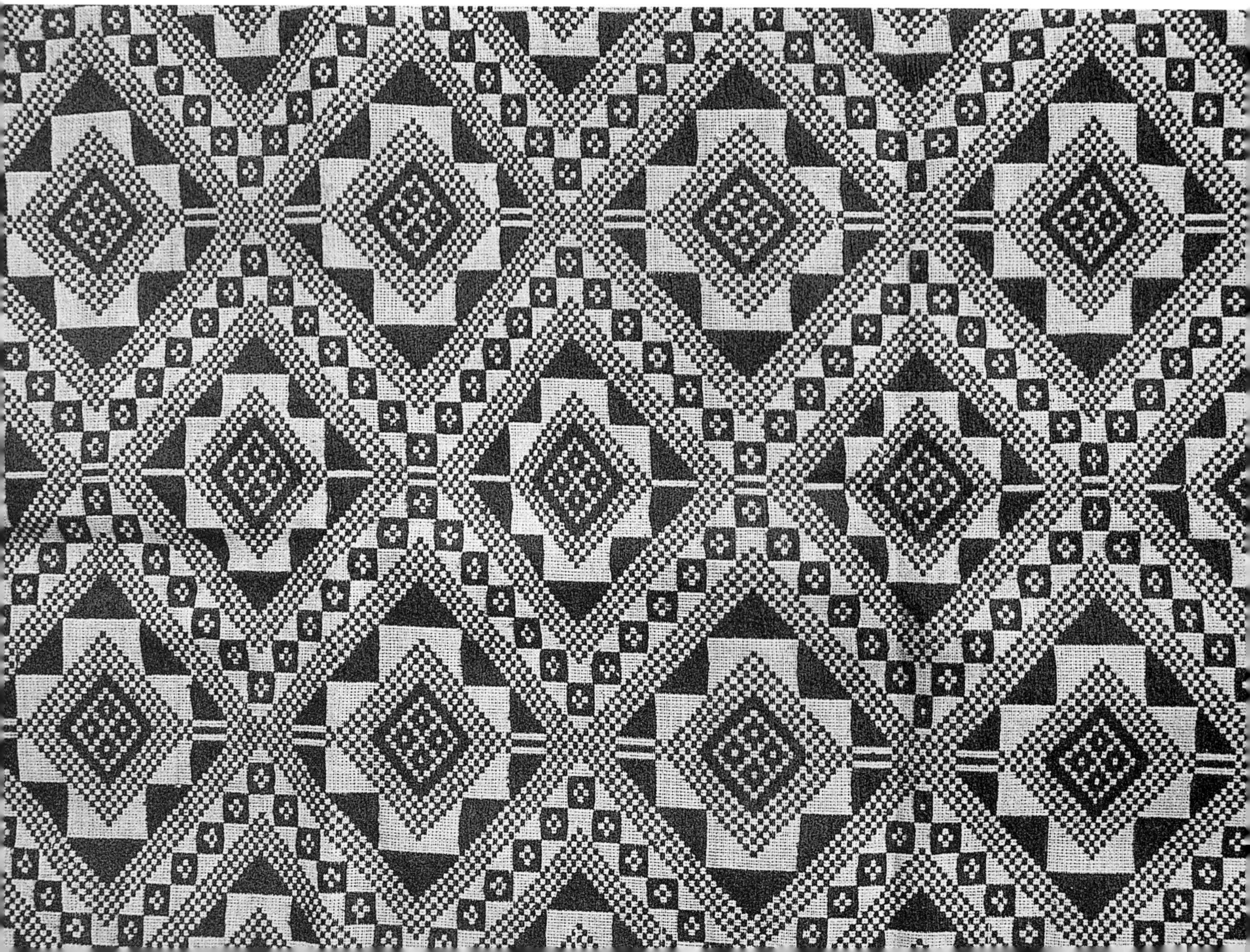

第 6 章 ❖ 儀式用および家庭用織物

▶寝床の枕元に置かれた仏壇。儀式用の織布の上に仏像が置かれている。水さし、うちわ、長方形の枕などが見えている。
サイアム・ソサエティ。

に見える時以外は、椅子はめったに使わない。

　寄りかかるためのクッションは、形は三角柱形で、背中をしっかりと支えるためにカポックが固く詰められている。寝るための枕は細い長方体で、それほど固くは詰められていない。クッションあるいは枕には、絹か木綿で平織と模様織に細い帯状に織ったものを耳で縫い合わせた綺麗なカバーが付けられる。1枚のカバーを作るのに必要な帯状布の数は通常8枚から10枚で、中央の帯布の両側に対にすることが多い。帯布は、平織、あるいはシンプルな縞模様、あるいは「キットモーン」と呼ばれる連続的な絵緯で寺、象、供物碗、花、動物、植物、抽象的幾何模様などを表したものなどである。伝統的なタイの家庭では、家族、来客、親戚、僧侶のためにそれぞれ別の枕が織られ、使う人に合うような模様が付いている。僧侶に贈るための枕には宗教的な意味を持った模様が付けられ、家族や友人の物は世俗的な模様である。次の表は、ウィモンパン・ピータータワッチャイ（1973）によってまとめられた枕の模様とその適切な用途の一覧である。

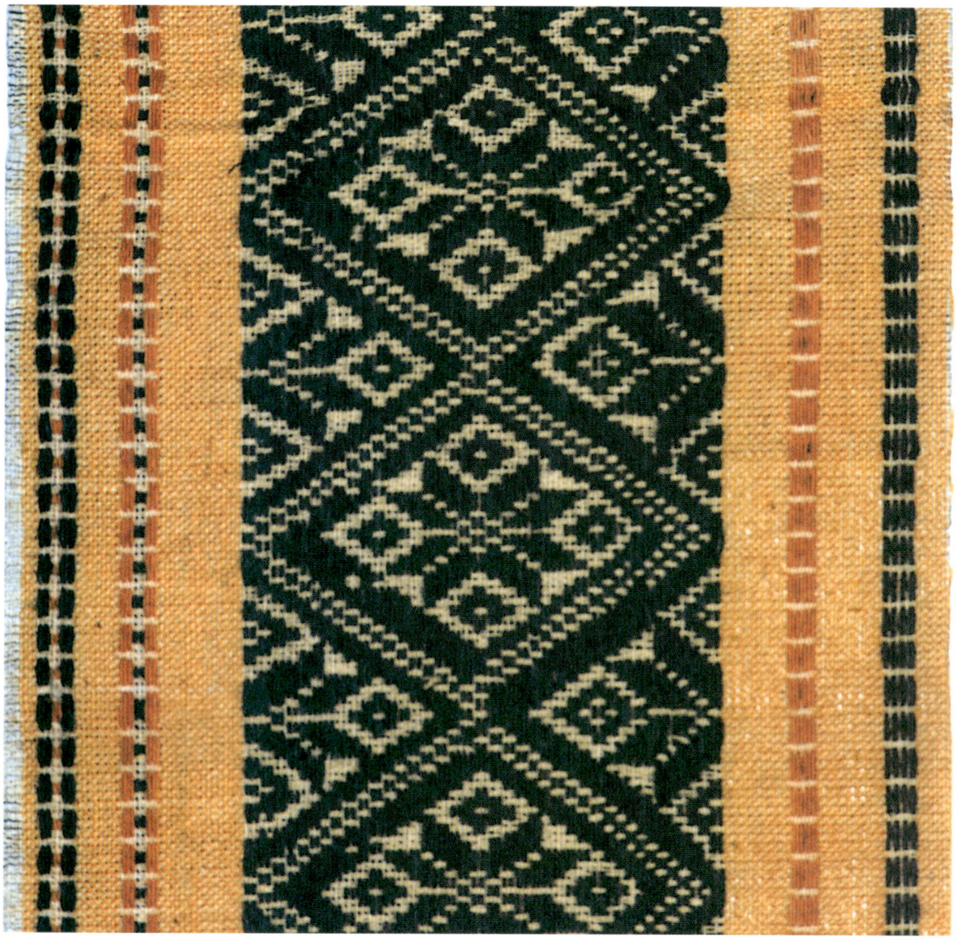
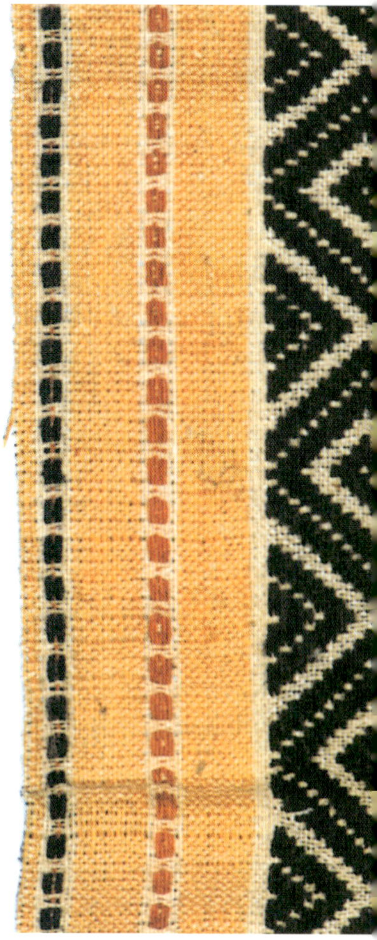
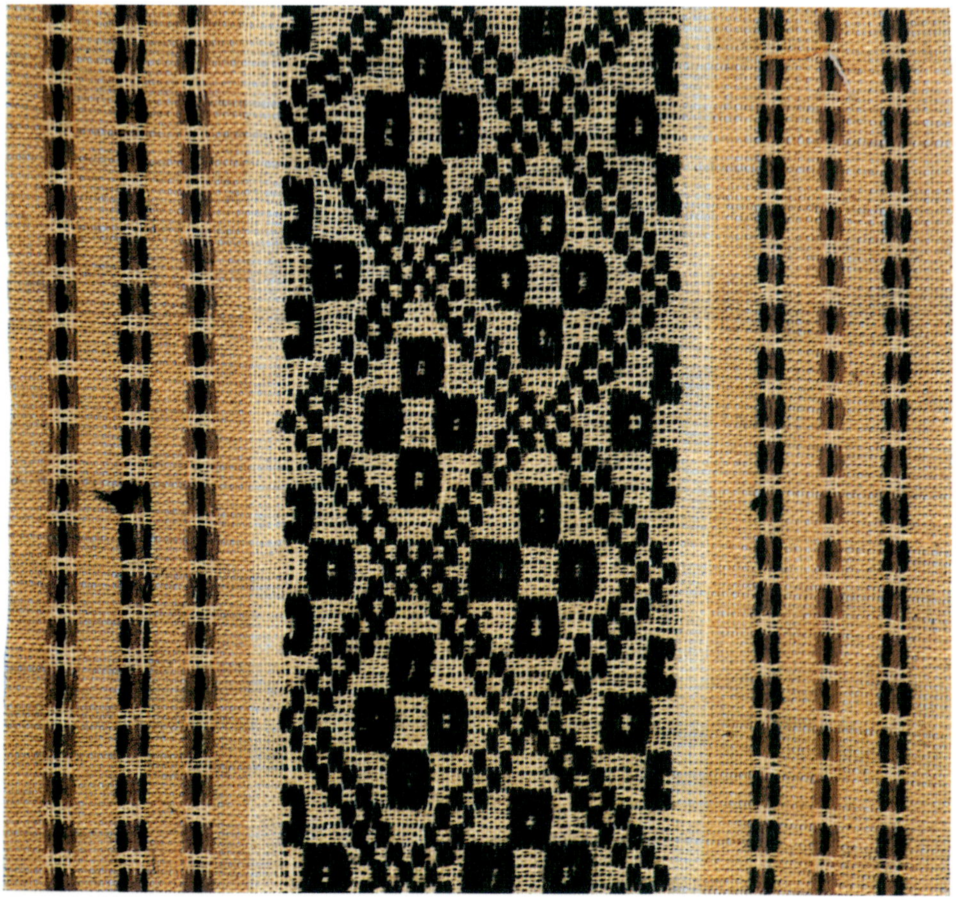
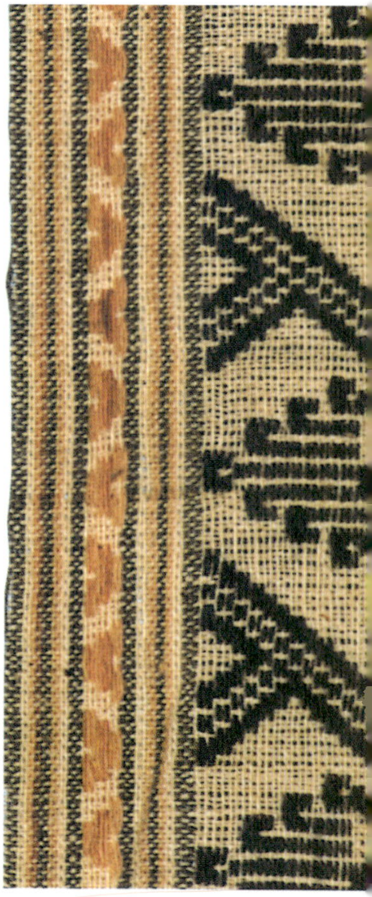

第6章 ❖ 儀式用および家庭用織物

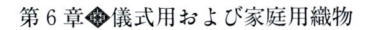

キット・コー・ドーク・キット（黄色の花）	得度式における僧侶への贈り物
キット・メーング・ガオ（昆虫）	家庭の来客用
キット・ガープ・ヤイ（ココナッツ椰子の大きい葉）	年長者に尊敬のしるしの贈り物
キット・ガープ・ノイ（ココナッツ椰子の小さい葉）	将来の娘婿用
キット・タパオ・ホング・ガオ（小舟）	得度式用
キット・ドーク・ケーオ（白い花）	年長者に尊敬のしるしの贈り物
キット・コー（鉤のデザイン）	家庭の来客用
キット・ドーク・スワイ（美しい花）	将来の娘婿用
キット・チャーン（象）	僧侶への贈り物または家のお清めの記念
キット・グー・ルアム（にしき蛇）	家庭の来客用
キット・ドーク・チャン（黄色の花）	ソンクラーン用
キット・マーク・モー（スイカ）	日常生活用
キット・ドーク・ペン（バナナの葉の供物皿）	積徳儀式での僧侶への贈り物
キット・メーング・ゴーク（さそり）	家庭用
キット・エン（蛙）	友人と親戚用
キット・カン・グラ・ヨン（寺の花のための鉢）	宗教的贈り物

◀タイ東北部で収集した枕のカバーを作るのに使われた模様織の帯状布。マハーサーラカーム大学東北タイ民族芸術文化センター。写真はギル・ボードマンによる。

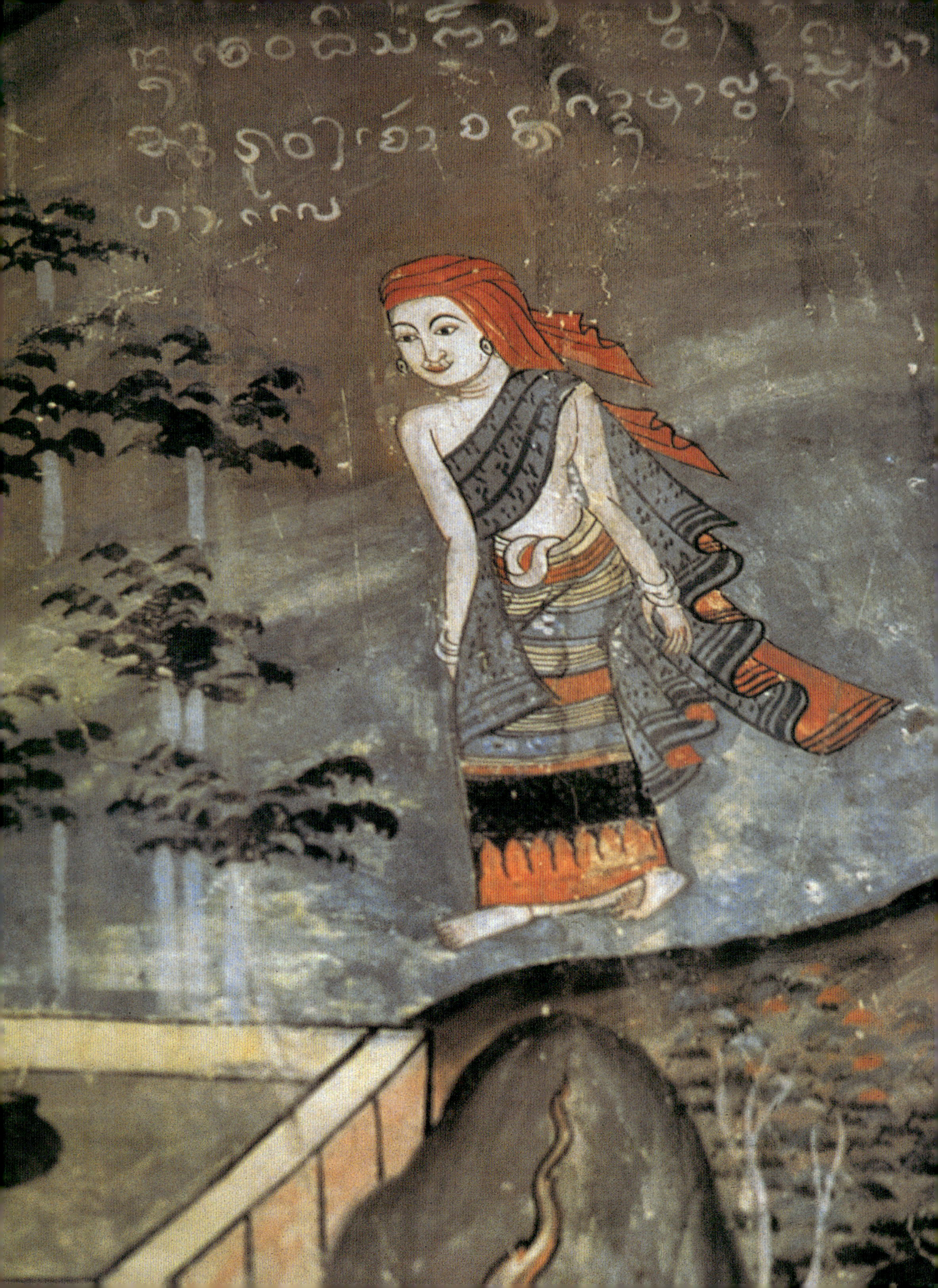

第7章

タイ北部の織物

◀ナーン県ノーンブゥア寺院の壁画。頭に赤いターバンを着け、肩に青い裏の付いた飾り帯をひらひらさせ、ナーン様式のパーシンをはいたタイ・ルー族の女性が描かれている。裾布の模様は絵の具が表面から剥がれてしまっているので見られない。

　タイ北部の風景は山々と肥沃な谷地である。そこには何世紀もの間タイ族が定住して、主食として米を栽培し、女性たちは衣服や家庭用の布を織ってきた。何年にもわたるビルマとの戦争の間に、タイ族のいくつかのグループは、チエンマイとナーンの大きな川沿いの谷地を去り、侵略軍から安全な遠く離れた谷々へ避難した。戦争で多くの人が死んだ地域に強制的に再定住させられた人々もいる。いずれにせよ、その環境は織物生産に適していた。女性たちは肥沃な川の土手に沿って藍などの染料植物を栽培し、森から染料の原料を集めた。彼女たちはまた、染色その他の作業に使う水を川から十分に得ることができた。特別の場合のために用意しておく衣裳用に野生の蚕を少量集めはしたが、衣服のために栽培した主な繊維は綿であった。

　チエンマイ県に住んでいる主要民族グループはタイ・ユアン族で、彼らの祖先は13世紀のラーンナー王国設立以前からこの地域に住んでいた。19世紀に強制的に定住させられたタイ・ルー族も住んでいる。さらに歴史上の様々な時代にチーク切り出し地で働くためにシャンの諸州からやってきたビルマ人たちもいる。

　チエンマイ県のパーシンは北部全体で評価が高く、隣国のビルマでは織り手たちがチエンマイのパーシンの模様を模倣し、そのロンジースカートを「チエンマイ式」と呼んだ［N.K. ナラヤナーン夫人談］。パーシンは構成が複雑で、別々に織った4枚の帯状布を耳に沿って装飾的な縫い目で縫い合わせて作られる。胴部の布は裾布とははっきり区別される。仏教の教えに従えば足は不浄と考えられているから、胴の部分はけっして間違えて逆さにして足の方に着てはならないからである。［スリヤ・サムットカプト先生談］。胴部は「ホア」と呼ばれ、2枚の木綿の細い布——1枚は染めてないものでもう1枚は赤か茶色のものを耳で単純な平縫いで縫い合わせ、10～14インチ（25～35.6cm）の幅の帯状にする。パーシ

▶右および137ページ　裾布ティーンチョクの
いろいろ。チエンマイ県で織られた様々な模様の
中から選んだ。多数の色の絹と木綿の糸が不連続
な絵緯として地布の列の間に織られている。模様
は指かヤマアラシの針を使って掬われる。織り手
は模様の裏側を見ながら織る。チョクは密にも疎
にも織られ、糸のよりは非常に柔らかいものから
強いものまでさまざまである。このことが、優雅
で繊細なものからたくましい重厚なものまで製品
の特徴に膨大な変化を与えている。

138～139ページ　パーシンの細部。チエンマイ県。
中央の布には黒、緑、黄色、紫色の木綿の経縞と、
白と赤の撚り糸の縞が散在している。緯糸は黒い
木綿である。裾布には幾何模様と鳥の図形模様を
持つ装飾的な絹のチョク部分がある。模様には金
糸、銀糸が使われている。一番下の部分は赤い木
綿で平織に織られている。

ンは前でギャザーを寄せるか襞をたたむかして、内側へ折り込んで固定させる。
したがって胴部の布は、通常、すべり難い木綿で作られるが、絹を使った場合は
銀か金属の帯または飾り帯が用いられる。胴部は中央部の布に単純な平縫いかき
れいな色糸を使った装飾的な縫い目で縫い付けられる。

　中央部の布は「シン」と呼ばれ、帯状の布4枚分の幅である。チエンマイ県で
最も人気のある模様は、身体の周りに水平に現れるように織られた様々な縞の組
み合わせである。この縞は、経糸をさまざまな幅と色に揃えて準備されるが、そ
の中には北部の方言で「ダモー」と呼ばれる2色を撚り合わせた糸の並んだとこ
ろもある。織り手は、模様全体にいっそうの変化を付けるために、様々な太さに
紡いだ糸を用いる。チエンマイの南西にあるチョムトーン谷地では、織り手は
「パーホームウアン」と呼ばれる藍染め木綿のシンを作っている。その模様は、
経糸にも緯糸にも藍色の木綿の細い撚糸の部分と太い撚糸の部分とを交互に配し
て織られ、半分透けた布となるので、たいていペチコートと一緒に着られる。チ

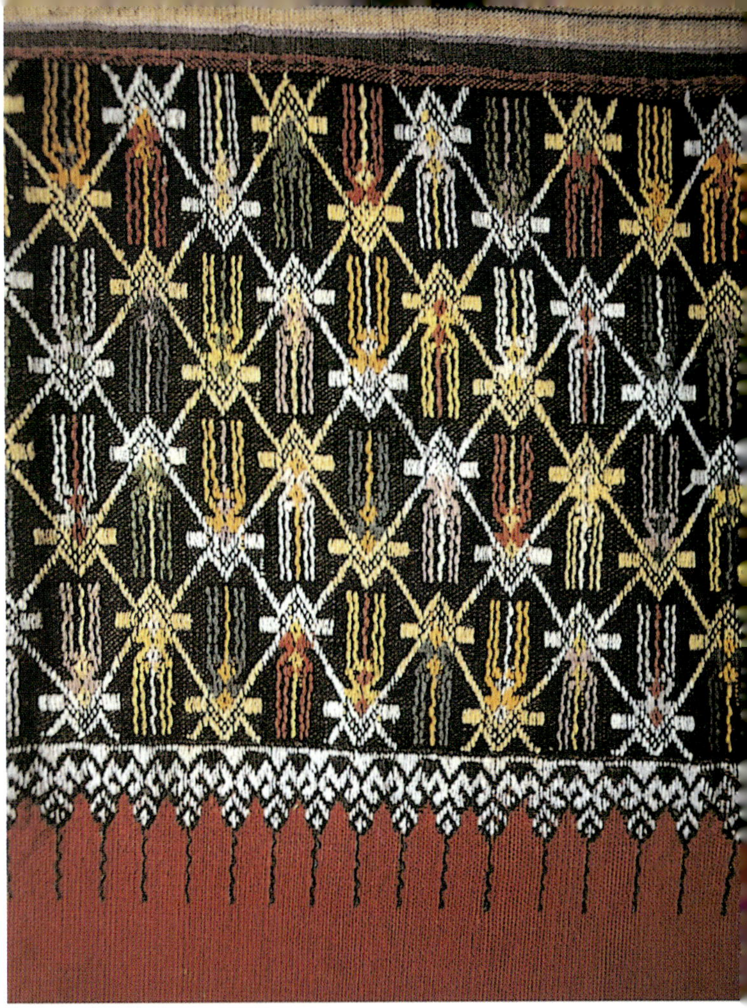
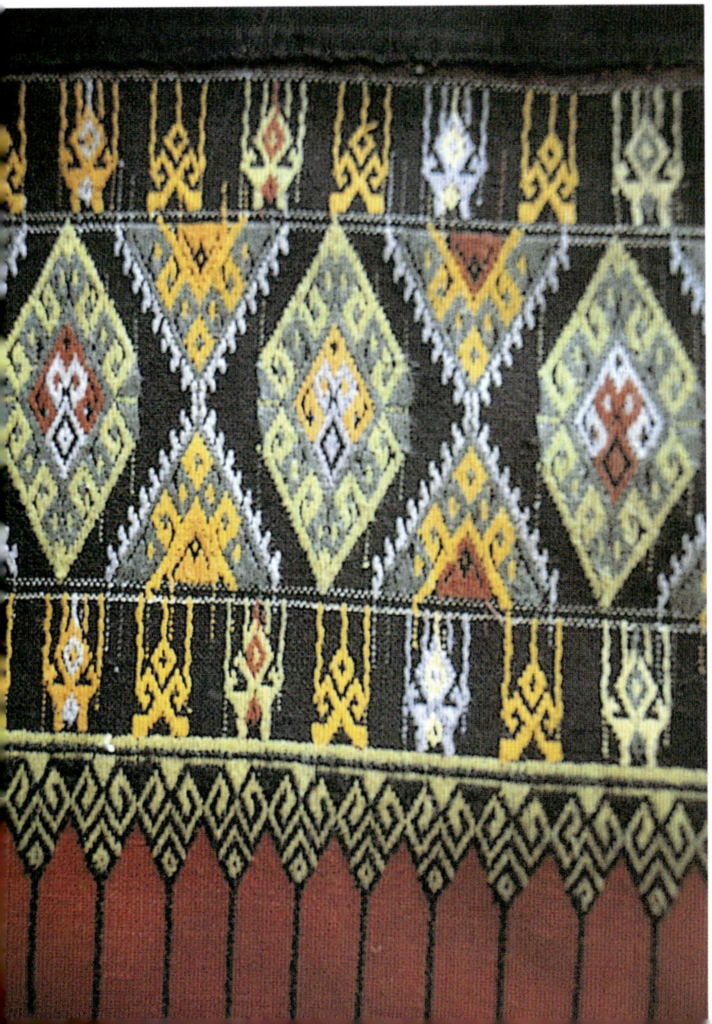
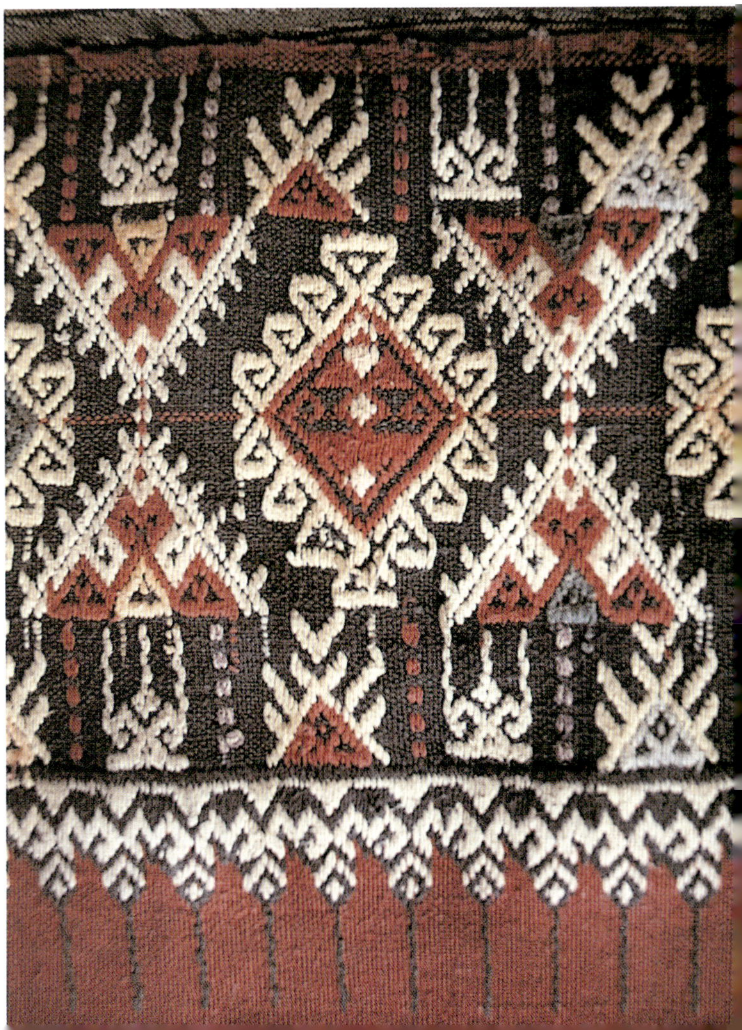

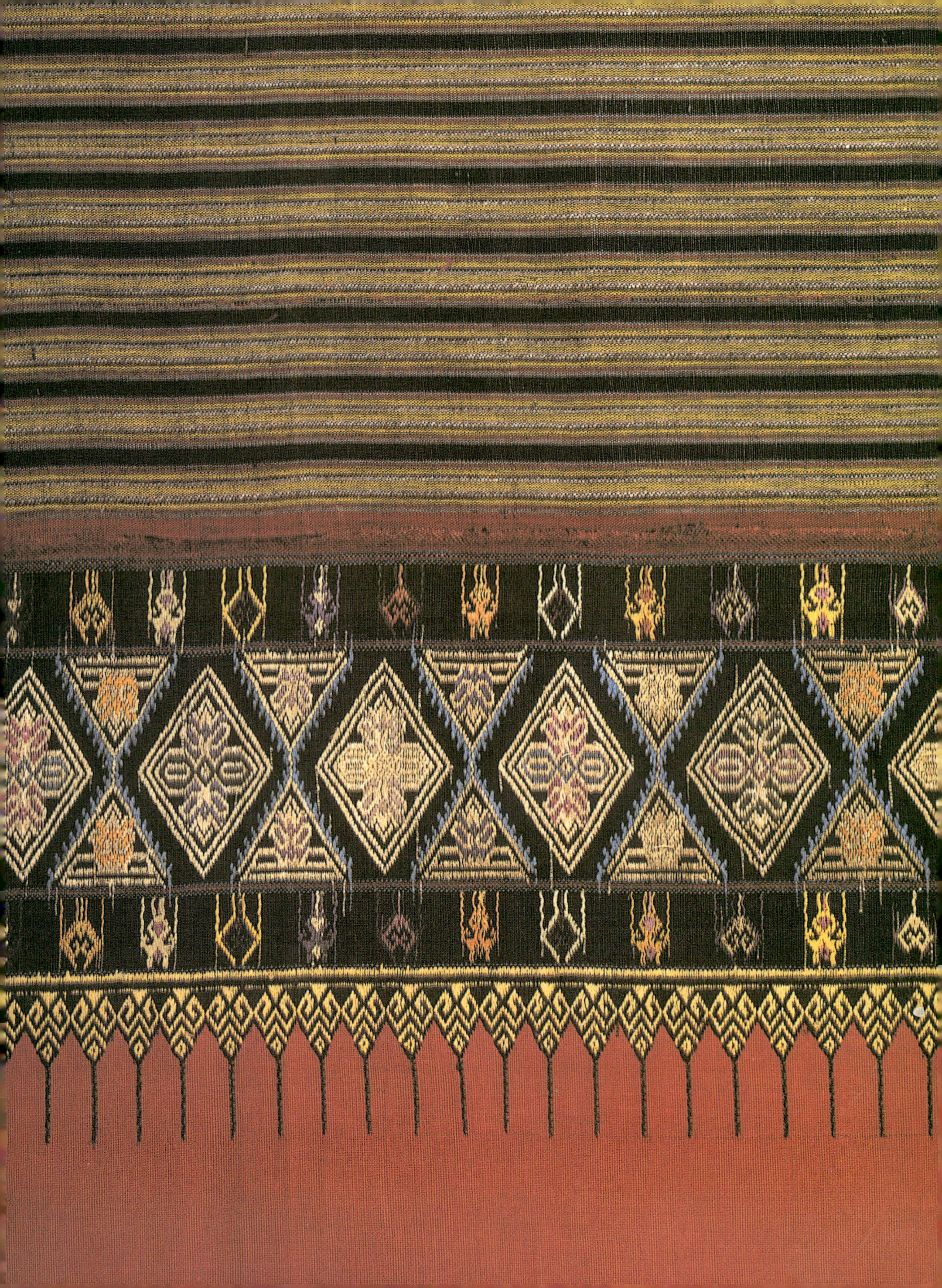

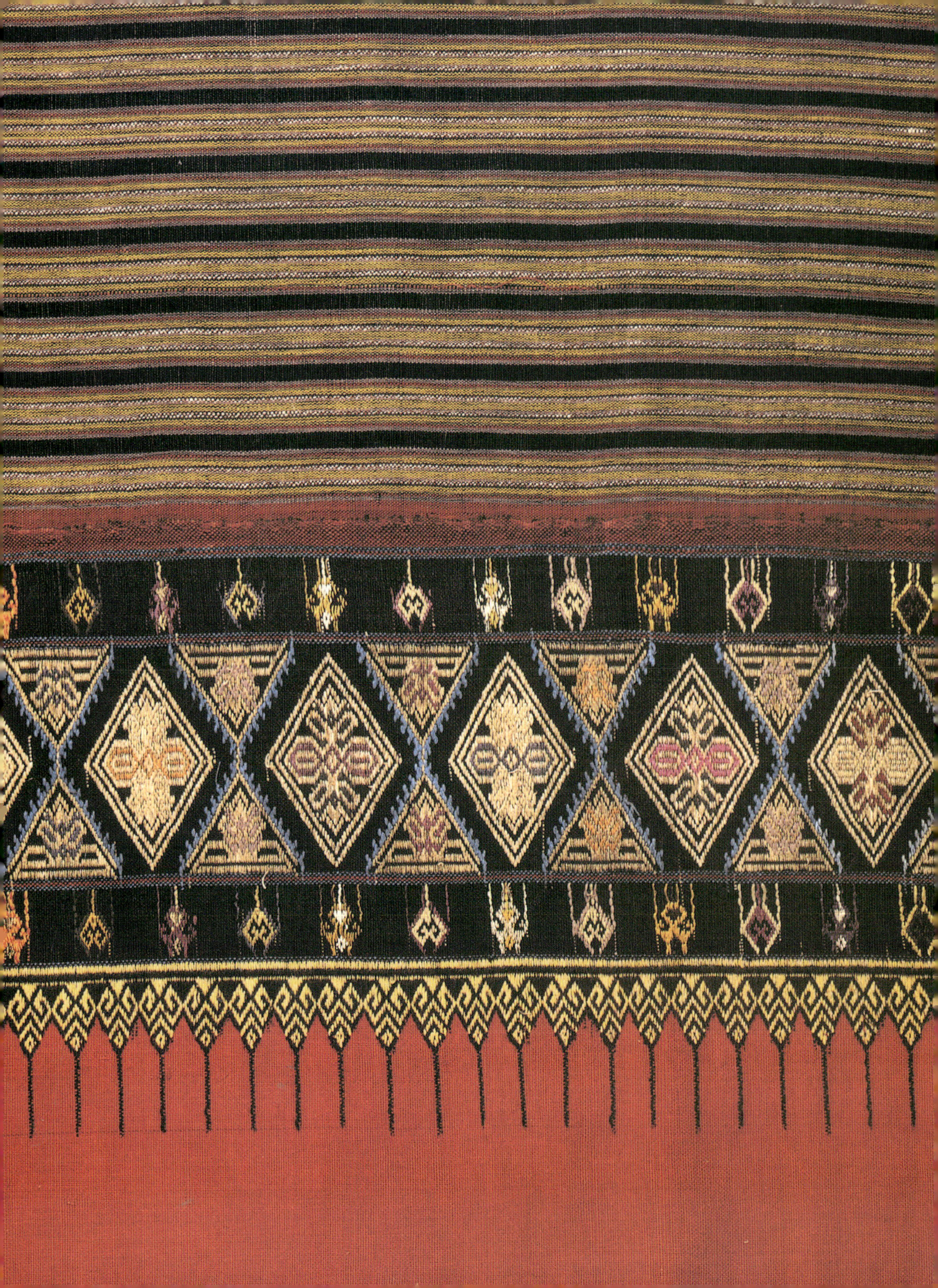

▶おそらくチエンマイの王女が着たと思われる宮廷のパーシンの、銀糸で織られた裾布のティーンチョク。

　エンマイの宮廷では、女性たちはそのパーシンの中央部の布として絹の縞の布を使ったものを着ていた。絹はこの地方で生産されたが、タイ東北部、中国、インドから輸入された絹糸も使われた。中央部の布は長さ（幅）は20〜24インチ（50〜60cm）で、下側の耳は装飾的な縫い目の手縫いで裾布に付けられる。

　裾布はティーンと呼ばれ、赤、茶、黒、青などの木綿の幅広の帯状布で平織に織られている。裾はくるぶしに達し、田んぼや泥道の泥と埃で汚れやすい。裾布が着古されると、新しい無地の木綿布と取り替えられる。特別な機会には、無地の裾布はチョクと呼ばれる不連続な絵緯模様[*]に織られた派手な色の絹か木綿に取り替えられる。この模様の配置は複雑である。すなわち、チョクの上の方と足に近い部分は平織に織られ、真ん中の部分にだけ錦模様が表されており、長さ（幅）は10〜15インチ（25〜38cm）である。チョクは絹か木綿で様々な色と模様

140

第7章 ❖ タイ北部の織物

▶ビルマのケントゥンのパーシンの細部。裾布は絹の錦織で、銀と真珠母貝の銀貨型装飾と、銀糸・金糸を使って織った紐で縁取られている。

に織られる。模様には、様式化した鳥、植物、花などと、正方形、ダイヤモンド、鉤、六角形、ジグザグなどの抽象模様があり、多くは金糸、銀糸が使われている。それは地位の象徴であり、家族が裕福であるほど、たくさんの絹糸、金糸、銀糸が使われる。チョクは時には明るい黄色で織られるが、それは多分村の織り手たちが金持ちの着る金糸を真似ているのであろう。

＊不連続な絵緯模様　模様にしたがって、あるいは模様の部分にだけ、対応した色の絵緯を用いて出した模様。20ページの脚注「絵緯」参照。

ラーンナー、ケントゥン、西双版納(シーサンパンナー)

　ケントゥンはビルマのシャン諸州の中で最も大きく、最も東に位置し、西双版納、ラーンナー、ラオスと境界を接していた。13世紀から18世紀まで、ケントゥンはラーンナー王国の一部であり、19世紀にラーンナーとビルマがその統治権を争った。ラーンナーの王侯の諸州はシャンの統治者たちと、19世紀の終わりにこの領土がビルマの一部であると認められるまで、小競合いを続けた。ケントゥンのタイ族はタイ北部のタイ族と同じような方言を話し、多くの文化的共通性を持っており、西双版納とも似たものを共有している。彼らの衣裳は共通の図柄を持ち、ケントゥン、西双版納、ラーンナーのパーシンは、胴部の帯状布、中央部の水平方向の縞、裾布という同じような構成である。西双版納とケントゥンのタイ族は優れた銀細工師で、自分たちの衣裳のために銀貨型装飾品を作った。彼らは中国の刺繍を施した絹とヨーロッパのベルベットを好み、それらを自分たちの織物と一緒に用いた。

ナーン県

　ナーン県はチエンマイ谷地の東に位置し、チエンマイとは小さな山脈で分割されている。ナーン川のほとりにナーンの町があるが、ナーン川は広大で肥沃な谷地を南へ流れ、小さな谷々からの支流と合流して大きな川になっている。ナーンの町はかつて13世紀に設立したある王侯国の首都であった。この国はその歴史上、ある時期にはチエンマイの君主に忠誠を誓い、またある時期はビルマの支配下に置かれた。バンコクの統治下に入ったのは1931年のことである。ナーン谷地に住む最も大きいタイ族集団はタイ・ルー族である。タイ・ルー族は中国系タイ族で、中国南部の西双版納から移ってきて、この200年の間にナーン谷地に定住した。ナーンの近くの村に、移住者集団の１つを率いた君主を追悼した石碑がある。一部のタイ・ルー族はビルマとの戦争で荒廃した地域に植民するために強制的にラーンナーに定住させられた。

　肥沃な谷地は豊かな米の実りと、二次作物としての野菜類の収穫をもたらした。タイ・ルー族は二次作物として綿を栽培し、ある地域では染料になる植物を栽培した。織り手たちは、タイ・ルー族は養蚕の伝統は持たなかったが、メコン川を渡ってタイ・ラーオ族から物々交換で絹を手に入れたと言っている。チエンマイの王宮では、王族の人々は銀糸や金糸で飾られた絹の衣裳を着た。それはしばしば宮殿の中で織られた。ナーンはその織り手たちの技術と彼らが作り出す模様の美しさで有名である。織り手たちが西双版納から移住し、ほかのタイ族グループと交流したことの結果として、複合的な衣裳が発展したのである。

　ナーンのパーシンは通常、２つの主な部分から構成されている。すなわち、木綿の胴部の帯布と、真ん中に織り模様が配置され、無地の裾部分と繋がっている中央部である。この中央部には、緯マットミー、綴織、絵緯などの様々な技法を用いた、たいそう複雑で色彩豊かな模様が表されている。マットミーはタイ・ルー族がタイ・ラーオ族から学んだ技法であると言われている［パトリシア・チー

▲パーシンの細部。ナーン県。黒と紫の木綿の中央部分の布に銀糸の絵緯で手掬いの幾何模様とドークピクン（小さなタイの花）模様が出されている。銀糸は絹の芯に薄く延ばした銀を巻いたものである。

右　木綿のパーシンの中央部分の細部。ナーン県。青と白のマットミーと紫と白のマットミーの幅の広い帯と、幅の狭い木綿の帯が交互に並んでいる。

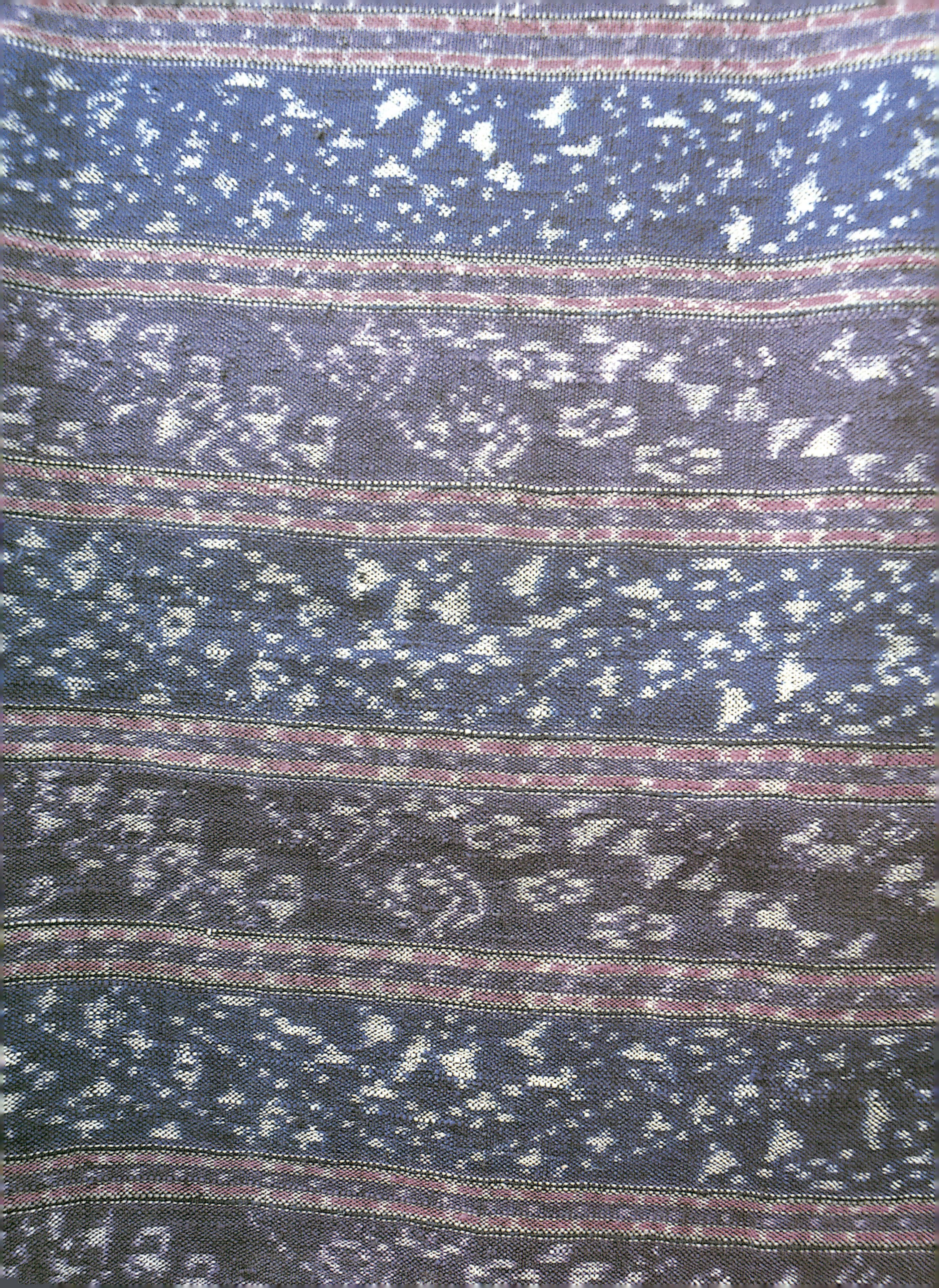

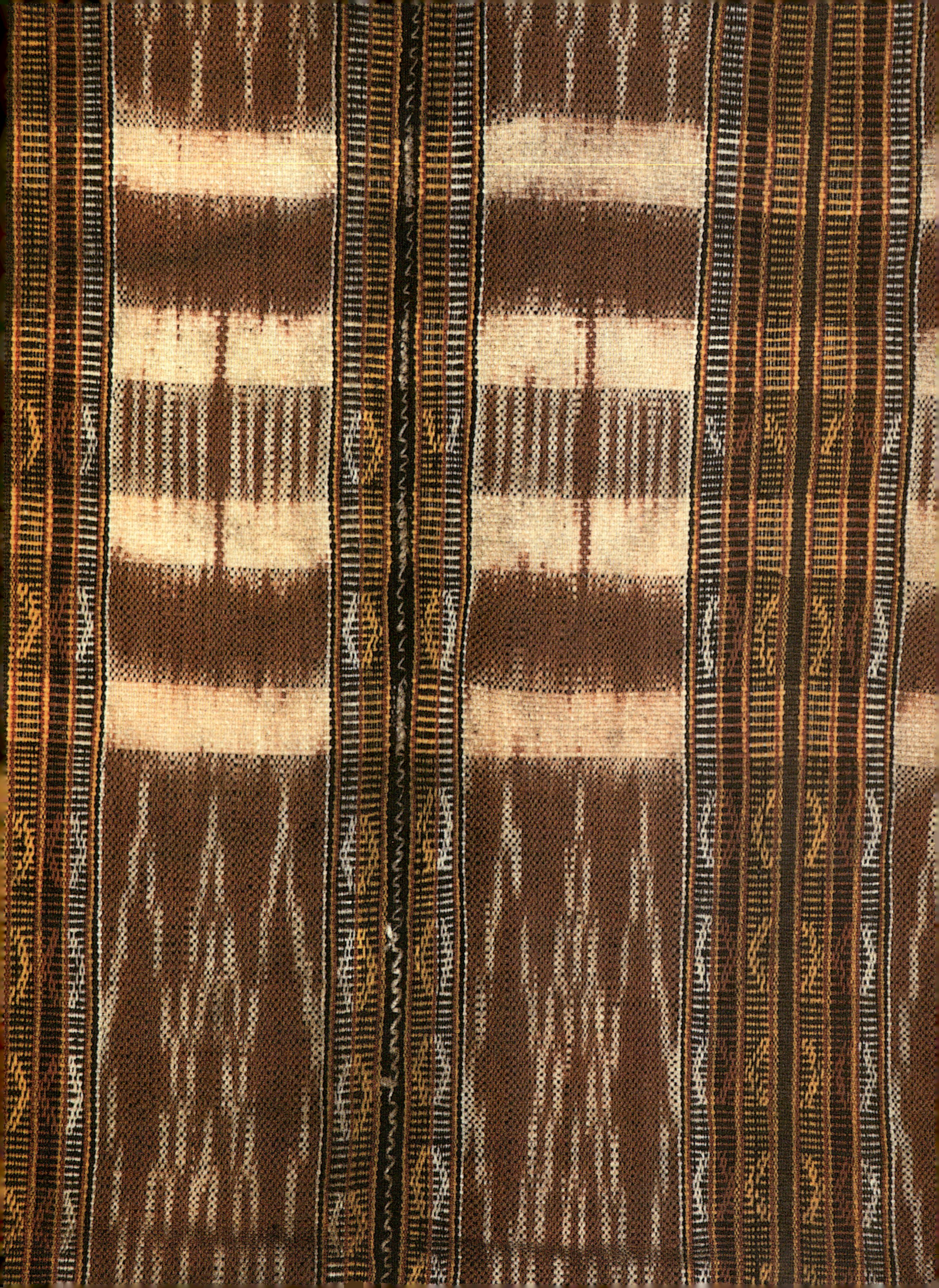

第7章 タイ北部の織物

▶おそらくナーンの王宮内で織られたと思われるパーシンの中央部の詳細。緯縞模様の絹地の所々に撚り糸の列が配されている。灰色、黒、黄色、ピンク、うす緑の絹糸を使った細かい絵緯模様の部分もある。

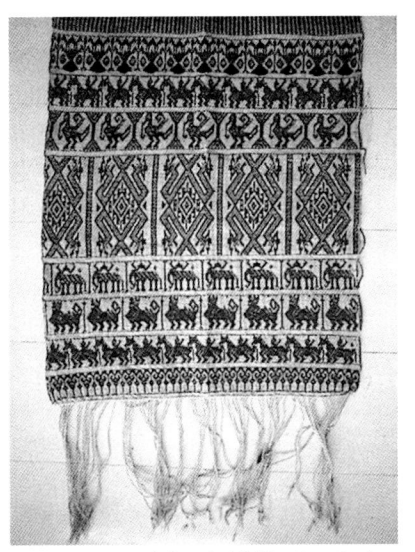

▲パーチェットの細部。タイ北部のサンパートーン。縁布は赤茶色と黒の木綿を使った絵緯で、供物碗、人の乗った馬、鳥、蛙、象、ラーチャシーなどが表されている。

◀木綿のパーシン中央部の細部。ナーン県。赤と白の木綿のマットミーと白、黒、赤、黄の木綿を使った絵緯模様とが交互になっている。

スマンからの聞き取りによる]。ナーンのパーシンは通常は木綿で作られ、絹のパーシンは特別の機会のためのものだった。ただしナーンの王宮の人々は絹のパーシンを使った。王族用のパーシンには、多くの場合、チエンマイ県で織られたのと同様の模様の裾布「チョク」が付けられている。プーミン寺院およびノーンブゥア寺院の壁画から、この地域で多くの模様や様式のパーシンがはかれたことがよく分かる。

パーチェット

タイ北部において、タイ・ルー族の男性は寺の儀式に出席する時、「パーチェット」と呼ばれる特別な飾り帯を肩に掛ける。この飾り帯は手紡ぎの染めてない木綿地に絵緯模様が表されている。その模様には刺青の模様に見られるような動物の象徴が含まれている。スマトラの船の帆に見られるような船や鳥の図柄があるものもある。それらの織り出された縁模様は、寺の柱や小壁に型置きされた模様や寺の壁画の縁どりに見られるものとそっくりである。

タイの田舎の村人たちはビンロウジを石灰や樹皮などといっしょに噛んで、口を真っ赤にしている。その汁をふき取るのに使われる小さな布が「パーチェットノイ」と呼ばれる。その色と模様はパーチェットによく似ているが、王室で使われるものは輸入された布であることが多い。

プラタートランパーンルアン寺院

プラタートランパーンルアン寺院は16世紀の木造の寺で、精巧な彫刻の施された庇とチークの柱を持っている。寺のある場所は、かつては、1000年以上前に建てられた要塞都市の一部であった。寺の内部の羽目板に描かれている壁画は、タイ人の学者によって18世紀初頭のものとされている［Simatrang 1983］が、これらはもっと早い時期のものと取り替えられた可能性がある。状態は悪いが、赤、

▲輸入された小さな布パーチェットノイの細部。チエンマイ王室のもので、口から垂れるビンロウジの汁を拭うのに使われた。中央部分は木綿で、黒漆で覆われている。赤い絹の縁部分には鏡刺繍の模様が付いている（11ページおよび105ページの説明参照）。

右ページ　チエンマイ県ブアッククロックルアン寺院の壁画。シッダルタ王子が苦行の生活に入るために王宮に妻と子を残して去ろうとしているところが描かれている。王子は金の塔の形の頭飾りを付け、金で仕上げられた翼のある肩章を付けた上着を着て、胴に赤と金の飾り帯を付けている。ラーンナーの服装をした王宮の従者たちは手前の方に寝ている。背景には部屋の仕切りとして使われている大きな花模様の織物がある。これらはインドから輸入された捺染の木綿のベッドカバーに似ている。

黒、青、茶、白の絵の具の跡はなんとか見えるし、金箔もかすかに残っている。

　この壁画には、畑を耕したり果物を収穫したりという農作業の場面が寺や家とともに描かれている。村の女性たちは赤、黒、白の横縞模様のパーシン、または同様の模様のパーチョンカベーンをはいている。上半身は裸か、簡素なパーサバイを一方の肩に掛けるか胸で結ぶかしている。髪は簡単に束ねるか、束ねずに下げている。男性たちはパーチョンカベーンをはいて、鞘に入れた小刀を腰に差し、畑で鋤や鍬を使っており、腿の刺青もちらっと見える。家や寺の内部を描いた場合では、服装はもっと複雑で凝っている。女性たちは黒地に赤い輪と渦巻きの模様のパーシンを着ている。これらの色褪せた模様はシャムのマーケット向けにインドで作られた木版捺染の模様と似ている。捺染地を使った中央部分に、幅広の赤い裾布が付けられている。パーサバイあるいは長袖のブラウスが、このパーシンと組み合わせて着られている。女性たちは髪を円錐形に束ねてその周りを手の込んだ金の髪飾りで縁取り、赤い石（おそらくタイやビルマで採掘されるルビーであろう）の首飾りと大きな金の円盤状の耳飾りを付けている。ある場面では、丸首のシャツにつばのある帽子を被った兵隊の一群が、長い棒を振り回しながら戸口に現れている。蓮の形をした扇を持った高僧たちが丈の高い円錐状の帽子を被り、首周りで打ち合わせた、幅の広い袖の付いた、床までの長さの法衣を着ている、という場面もある。これらの壁画の個々の場面は、絡み合った花と葉を装飾的に描いた縁で囲まれて、1つ1つが椰子や棕櫚の植え込みあるいは瓦屋根の建物で区切られている。

ブアッククロックルアン寺院

　ブアッククロックルアン寺院は、タイ北部のチエンマイ市郊外の村に位置している。この寺には木彫りの頂華と瓦屋根の付いた庇、それに化粧漆喰で仕上げられたレンガの壁がある。この木彫りと壁画は、ビルマのシャン諸州から来たタイ・ヤイ族が手がけたものと言われる［Simatrang 1983］。ビルマ人はラーンナーの芸術家や技術者に影響を与えたが、逆の影響もあり、シャンの人々は、彼らの寺のいくつかはチエンマイ様式であると言っている。

　チエンマイおよびその周辺の川の谷地に定住したタイ民族は、タイ・ユアン族として知られている。ブアッククロックルアン寺院の壁画に描写されている日常生活の場面に圧倒的に多く描かれているのが、この地方の衣裳である。女性たちは別々の3部分からなるパーシンを着ている。時には画家たちは3部分を繋いでいる縫い目も描いている。胴部の帯布は通常赤か赤と白で塗られており、中央の布は様々な幅の横縞に表されている。裾の帯状布は赤か赤と黒のいずれかである。多くの村の女性たちは、上半身は裸に描かれているが、何人かは淡い青か白のパーサバイを肩の上でゆったりとたたんで着ている。彼女たちは髪は頭の片側に少し寄せて束ねているか、輪を作ってピンでしっかり留めている。寺の場面では何

＊頂華（ちょうか）　尖塔などの頂点を飾る装飾。

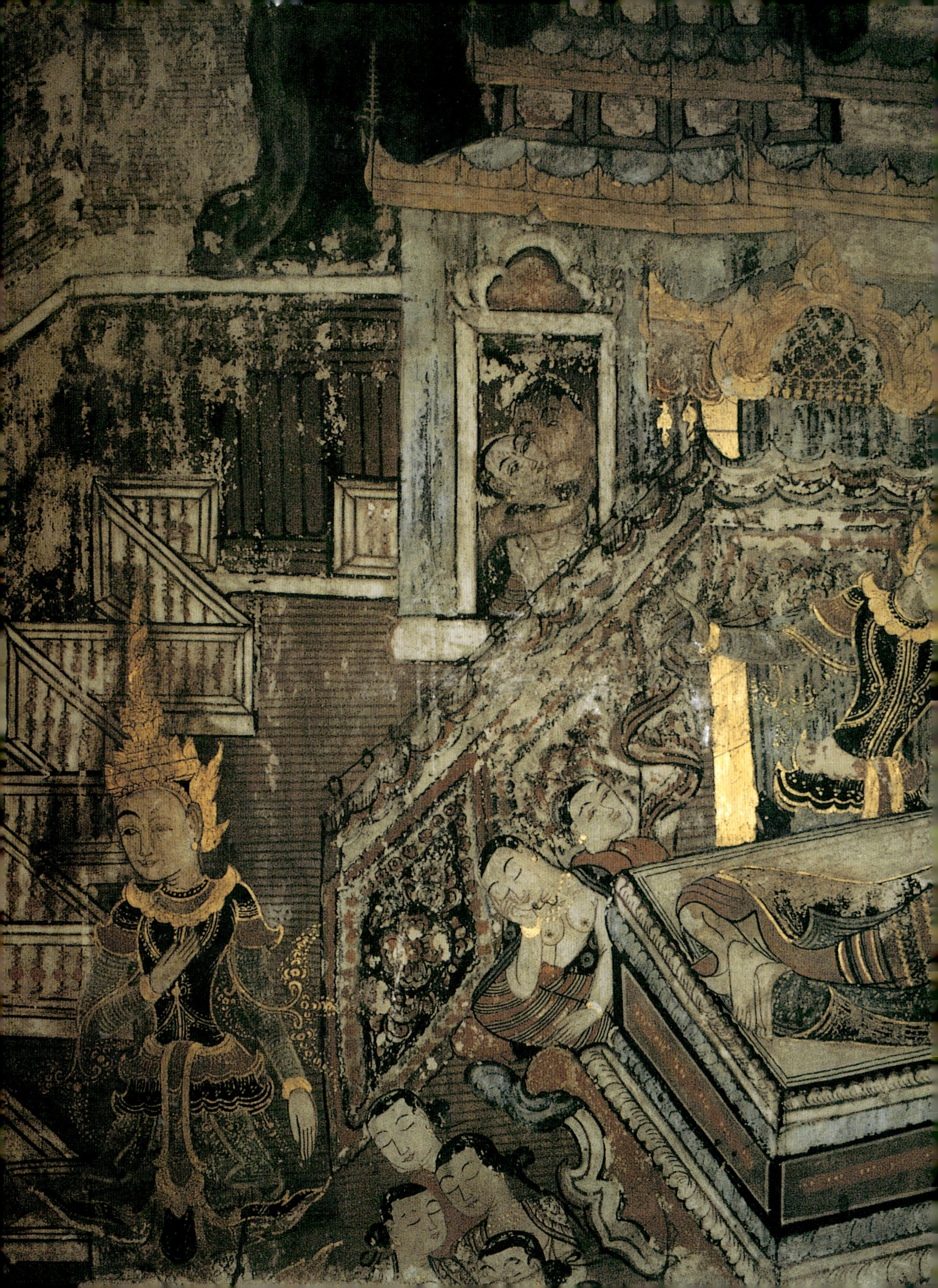

▲チエンマイ県ブアッククロックルアン寺院の壁画。戦闘で馬に乗っている兵隊が描かれている。パーチョンカベーンの下に刺青が見える。刺青の図柄は戦闘において勇気と力をもたらすと考えられているものである。

人かの女性たちは金の腕輪をしている。村の男性たちは無地か簡単な模様のパーチョンカベーンを、膝のちょっと上まで覆うようにはくか、あるいは腿の刺青が見えるように腰まで高く吊り上げてはいている。ある場面ではパーチョンカベーンと同じような模様のパーコマを着けている。

宮廷の場面では衣裳はいっそう手が込んでおり、ビルマの強い影響を示している。シッダルタ王子の妻は、中央部の布に波形の縞模様のついたパーシンを着て描かれている。この模様は綴織の技法に用いられるビルマの「ローンテヤ」模様で、ビルマでは王族のための模様である。王女は両端に金の模様の付いた三角形

＊横縞　パーシン（スカート）の中央布には12、25、94、102、135、150ページの写真に見られるように横縞の模様が多い。これは、経縞に織った布を横方向に使っているのである。40ページのパーシンの布の写真では中央布はマットミー（絣）と絵緯模様が縦縞に現れているが、これも布は横使いである。パーシンは2メートル余りの布を使うので、布を横使いにしているのが普通である。胴部の帯状布ホアも裾布ティーンも同様である。パーチョンカベーンもまた同様である。和服や洋服では経布を縦に使うのが一般であるのと異なっている。

第7章 ❖ タイ北部の織物

の枕に頭を乗せて毛布の上に横たわっている。彼女は髪に金の鎖をつけ、金の耳飾り、首飾り、腕輪を付けている。近くで眠っている宮廷の従者たちは、タイ・ユアン族の衣裳を着ている。シッダルタ王子はラーンナーの宮廷衣裳を着て描かれており、仏塔のような形の金の頭飾り、首の周りには幅の広い平たい金の輪、そして金の腕輪を付けている。王子の長袖の上着には翼の付いた肩飾りが付き、腰から下はフレアー状で金で縁飾りされている。赤と金の飾り帯を着けて、この服装は完成である。王子はビルマのローンテヤ模様で4つの波を意味する「レーシンキョ」模様［Aye Aye Mint 1980］によく似た波状の縞の付いたパーチョンカベーンをはいている。その他のジャータカ*の重要な登場人物もすべてローンテヤ模様の衣裳を着ている。

　宮廷の場面には、間仕切りとつい立となっている黒、赤、青の花模様の織物も描かれている。それぞれのつい立は、中央に花模様で取り囲まれた赤い円形があり、外側が四角い縁になっている3枚の四角い織物で構成されている。インド北部のアーメダーバード近くのパイサプールの型染め製作者たちが、シャムの模様のための木型つくりに従事していた。この壁画の写真を見せた時、彼らは、つい立の模様はベッドカバーやテーブルクロス用に売られているインドの木版捺染木綿のものに似ていると言った。

　18世紀を通してラーンナー王国はビルマの襲撃を受け続けていたので、ビルマとシャムの兵隊たちが壁画に描かれている。シャムの兵隊たちは金属のボタンが付いた赤い長袖の上着を着て、赤い兜を被っている。ラーンナーとビルマの兵隊たちは戦闘で馬や象に乗っているところが描かれている。彼らは何も特別な制服は着ておらず、パーチョンカベーンは、戦闘において勇気と力をもたらすと信じられている虎や神秘的な動物の刺青を見せるように、腰の上のほうに引き上げてはかれている。武器は木の棒、小刀、マスケット銃*である。馬具は金の房で飾られ、象は金と赤の縁飾りの付いた鞍、ベルト、頭覆いを付けている。

　壁画にはまた、ゆったりした青い上着を着て厚地のズボンをはいた中国人の労働者たちも出てくる。別の場面では、外国人たちがズボンと上着を着て、数珠のように見えるものを持っているのが描かれている。

プラシン寺院
　プラシン寺院はチエンマイ市において最も敬われている寺である。この寺は1345年に、ラーンナー王国の第7世王チャオ・パーユーによって建立され、壁画は18世紀初頭のティップチャーン王の治世に描かれた。2面の壁はラーンナー様式で、別の2面は中央タイの様式で描かれている。ラーンナー様式の絵では、画家たちは、北部の村の生活を特に服装に焦点を合わせて描いている。織り模様は繊細な筆で描かれているので、タイ・ユアン族の女性たちがそのパーシンに織り

＊ジャータカ　仏陀の生前（悟りを開く前の過去世）の善行を記した教訓的な物語。
＊マスケット銃　先込め式の歩兵銃。ヨーロッパから伝わった。

右ページ　チエンマイ県プラシン寺院の壁画。中部タイ様式の服装をした2人の女性が描かれている。その服装はおそらくインドから輸入した捺染の木綿布と思われる模様の付いたパーチョンカベーンと無地の飾り帯である。このような刈り込んだ髪型は男性もしていた。1人の女性は紙の傘を持ち、もう1人は荷かごを担いでいる。上右の隅には、同様に捺染模様のパーチョンカベーンをはいた男性がいる。

▶チエンマイ県プラシン寺院の壁画。1人のラーンナーの女性が市の壁の出入り口の所にいる。この女性は単純な縞柄のパーシンをはいて、飾り帯を肩に掛けている。彼女の隣に腰掛けている男性は短い腰巻衣と白い飾り帯を着けている。腰から膝にかけて刺青をしている。

出した撚り合わせ糸の列や水平方向の縞模様を確認することができる。裾布は、2、3の場面で赤か黒の地に金の絵緯模様で飾った裾布「ティーンチョク」の例が見られるほかは、無地の赤か茶色である。女性たちは裸の上半身にパーサバイを肩から垂らすか、ウエストで結ぶかしている。パーサバイは細かい花模様で、布端は縞になっているが、多くは赤、青、白、橙、緑、黄色のいずれかの単色である。女性たちは髪を束ねてピンで留め、あとはゆるく編んで背中に垂らしている。何人かは何も装飾を付けない長い真っ直ぐな髪に描かれている。働いている女性たちは宝石は何も付けていないが、チエンマイの統治者の宮殿の場面では人々はタイ・ユアン族のパーシンをはいて金の耳飾りを付け、1人の女性は両切りタバコを吸っている。男性たちは赤、黄色、あるいは青の無地のパーチョンカベーンを、腿の刺青が見えるように腰の高さまで引き上げて、何人かはベルトか

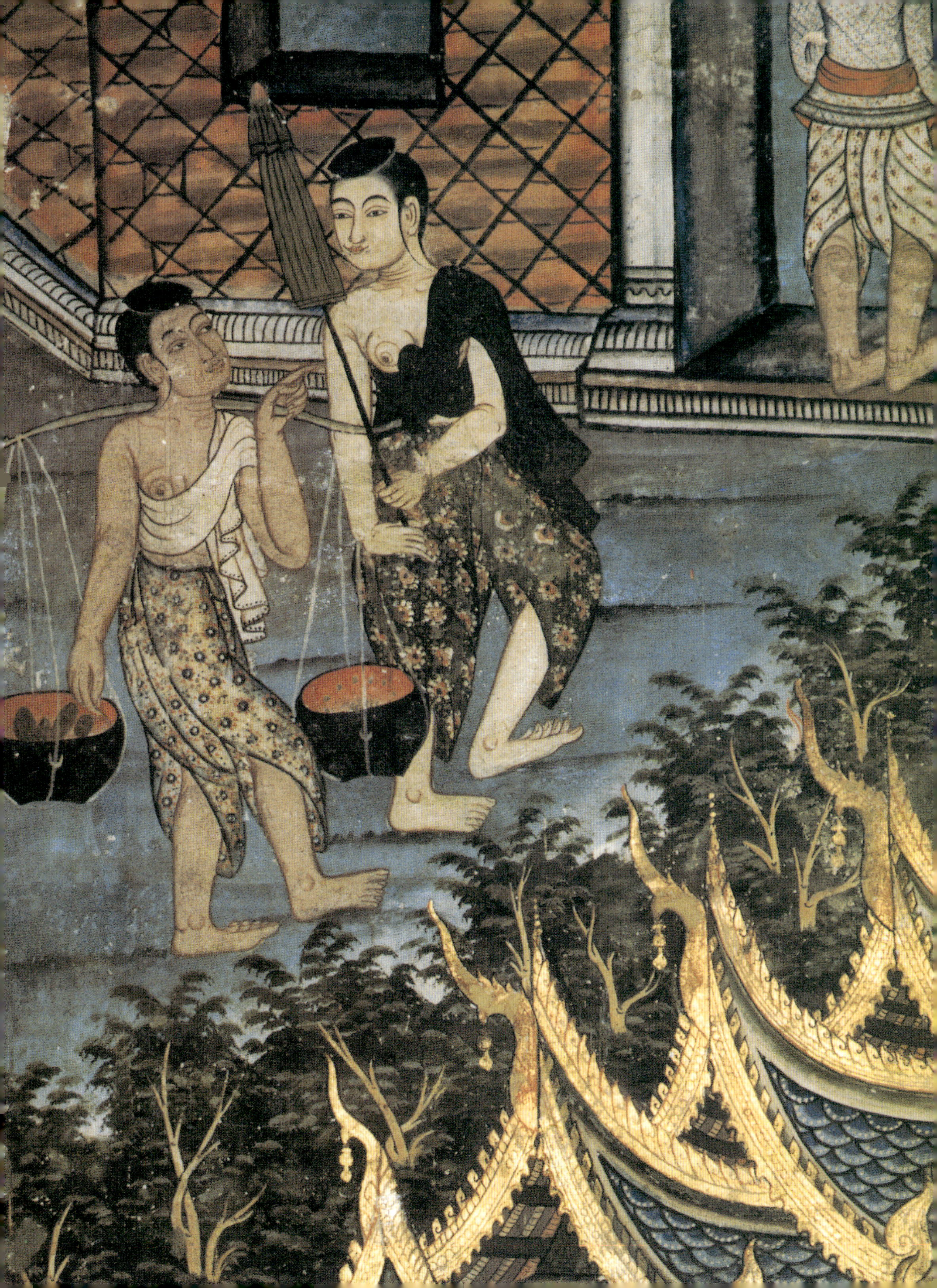

飾り帯をしている。肩には白いパーコマを掛け、その両端をゆったりと背中に垂らしている。穴を開けた耳たぶに花を挿している男性もいるし、その穴にタバコを挿している男性もいる。

　タイ中部からの男性や女性たちも壁画に描かれている。その女性たちは、インドから輸入した捺染の織物らしい花模様のついた、膝下までの長さのパーチョンカベーンをはいている。彼女たちは黒か白のパーサバイを乳房の一部が見えるように斜めに着けている。何人かの女性たちはウエストの下まで届くような長い金の鎖を付けている。彼女たちの髪型はラーンナーの女性たちのとは違っていて、頭のてっぺん近くまで髪を剃り上げ、円形に残した髪を刷毛のように仕上げてある。中部の男性たちは女性たちと同様の花模様のパーチョンカベーンをはき、赤、青、緑の立ち襟のシャツを着ている。中にはシャツに白か金で簡単な図柄の模様か花のデザインがあしらわれている場合もある。シャツは前でボタン留め、ある場合は隠しボタンになっており、カフスの付いた長袖である。シャツはパーチョンカベーンの中に入れるか、腰の部分を斜め裁ちにした上着のように着られている。前で結んだ長い飾り帯がベルトの役を果たしている。男性も女性も同じようなこの中部タイの服装と髪形は、19世紀に流行したものである。

　王族の人々が描かれている場面では、服装はビルマか中部タイのものである。ビルマの王子や貴族たちは白い布をターバンのように巻いているが、頭のてっぺんの髷は出したままで、少量の髪をポニーテールにして布の外に垂らしている。白い鉢巻だけをしている男性もいる。1人のタイ・ヤイ族の王子は青い長袖のシャツを着ている。その上に着ている身体にぴったりした服には肩飾りが付き、腰から下はフレアー状で裾縁はスカラップ*になっている。彼のパーチョンカベーンの模様はローンテヤ模様の中の「偉大な列の金の建物」を意味する「マハーキョウシュイターク」模様に似ている［Aye Aye Mint 1980］。肩には金色の織物に赤と緑で花模様をあしらった飾り帯を掛けている。ある場面では、ビルマ王宮の役人たちが「パソ」と呼ばれるトーガ*に似た衣服を着ている（32～33ページ参照）。パソは10ヤード（約9m）の布を着付けるもので、まず腰の周りで留め、両脚の間を通して、次に左の肩の上から左腕へと持ってくる。パソの下には丸首のシャツと金の縁が付いた長袖の上着を着ている。タイ・ヤイ族の男性たちは、タイ・ユアン族と同じような形式で腿に刺青をしている。

　中央タイの王宮の衣裳も壁画に描かれている。髪飾りとぴったりした上着はラーンナーとビルマの王子たちが着ているものと同じ形であるが、衣服に金糸の使用がいっそう多く、金の装身具類もたくさん身に付けている。王宮様式のパーチョンカベーンは金糸の使用割合が高く、おそらく当時インドから輸入された金糸使いの錦織であろう。

＊スカラップ　ほたてがいのこと。ほたてがいの縁のような波形の縁の意。
＊トーガ　古代ローマの衣服。形は弓形あるいは半円形で、丈は身丈の3倍余り、幅は2倍もあった。全長の3分の1を前に垂らし、残りをしわ付けながら左肩から後ろに回し、右脇を通して前に回し、再び左肩に掛けて残りを後ろに垂らす。

第7章 タイ北部の織物

ラーンナーと中央タイの両方の様式の壁画に見られる宮殿の内装には花模様のカーテンがある。おそらくインドでの捺染、あるいは手書き染めによると思われる洗練された模様もあり、ヨーロッパの製品であると思わせる図柄もある。

プーミン寺院とノーンブゥア寺院

プーミン寺院とノーンブゥア寺院はチエンマイの東方のナーン谷地に位置している。プーミン寺院は16世紀にラーンナー王国の王侯国であったナーンの統治者チャオ・チェータブット・フロミンによって建てられた。その壁画は19世紀中葉のものとされている。ノーンブゥア寺院はナーンの北方のバーンノーンブゥア村にある。これは小さな村の寺で、その壁画はプーミン寺院と同時代のものである。ナーン谷地に住んでいる主なタイ族はタイ・ルー族で、彼らは18世紀と19世紀に中国南部の西双版納から移住してきた。壁画の上に西双版納のクーン語*の手書き文字が残されている。また、王族と村人たち、あるいは中部タイ人、カレン人*、ビルマ人、ヨーロッパ人たちの衣裳と織物が描かれている。

村の女性たちはチエンマイ谷地のタイ・ユアン族と同じつくりのパーシンをはいている（146〜149ページ参照）。しかし、中央部分の布はタイ・ルー族の方がいっそう複雑な織柄になっている。マットミーや絵緯の模様を思わせる幾何模様や花柄の間に二色の撚り合わせ糸の列と多色の横縞が配置されている。

パーサバイはチエンマイの女性たちが着ているものとほとんど違わないが、2、3のものは黒と金の縁布との境が赤い線になっている。前開きか、身体にぴったりして脇で留めるかの長袖の青い上着を着ている女性もいる。これは西双版納で着られているタイ・ルー族の伝統的衣裳の一部である［Cheesman 1987］。女性たちは髪を頭のてっぺんで束ねて花で飾り、金や銀の鎖を巻いている。耳には太い金の円筒状の飾りを付けている。

タイ・ルー族の男性は小さな花の模様のパーチョンカベーンをはき、刺青が見えるように膝の上か、ふくらはぎの真ん中あたりまで引き上げている。彼らは肩に飾り帯を掛け、前ボタン留めで長袖の丸首シャツを着ている。髪は両脇は剃って、てっぺんは短く切り揃えている。花の小枝と金属または金の円筒状の飾りを耳に付けている男性もいる。

タイ・ルー族の王女たちは村の女性たちと同じ模様のパーシンを着ているが、裾布は金で装飾されている。王女たちはゆったりした青い外套を着て、先端に小さなルビーの房が付き、全体にルビーをちりばめた優雅な金の鎖を身体に巻いている。髪には金の鎖が巻かれ、腕輪が腕を引き立たせ、金の筒状の耳飾りが耳を飾っている。最も興味深い1人の貴族の肖像画はプーミン寺院のものである。彼は1852年から1891年の間ナーンの統治者であったチャオ・アナンタ・ワラリッティデットであると思われる［Simatrang 1983］。波の模様で縁取られた四角の中

＊クーン語　タイ北部の方言の1つ。タイ・クーン族はタイ族のグループの1つ。
＊カレン人　ミャンマー北部、タイ西部に分布している山岳民族。

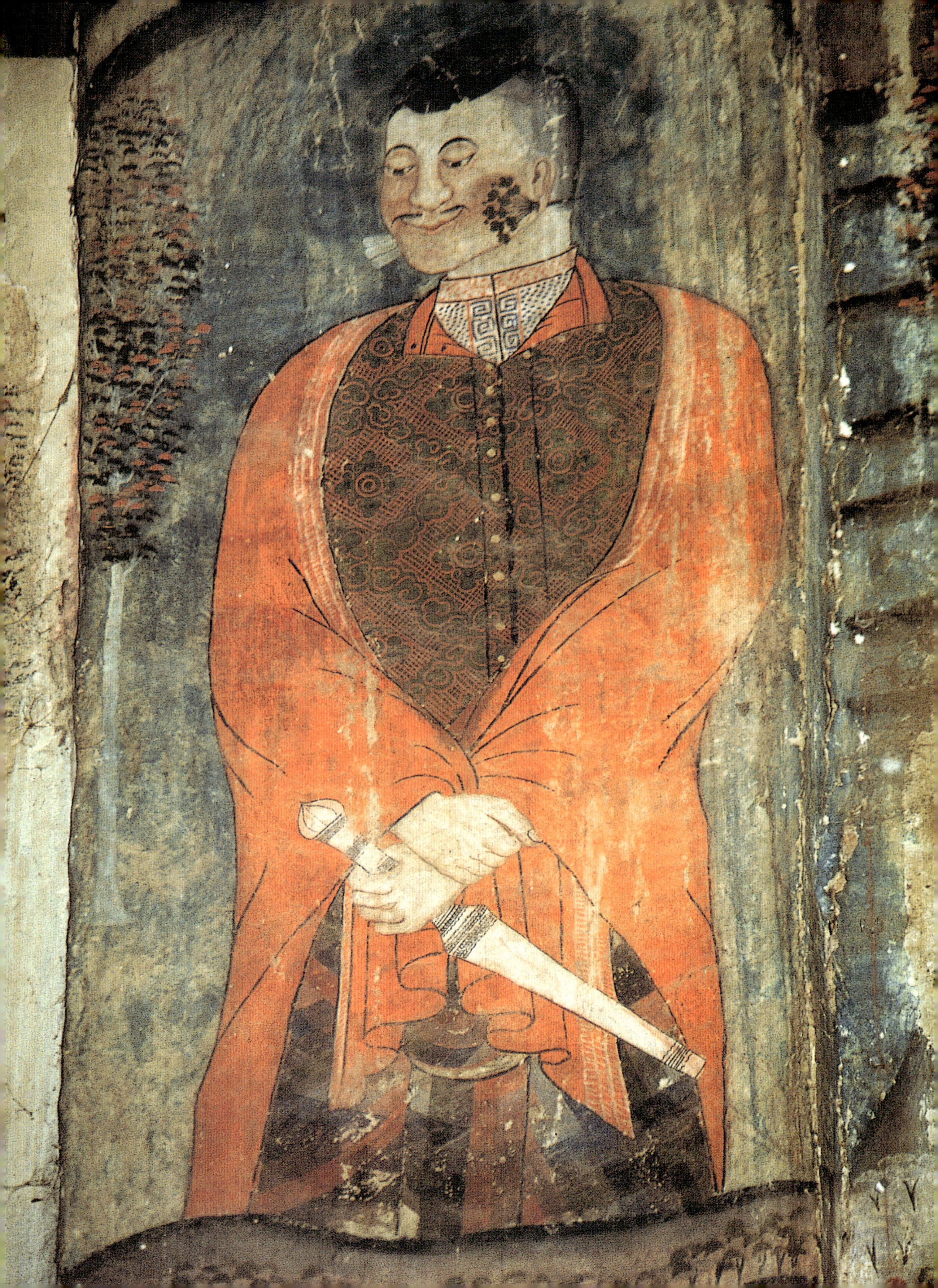

第7章 ◆ タイ北部の織物

に丸を描いた模様の、前ボタン留めの上着の下に、立ち襟のシャツを着ている。これはたぶん中国起源のものである。赤いマントを肩に掛け、前で襞をたたんだ格子柄の腰巻衣をはいている。耳は花の小枝で飾られ、頭はてっぺんに円形に髪を残した以外は剃っている。

プーミン寺院にはまた、ビルマの宮廷の服装をした若い男女の等身大の肖像画もある。女性はビルマのローンテヤ模様のついたロンジーとビュスチエのような赤いブラウスを着て、さらに、ぴったりした袖の付いた黒いビルマ様式の上着を着ている。金の円筒形の飾りを耳に付け、髪は上のほうで髷に結ってやや左側に片寄せている。男性の場合は、髷は白い結び目のある鉢巻で頭のてっぺんに留められている。胸には、悪霊を追い払うと考えられている猿が赤い丸や四角の中に踊っている図柄の刺青がある。ロンジーにも女性の着ているものと同じ模様が付いているが、男性が着た場合は「パソ」と呼ばれる。ロンジーの襞の下には神秘的な動物を描いた刺青が見えている。

プーミン寺院にはまた、ヨーロッパ人や中国人の肖像画もある。ヨーロッパの男性が着ているズボンやジャケットは19世紀中期から後期の服装であろうと思われる（35ページ参照）。短い腰巻衣を着て腿に小さな刺青をした山岳民族の男性たちもいる。彼らは背中に大きな竹籠を背負い、その中の1人は歩きながら煙管で阿片を吸っている。縞の衣裳を着たカレン人の男性たちも描かれている。

ノーンブゥア寺院の壁画には、ハイビスカスのような花の模様の付いた青と白の布でできたつい立がある。これらにはインドの木版捺染のような反復模様はないので、インドネシアか中国由来のものかもしれない。

◀ナーン県プーミン寺院の壁画。1952〜91年のナーンの統治者チャオ・アナンタ・ワラリッティデットの肖像画と思われる。たぶん中国由来と思われる丸、四角、および波形模様の上着の下に立ち襟のシャツを着ている。肩に赤いマントを掛け、前で襞を寄せた腰巻衣を着けている。耳には花の小枝を飾り、髪は、てっぺんだけ円く残して刷毛のように仕上げているほかは剃ってある。

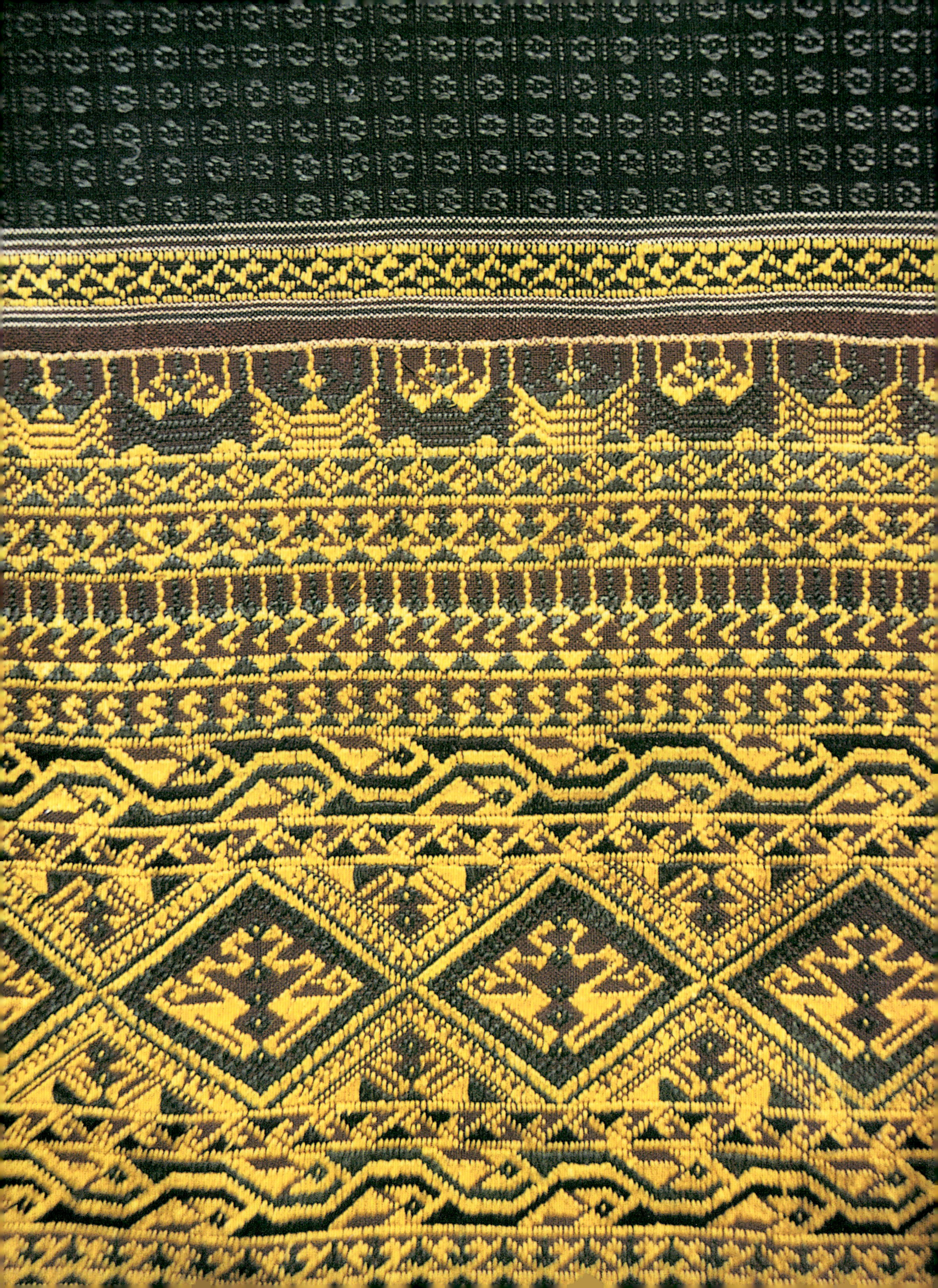

第8章

タイ東北部の織物

◀綿のパーシンの細部。ウタラディット県。上部は黒と緑の木綿の補助模様糸で模様を出してあり、裾縁部分は、全体に黄色い木綿糸を使って、ダイヤモンド、波、鉤の図柄を出したチョクで、黄色の鳥と、鳥頭の頂華のついた寺の屋根の柄で縁取られている。

　タイの中央平原から東方へ、コーラート高原からメコン川まで広がっているのがイサーンとして知られているタイの東北部である。この地域に住む人々は、主としてタイ・ラーオ族である。ただし、この南部、特にスリン、シーサケート、ブリーラム県には、カンボジアからこの地に移り定住したクメール人の村々がある。イサーンは平坦地と起伏のある土地から成り、降雨は不規則で、土地はやせている。イサーンの歴史は貧困と収奪の歴史である。降雨の少ない年は、高齢者や幼児をかかえる母親たちを村に残し、大勢の村人が仕事を見つけて町へ移動する。降雨の多い年は、人々は米や野菜を栽培し、養蚕のために桑を育て、ある地域では綿を栽培する。

　タイ東北部は、絹の品質の良さと織り手たちの優れた技で有名である。絹織物は、ナーンやチエンマイの宮廷やバンコクにも供給された。今日もこの伝統は続いている。金糸・銀糸入りの絹の錦や、マットミー模様の絹織物が、専門の織り手により作られ、タイ国内や海外の裕福な女性に着られている。

　タイ東北部に定住したラーオ族は、さらに西方のウタラディット県やピチット県の中央平原の周辺の谷地にも移住した。ここでラーオ族はタイ・ルー族やタイ・ユアン族の織り手たちと互いに影響し合ったので、彼らの衣裳は、ラーオ族の織り模様と中央部や北部の様式とが混合したものとなった。

　中央平原からウタラディットの東までには低い山脈と谷地があり、約20年前に道路が作られるまでこの地域は孤立していた。ナムパートとファークターはそのような地域で、ここでは織り手が独特の模様の絹のマットミーや複雑な木綿の錦などを縞柄の間に散らした見事なパーシンを作っている。これらのパーシンは豊かで調和のとれた色使いと織りの卓越した品質が賞賛されている。

　コーラート高原では、織り手たちが模様や色彩の変化に富んだマットミーを生

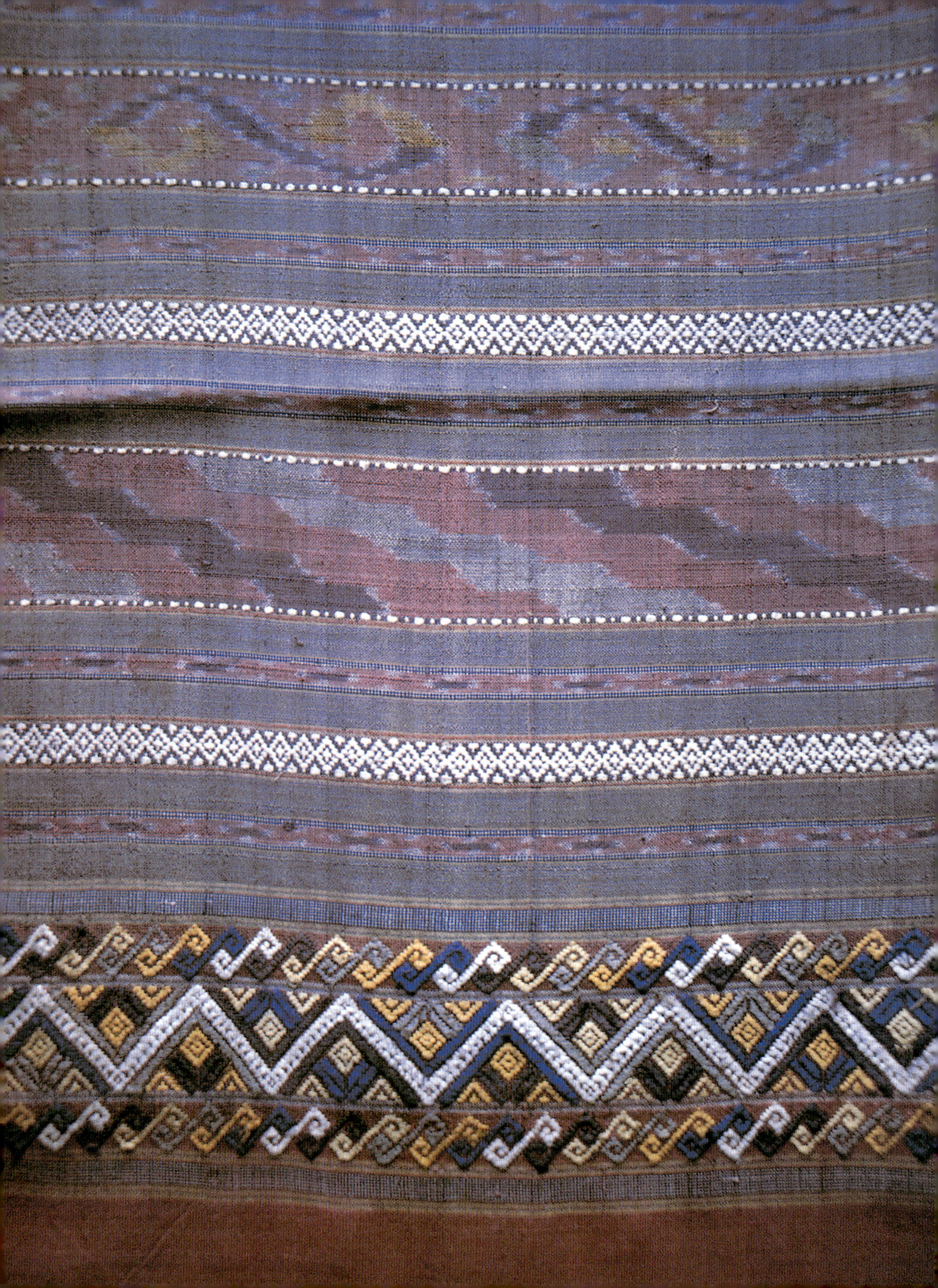

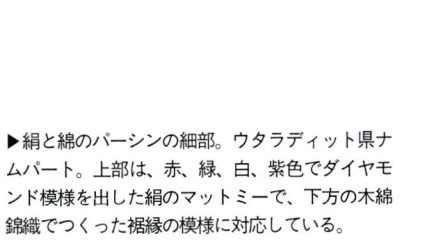

◀絹および綿パーシンの細部。ウタラディット県ファークター。上の部分は帯状のピンク、紫、グレー、黄土、緑色のマットミーがグレーの絹の縞と交互になっている。それぞれの模様1組の間には、幾何学模様の白木綿の錦織の列がある。下の端は、ジグザグと鉤模様の木綿の錦織の幅広の帯状布である。

▶絹と綿のパーシンの細部。ウタラディット県ナムパート。上部は、赤、緑、白、紫色でダイヤモンド模様を出した絹のマットミーで、下方の木綿錦織でつくった裾縁の模様に対応している。

産することで有名である。自然から引き出したものと、様式化した花、木、果物、動物、鳥などが組み合わされた模様が、正方形、三角形、円形、ジグザグ、縞などの間に散りばめられている。このようなマットミーを作るには、糸括りと染色に当たって、さらには染めた糸を織るに当たって熟練を必要とする（第3章参照）。マットミー柄には、織り手たちによって、主に花、草、木、動物などの名前が付けられる。一部は、織られた村や地域に因んで名付けられる。次に示す模様のリストは、タイ東北部の村で収集したものである。

コブラ	ダイヤモンド	龍
大蛇	波	竹
木	西瓜	ライオン
鳥	亀	蝶
蛇	松かさ	象
雑草	縞柄	米
白い花	鉤	ホテイアオイ
花大根	ヤリイカ	
平たい小舟	クモ	

女性たちは中央部をマットミー柄にしたパーシンをはく。パーシンは3部分か

▶スリン地方の綿パーシンの細部。中央部分（上方）は、笹の葉と呼ばれるマットミー柄で織られている。裾縁（下方）はダイヤモンドのマットミー柄になっている。濃い色合いは、この地域の特徴である。

らできている。胴部分は多くは絹で、絵緯で模様を出してある。中央部分はマットミーで、裾縁部分は絵緯による模様である。胴部分の多くは縦の縞柄である。裾縁は細く、3～4インチ（7.6～10cm）幅で、たいていは木綿で数ヤードあるいは数メートルの長さに織られ、必要なだけ切って使う。女性たちは、裾縁は自宅で織るか、地元の店や市場で買うかどちらかである。

　イサーンのパーシンは、着用者の年齢や社会的地位を表す。若い女性たちは鮮やかなデザインのものを着用し、中年の人たちはもっと落ち着いた色や柄の「おばあさん用パーシン」と呼ばれるものをはいている。高齢者は暗くて濃い色合い

第8章 ❖ タイ東北部の織物

▶赤の絹地に青、緑、白、オレンジの絹糸で絵緯模様を出したパープレーワー（カバーおよび6ページの写真参照）を着たプー・タイ族の女性。プー・タイは優美な模様の絹織物で有名である。

のものをはいている。近年、織り手たちは、3部分でなくて2部分からなるパーシンを創作し始めた。すなわち、糸を括るに当たって、パーシンの上部になる部分には胴部分の代用になるように簡単なマットミー柄を括り、残りの部分に複雑な柄を括るのである。これに、別に織られた裾縁部分が繋げられる。古い写真や壁画から、伝統的なイサーンのパーシンは、足首あるいはふくらはぎの半ばくらいの丈に着られていたことが明らかである。

イサーンのうち、スリン、シーサケート、ブリーラムの3県は、カンボジアに接するイサーン南部にある。この3県に定住したクメール人は、緯糸を括るのに

▲マットミー柄のパーチョンカベーンの細部。スリン県

大変な技術を要するクメールのマットミー柄を織っている。その色使いは、くすんだ色合いの赤、紫、緑と、強烈な黄色と黒との取り合わせというようなものである。この地域のパーシンは3部構成になっている。すなわち、縞模様の胴部分と絵緯模様とマットミー模様のある中央布と裾布である。

　女性たちはパーシンと共にパービアンと呼ばれる飾り帯を肩に掛ける。普段着用には木綿の無地のものを用いるが、寺院の祭礼に参列する時は白い絹の飾り帯を用いる。カーラシン県、ムクダーハーン県などのプー・タイ族はパープレーワーと呼ばれる赤い絹の飾り帯を織る。これらは複雑な絵緯模様のきわめて色彩豊かなもので、袖なしのキャミソールのように胸に巻きつけて着られる。

　クメール人は男性にも女性にも着用される絹のパーチョンカベーンを織る。これらは、中央部は美しい濃色のマットミー模様で、耳部分は別の模様になっている。王室衣裳用のパーチョンカベーンは、中央部分は複雑なマットミー模様で、耳部分は手の込んだ模様織になっていた。

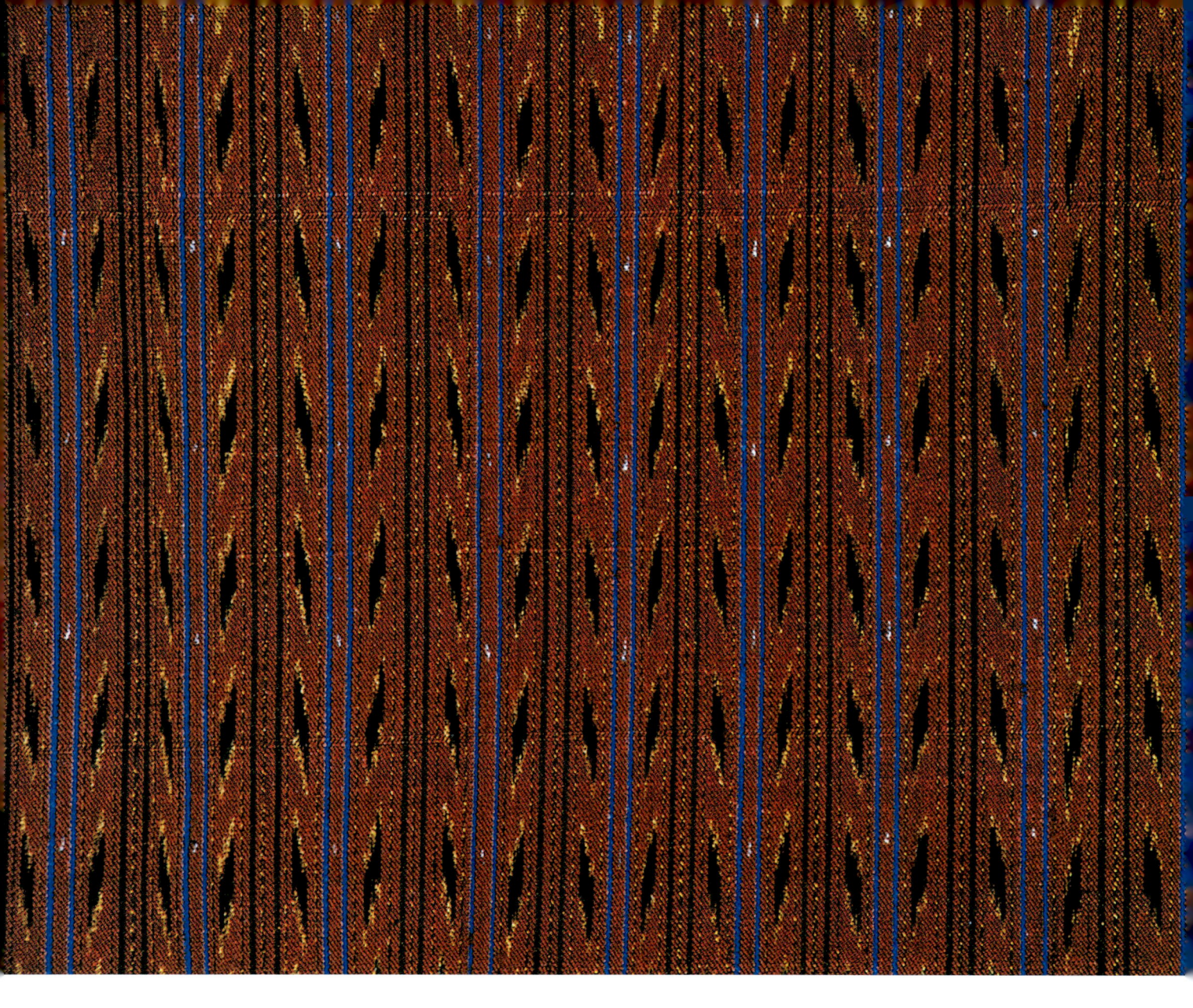

▲笹の葉と呼ばれるマットミー模様に織られたスリン県のパーチョンカベーンの細部。

164〜165ページ　コーンケーン県の絹のパーコマの細部。経は黒、白、緑、赤の縞、緯もそれと同様の縞で格子柄、縁は巾の広い赤い縞になっている。

　タイ東北部の19世紀の壁画は、模様のついたパーチョンカベーンがタイ・ラーオ族にも着用されていたことを示している。その模様は単純な縞や格子柄である。今日、パーチョンカベーンは多くの地域で藍染めのズボンや格子柄のサロンに取って代わられている。サロンは、長方形の布を筒状にして腰で１つの襞を取ったものである。模様は複雑なものもある。たとえば、経方向に様々な濃さと色彩の片撚り糸と引き揃え糸を帯状に配置し、その順序を緯方向に繰り返すとか、あるいは、緯糸にこのような糸を用いて様々に配列し、光が当たるとちらちら光るように見える玉虫効果や重ね格子模様を作るなどである（108ページ参照）。明るい色のものは若い人に、地味な格子柄のものは年配者に着用される。

　村では、男性が格子柄の「パーコマ」と呼ばれる長布を使っていないことはめったにない。パーコマは、ターバンとして、飾り帯として、水浴時の腰巻きとして、あるいは単に汗をぬぐう布として用いられる。竹竿の間に吊るせば揺りかごにもなる。このような通常の用途のためにはパーコマは木綿で織られる。祭礼行

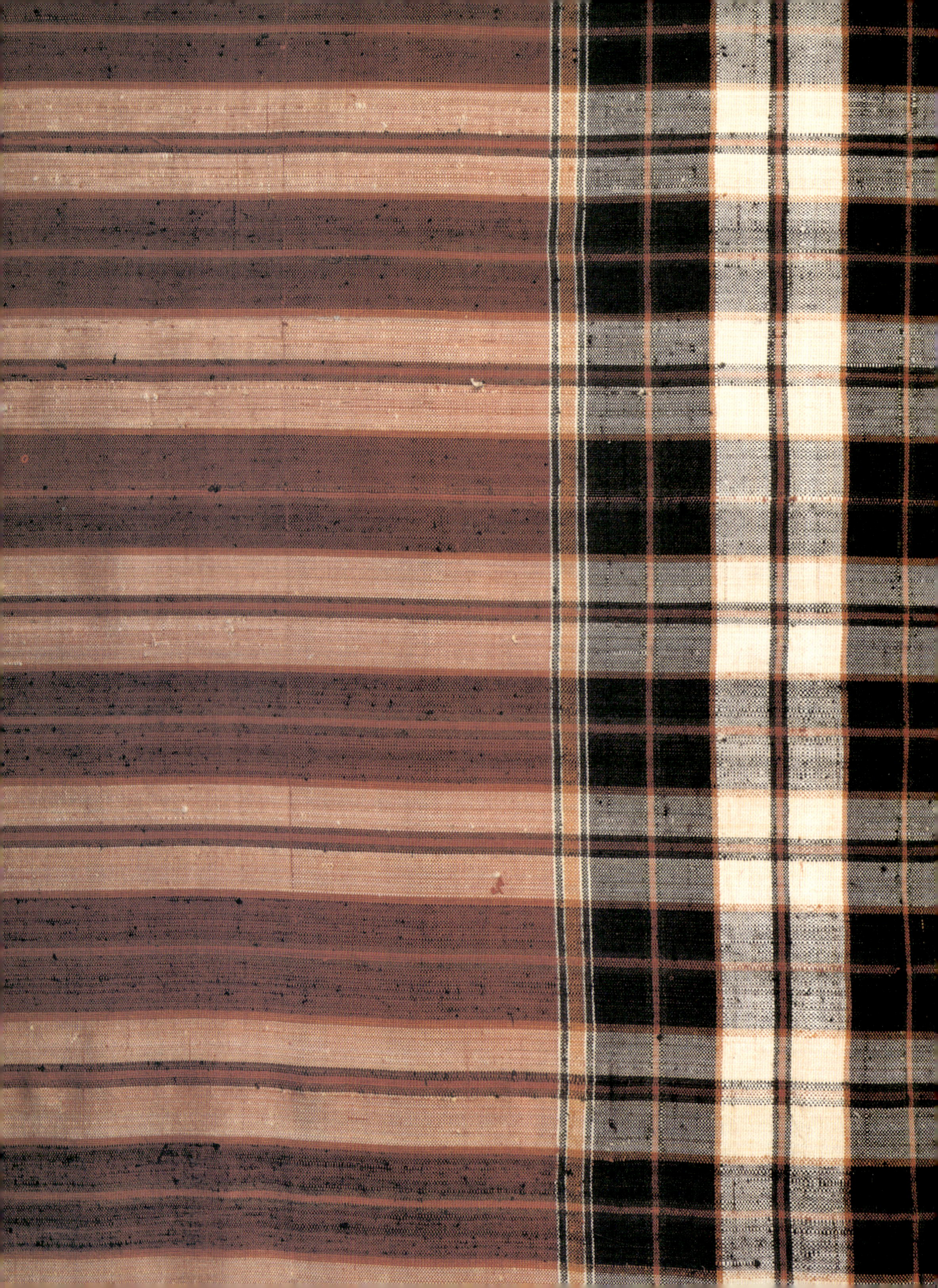

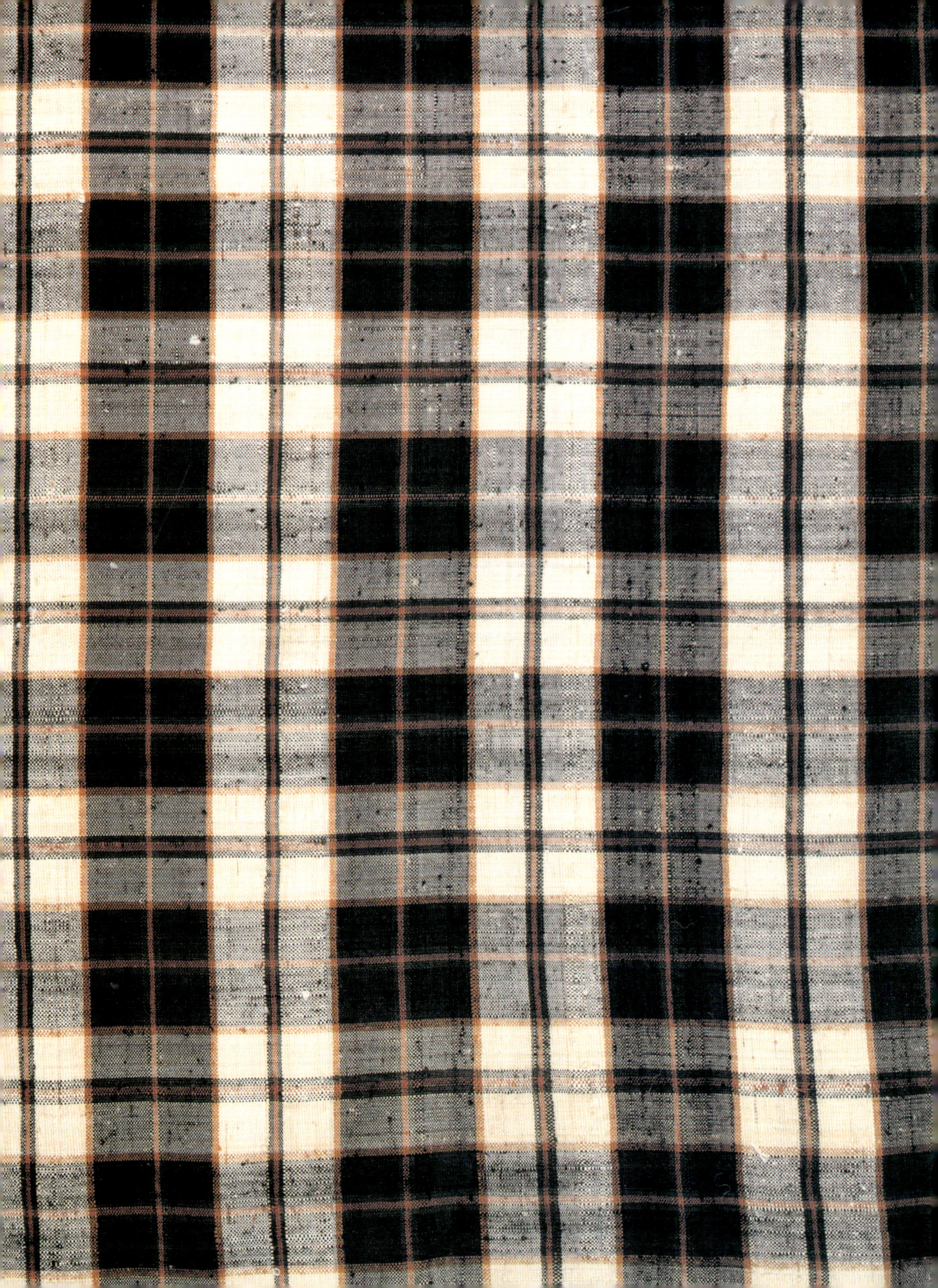

右ページ　コーンケーン県のスラブアゲオ寺院の外壁の縁飾りが付いた壁画。イサーンの服装や織物の模様が描かれている。

事には飾り帯として用いられるので、織り手たちは時には金糸・銀糸を織りこんだ装飾的な縁を付けて上等な絹の格子柄に織る。

チャイシー寺院

　チャイシー寺院はコーンケーン県のバーンサワティ村にある。この寺は煉瓦と漆喰で建てられており、木彫りの馬の装飾の付いた低い塀に囲まれている。屋内外の壁に見える壁画は、タイの学者たちにより19世紀半ばから後期のものと推定されている［Samosorn 1989］。青、赤、黄、黄土色で描かれており、これらの色は、インジゴ、ウコン、土壌顔料から作られる。輪郭を描くのに使用された黒は、この土地で煤あるいは中国から輸入された墨から作られたものである。画家たちがこの壁画に用いた色の種類は限られており、タイ・ラーオの織り手たちが使った糸のような豊富な色づかいにはなっていない。もちろん藍染めの木綿は、田畑で働く村人たちの日常着である。壁画に描かれた女性たちは、藍染めの染め手が布を染浴に浸す回数で調節できる色合い、すなわち薄い青から濃い藍色の範囲の（第3章参照）パーシンとブラウスを着ている。多くのパーシンには、藍染めの木綿のマットミーであることを示す縞とドットの模様がある。パーシンをはいた女性たちは、丸衿・長袖で小さなボタンで脇を留めた藍染めのブラウスを着ている。ブラウスの上には白いパービアンを羽織っている。装身具としては、金の髪留めとブラウスの袖の上に金の腕輪を付けている。何人かは日除けとして黒い日傘を持っている。男性たちは脚の刺青が見えるように、膝の下か少し上までの青色のパーチョンカベーンをはいている。上半身は裸か、青い衿なし・前ボタンのシャツを着て、今日多くの農民たちが被っている椰子の葉で編んだ帽子に似た狭いつばの帽子を被っている。

スラブアゲーオ寺院

　コーンケーン県のノーンソーンホーンにあるスラブアゲーオ寺院は、化粧漆喰で仕上げたレンガ造りである。20世紀初期のものとされる壁画は藍色、黄土色、茶色、黒、青緑色、緑色で描かれている。女性たちのパーシンには細い胴部分があり、それはたいてい白い無地か、黒と白の幾何学模様のものである。パーシンの中央布はさまざまな幾何学模様や線状の模様に織られており、マットミーかタイ東北部で「キット」と呼ばれている絵緯模様に似ている。裾縁は細い帯布で絵緯模様のように見える。

　無地あるいは小さな花柄のパービアンは、一方の肩から胸を覆って掛けられる。袖なし・衿なしブラウスの上にパービアンを用いる女性もいる。髪は耳より上に短く切り、金属の留め具で飾る。タイ・ラーオの男性は青あるいは青緑の布の、時には細い幾何学的な線で飾ったパーチョンカベーンをはいている。長さは、脚の刺青を見せるために、ふくらはぎの半ばか膝の上までである。胸を露出した男性もいれば、半袖・衿なしのシャツを着てその上にパーコマを掛けている男性もいる。帽子はチャイシー寺院に描かれていたのと同様に、椰子の葉で作られた狭いつばのものである。男性も女性も日除けのため日傘を持っている。

▲ウドーンターニー県バーンナカの村人。長袖の藍染め木綿のブラウスと藍染め木綿のマットミー模様のパーシンを着用している。椰子の葉で編んだ帽子は、田畑で働く時に被られる典型的なものである。

เถ้าแก่ผู้ซื่อแก่บ้าน
แก่ภาษ์ข่าน
ของเฮาทั้งหลาย

รูปโตนมูลไภสิกอัศโจแลฯ ทำบุญคื่นปีใหม่

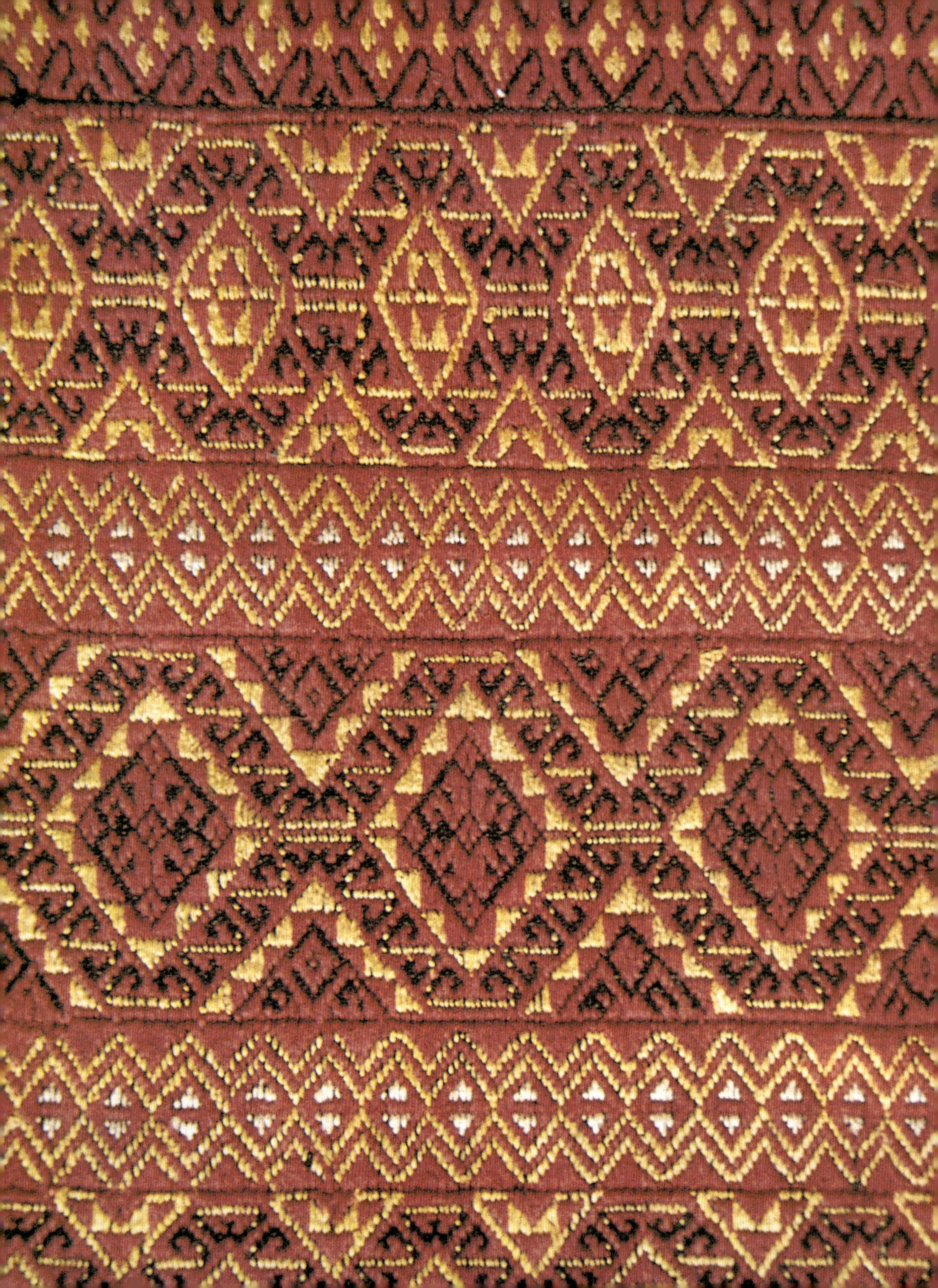

第 9 章

タイ中部および南部の織物

◀スコータイのパーシンの細部。裾布はダイヤモンドと三角形が赤、白、黒、黄色の木綿で表されたチョクで飾られている。

　中部の平野はタイの肥沃な中核地帯で、伝統的に富の源泉である稲田が無限に続くパッチワークのように広がっている。ここでは700年にわたり、主要な7つの川が注ぎ込む複雑な河川のシステムを通して、安定した水の供給が保たれてきた。タイ族は山間の谷地からここに定住し、壮大な仏教徒の都市を建設し、川や運河（クロン）に沿った村と小都市のネットワークを確立した。南部の半島はこれと対照的に主にイスラム教徒の社会であり、人々の生活は豊かな沿岸の漁場、ゴム農園、スズ鉱山により維持されてきた。中部平野および南部の織物は、ざっと3つのカテゴリーに分けられる。1つは北部および東北部の織り模様と類似したタイ族の織物、2つ目はマレーの模様の影響を受けた南部半島の織物、3つ目は輸入織物で多くは王宮や都市に住む高位の役人たちが注文したものである。

　18世紀のラーマ1世の時代に、ラオスのシエンクアン県から移住した多数のタイ・プアン族（ラーオ・プアン族とも呼ばれる）の人々が中部平野に定住し、また多くはウタラディットおよびスコータイ周辺の村々に定住した。彼らは大胆で力強い色調に織ったパーシンを着た。4枚の帯状の布を装飾的な縫い目で縫い合わせた胴部分の帯布は、平織木綿の細い布2枚を耳で縫い合わせてある。中央部分は絵緯で模様を出して織られており、裾布には幅の広いチョクがあしらわれている。

　ウタラディットの南部とスコータイの東南部は、ナーン谷地にその県都があるピチット県に属している。ピチット県は西は中部平野に接し、東はイサーンのコーラート高原に接している。タイ・ラーオ族の移住者たちは、19世紀の初頭にこの地域に定住を強いられた。ピチット県のパーシンは模様に赤が多用されるのが他と違っている。赤の染料はクラン（71ページ参照）から得られるので、衣裳に赤を多く用いることから、彼らはラーオ・クランという呼び名で知られている。

▶ピチット県の絹と木綿のパーシンの細部。中央部の布は、鉤、ダイヤモンド、花の模様が赤、紫、青、緑の絹で表された複雑なマットミー織りである。裾布は赤い木綿の地に、黄色、赤、緑、黒、白で幾何学模様を出した錦織である。

　彼らはパーシンの中央部の布をマットミー模様に織り、多くの場合この中央布は胴部分と別にはなっていない。チエンマイやナーンの場合の水平方向の縞模様と違って、模様は胴部から中央布の一番下まで垂直方向に通っている。裾布は明るい色の木綿か絹の錦織で、一番裾は平織である。

　タイ南部の半島地方は、かつて（7〜14世紀）インドネシア群島に存在した仏教国シュリーヴィジャヤ王国の一部であった。その後、この地域はナコンシータンマラート王国が支配するが、その為政者はスコータイ、アユタヤ、さらにバン

第 9 章 タイ中部および南部の織物

コクの王に従属していた。18世紀にはマレー半島にいくつかのマレー王国が分立し、タイ南部との間で小競合いが繰り返され、この地方の人々はしばしば移動させられた。ケダーにおける内乱の後、1811年にナコンシータンマラートの王は、イスラム教徒の織り手たちを含む多数の囚人をナコンシータンマラートの近隣に定住させた。この織り手たちは「ソンケット」という多色の絹と金糸・銀糸を用いたマレーの織物を作る技能に優れていた。地元の女性たちはこの技を学び、ナコンシータンマラートは、王たちが自分たちのためだけに織らせた繊細な金色模様の織物で有名になった［Fraser-Lu 1988］。バンコクに定住したイスラム教徒の織り手の子孫たちが、彼らの伝統的な技能を保持し、1950年代におけるジム・トンプソンのシルク事業の立ち上げに重要な役割を果たした可能性がある（103ページ参照）。

　中部平野やチャオプラヤー川流域、南部半島地域の町々に生活しているタイ人たちは、外国の政治家や商人たちと接触した長い歴史を持っている。東南アジア全域の通商ルートに沿って定住した中国人たちは、ハーブや香辛料、金属、陶器から、緞子、ベルベット、朱子、絹、金糸に至るまで広範な種類の商品を取り扱う仲買人になった［Hall 1964］。アラブとインドの商人たちもまた、織物取り引きの歴史において重要であった。彼らは15世紀までに、マレー半島とタイ南部の多くの人たちをイスラム教に改宗させた。イスラム教徒の貿易商人はインドの織物をグジャラートやコロマンデル海岸から東南アジア全域の港々に運んでいった。

　17世紀には、貿易はヨーロッパの国々に取って代わられた。アユタヤが首都だった時（1350～1767年）、この町は川と広範に広がった網目状の水路によって、南方の港に繋がっていた。アユタヤの王たちは、外国貿易を独占して膨大な収益を手にし、それが王宮の贅沢なライフスタイルを支えた。この時代はヨーロッパの王たちが神権政治を行なった時代であった。これと同様のクメールの神王という考え方がアユタヤの王宮で支持され、贅沢な織物や宝石がこの考え方を具現するものとなっていた。ナーンやチエンマイのような地方の王宮では仏教の考え方が優勢で、王宮の衣裳はもっと控えめであった。アユタヤの町では職人たちが専門家地区に仕事場を設立し、町と王宮のために働いた。この時代の手の込んだ金や宝石の装身具が残っている。物証はないので想像の域を出ないが、地元の織り手たちが同じような優れた織物を王宮のために作っていたのだろう。

　織物が輸入された実跡はインドやヨーロッパの会社の貿易の記録を通して容易に辿ることができる。これらの会社は、15世紀から、インド、中国、中東、ヨーロッパから織物や糸を供給していた。金糸の錦織、パトラ（経緯の絣）の絹布、防染模様の木綿布、リネン、ベルベット、レースは、どれも人気があった［Chumbala 1985］。しかしアユタヤの王宮では外国の模様を捺染した布は採用せず、模様を送って海外の職人に作らせた。ナーラーイ王の治世（1656～88年）の間は、王宮のデザイナーたちは模様帳をインドに送り、それを模写して特定の色に捺染させるようにしていた。

　インドでは、捺染織物のこのような貿易の証拠をグジャラートの版型職人の仕事場で見出すことができる。そこには中部のタイ人によって書かれた説明書とと

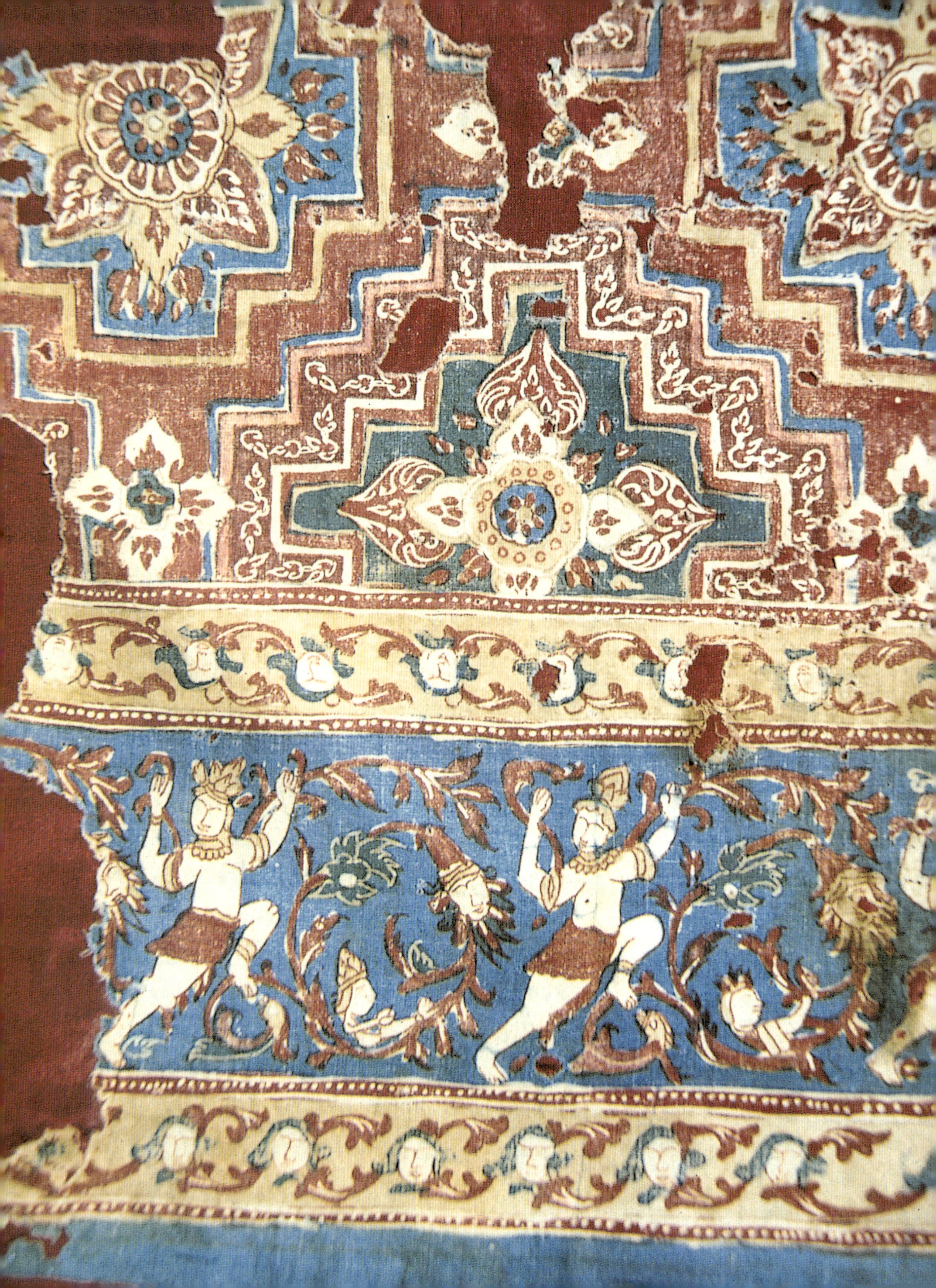

第9章 タイ中部および南部の織物

174ページ　タイの市場に向けてインドで作られた織物。18世紀。中央部分は茶黒色の地に、防染法によって描かれた木の葉模様が、テープアヌン（天使）の上半身像を取り囲んでいる。テープアヌンの像は手描きと防染により表され、金が捺印されている。

175ページ　金の刷り込み模様による寺の天井の装飾、バンコク近くのトンブリーのスワンナーラーム寺院。このような図版はタイの市場に向けてインドで作られた捺染織物の模様に似ている。

▶一般の市場向けにインドから輸入された捺染の木綿織物。

◀赤、青緑、黄褐色の植物染料を使った手描きと防染による18世紀の木綿の布片。タイの市場用にインドで作られたもの。中央部分には手描きされた青と赤と黄褐色の幾何学模様と、防染による花と葉の模様とがある。縁は青く塗られた背景に、手描きと防染により踊っている人の姿が表されている。この人の図柄は、防染による小さな花の模様が付いた手描きの木の葉模様の間に散在している（保存の目的からこの布片は赤い絹の背景の上に置かれている）。

もにタイの図柄が記載された模様帳が保存されている。その図柄は版型職人たちに「シャムの模様」として知られている。これらの模様帳はアユタヤやバンコクから、スーラトの版型を請け負っている代理店に送られた。模様が彫られたら版型はアーメダーバードの捺染の仕事場に直接送られた。模様帳の内容には花や動物の模様や幾何学模様と、縁布に用いる垂れ下がり模様などがある。これらの図柄により染料あるいは防染剤が木綿布に捺染された。その他の、例えばテープアヌン（天使）とか人間の姿は自由に描かれた。この種の図柄では、模様の出所は常に確かということはない。テープアヌンはタイ人による図柄であるが、人間像の模様のいくつかはインドの神話の登場人物を表しているようである。インドの作業場は男性用、女性用両方の、中央布と両縁布を繋げたパーチョンカベーン用の長さの捺染木綿布を生産した。サリーより狭く、縁布なしで10ヤード（9m）

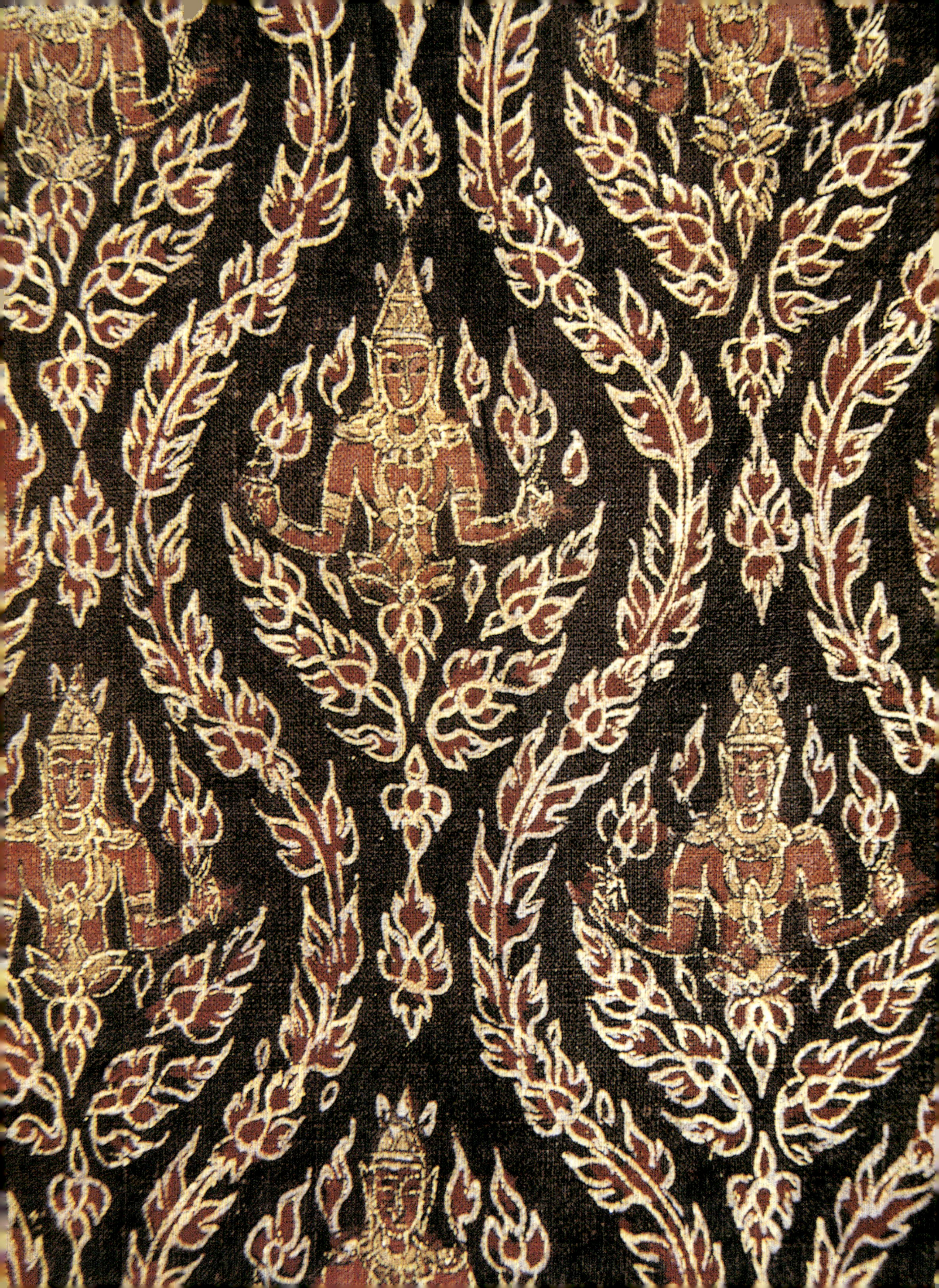

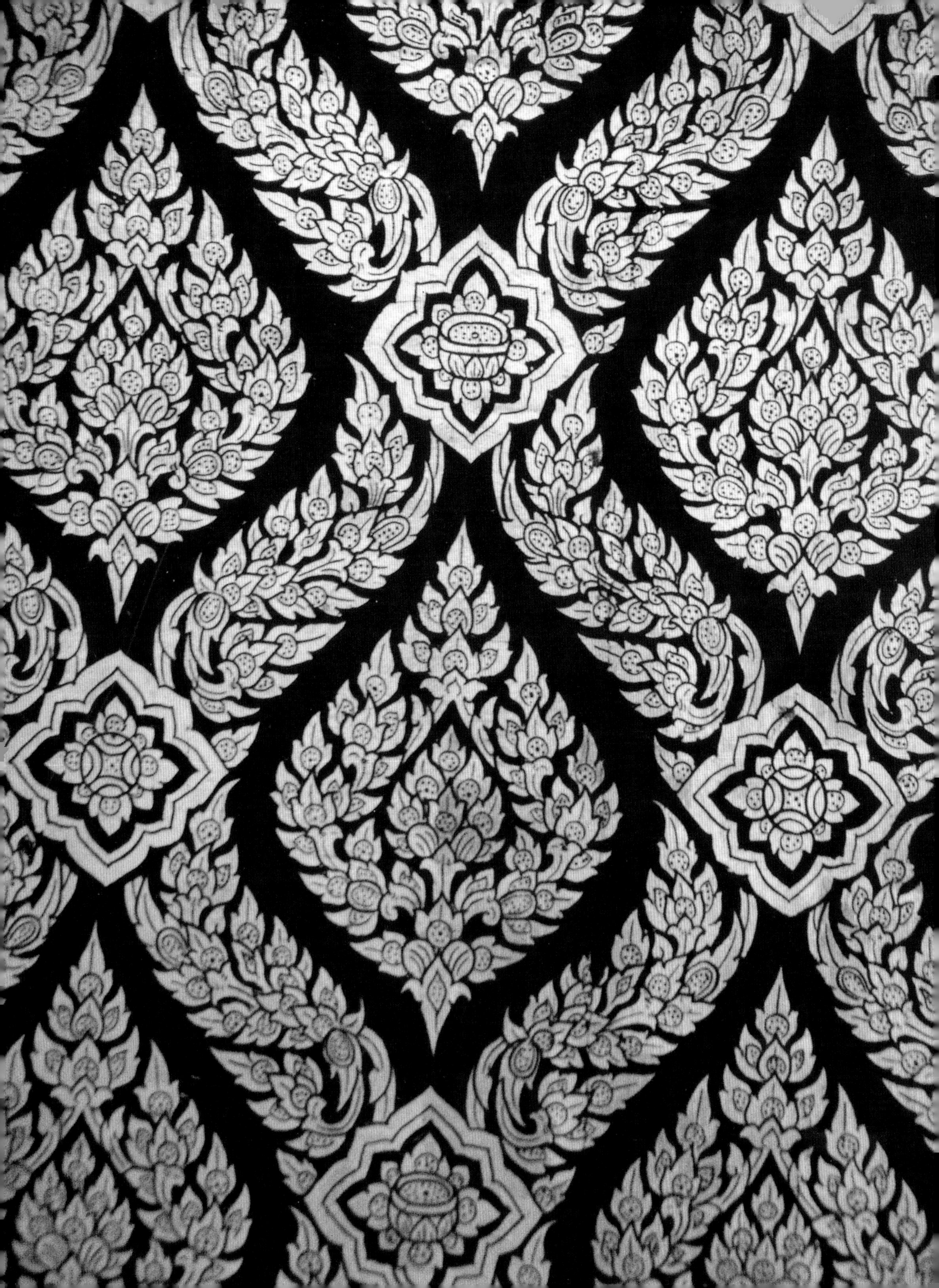

の長さの木綿布も捺染された。これはカーテンや部屋の仕切り布として用いられたようである［Maneklal T. Gajjal氏談、1990］。

　ある作業場の経営者によれば、「シャムの模様」は彼の祖父の代にはまだ版型が彫られていたというが、おそらくグジャラートにおいて彼の祖先やその他いくつもの版型製作者の家族たちが何世紀にもわたってこの交易に関わっていたのであろう。版型製作者に代金を清算し贈り物をするために、スーラトから代理業者が年に1回やってくるのが慣わしであった。ある世代から次の世代へ仕事が受け継がれる時には特別の儀式が催された。何世代も遡る由緒ある交易という印象である。このようにして版型で染められた織物が大量にアユタヤに輸入されていたが、1690年に王はこの流れをせき止め、地元でこのような織物を生産することを決定した。彼はオランダ人の助けを借りて木綿の種子と染料をインドから手に入れ、地元の人たちの捺染の技能を鍛えるためにインド人の職人を雇った。この冒険的事業の結果に関しては何も記録がない［Gittinger 1982］。

　首都がバンコクに移った18世紀の後半まで、インドの貿易商たちは初期の細かい図柄のぞんざいな捺染物を市場に氾濫させていた。これらのシンプルな模様はタイというよりインドのもののようであり、19世紀になっても人気があった。1855年に英国の中国全権大使サー・ジョン・バウリングがバンコクを訪れ、人々のインドの布に対する好みについて述べている。

> 今日、人々はパヌン（パーチョンカベーン）を好む。チンツ（厚地の更紗）は男性たちを喜ばす。絹と金糸の交互の縞のパヌンと、金糸の縁の付いた青と白の細かい格子のチンツは女性たちを喜ばす。パヌンは約3ヤード（約2.7m）の丈夫なインドの更紗で、濃い赤、青、緑、チョコレート色の地に星の模様がある。シャム人はこの布の中ほどを腰の細いところに当て、両端を身体に巻きつけ、そして両方の上の縁を一緒に捻って身体と布の間に挟みこむ。垂れている部分には大きな襞を付け、両脚の間を通して前と同様に後ろに挟み込む。

　首都がアユタヤからバンコクに移った時、職人たちは再び専門家地区に仕事場を設立した。織り手や染め手たちは、糸を洗ったり仕上げをしたりできる水路に沿って木造の家に住んだ。ラーマ4世の治世（1851〜68年）には、多くの裕福な家族がその家の中に職人を置くのが普通であった。このようにして雇われた人たちの中に、金細工師、銀細工師、織り手、漆職人などがある。20世紀のはじめにはまだ、王宮のための優美な錦や繊細な絹織物を生産する多くの作業場があった。その1つの例はサームシリで、ここでは1925年のラーマ7世の戴冠式に用いられた多くの織物を生産した［Chumbala 1985］。各県の優れた織り手たちは、マットミーや絹の錦織も王宮に供給していた。タイ東北部からバンコクに来たブンチラトーン・チュターティット王女（1897〜1979年）はウボンの模様の絹織物（178ページ参照）を定期的に注文した。彼女の母親であるモム・ブンヤーンは、1922年に王女のところに同居した際にウボンから織り手たちを伴い、王宮内に小

第9章 ❖ タイ中部および南部の織物

▶インドまたはタイで作られ、ラーマ5世（1868～1910）の配偶者に着用された絹のパーチョンカベーン。この裾布は、ライラック色と紫色の絹に金糸をあしらった錦織である。

　さな作業場を作った［Chumbala 1985］。1947年に王宮の医師 M. スミス博士が地方の織り手たちの腕前について述べたものが残っている。

　北部の主要な町、チエンマイとコーラートには、何百年にもわたって製造業が存在し、機織は非常に高い完成度に達していた。図柄の複雑さと色の豊富さによって、ここで作られた織物は、他の国々で作られた同種の織物のいずれと比べても申し分なかった。それらは王宮の行事において貴族や役人たちに着られる衣服や礼服用の布として使われた。

　この国産の織物は、輸入織物との競争の中を生き抜いてはきたが、絶えず脅威に曝されてきた。19世紀には中国から大量の未精錬の絹が輸入されるという警鐘があった。政府は地方の生産量を増加させる養蚕計画を立て、これに対応した。1903年にはコーラート高原の4万～6万人の人々が養蚕に従事し、絹糸を扱う商人は23人であった［Brown 1980］。しかし、1930年代、40年代に西欧のファッシ

▲プンチラトーン・チュターティット王女のタイ北部および東北部で織られた絹布のコレクション。

ョンが入ってきたのが、伝統的な織物に対する最大の脅威となった。ジム・トンプソンが絹の事業を始めた時、気づいたように、1950年代になるとバンコクの作業場等では絹の錦織そのほか特別な模様を織ることは少なくなっていた。幸いなことに、彼は水路に沿って定住している何人かのイスラム教徒の織り手の家族たちが彼のほしい物を作ってくれることを発見したのである［Warren 1970］。

　バンコクの王宮のために特別の織物を織るという伝統は、西欧化の時代を生き抜いて続いている。タイ東北部では、ローイエットのパ・パヨンが王族の行列の礼服のための青と白の絹布や、王のためのテープアヌンなどの図柄を織り出した黄色の絹布を織った［1983年の聞き取り］。今日、機織の名人たちは、王宮にお

▲パーシンの裾布の細部。バンコク。20世紀。黒の絹の経糸と金色の絹の緯糸の地に金糸をあしらった錦織。

いて何十年も前に流行したのと同じように繊細な上等のマットミーを何枚も作り続けている。

今日、タイのシルク産業は、絹布を衣服用および家具用として主要な工業国すべてに輸出している。政府と慈善団体の援助を受けて、機織は地方全域で推進されている。伝統的なタイの織物のための市場はシリキット王妃により支援されているので（103ページ参照）、タイ独自の特徴ある織物を絶やしたくないという願いと、西欧市場からの需要がうまくバランスを保っている。

タイ中部の壁画は、描き方に北部および東北部の壁画より厳しい規則がある。人間の姿は、彼または彼女の精神的特質や社会における階層に応じて描き分けら

▲寺の壁画。バンコク。18世紀。絵は王族と修行者を古典的な面のような表情と優雅な身振りで描いている。衣裳は上品な姿勢を補足するように配慮されている。

第9章 ❖ タイ中部および南部の織物

れている。菩薩、修行僧、王族などは仮面のような表情で、慈悲深い身振りと姿勢に描かれている。彼らの顔は、眉は弓形、細長い目とまぶた、口元はちょっと微笑んで、横顔か4分の3横向きで示されている。体つきは優雅で体格は均整が取れており、人物を人間というより影絵の操り人形のように見せている［Wray, Rosenfield and Bailey 1972］。しかしながら平民は、へつらう必要もないから、粗野な容貌でがっしりした体格の自然な特色を持った実際の人間として描かれている。風景の描写にも決まりがあった。王族は金箔の宮殿の中に区別されて描かれた。手の込んだ衣裳に、彼らの地位を物語る金の王冠をかぶり、金を何層も連ねた傘を持っている。彼らの衣裳は彼らの優雅な姿態をよりよく見せるように工夫され、金箔の平らな模様にはきちんとした襞が付けられて情景全体の構成の調和が図られている。王宮の内部は幾何模様や花模様で豊かに装飾され、ムガール*の細密王宮画に似た平面的二次元様式で描かれている。これに対し木、川、植物などの自然の風景は、たいていは、普通の人々を描く場合と同様にいっそう生き生きと現実的に描かれている。

トンブリーのスワンナラーム寺院

　スワンナラーム寺院は17世紀に建立されたが、18世紀に修復され、ラーマ3世の治世（1824～51年）に再度修復された。この寺は、バンコクが首都となる以前の1767年から1782年の間シャムの首都であったトンブリーにある。この寺院の建物はレンガと漆喰でできており、オレンジ色のタイルの屋根と鳥のような形の木製の頂華が付いている。壁画は2人の画家によって、古典的な中部タイの様式で描かれている。王族は緑、赤、黒の花模様をあしらった金の錦織のパーチョンカベーンを着ている。ウェーサンドラー王子*は衿と飾り袖に花模様がある金の錦の上着に、肩飾りを付けている。女性たちは精巧な金の首飾りをして、腕と手首は金の鎖と大きなメダルで飾っている。彼らは円錐形で両脇に耳を覆う翼状部分の付いた金の被り物をしている。宝石はアユタヤで発掘された腕輪や被り物と同じような模様である［National Museum］。王族の従者たちは捺染のパーチョンカベーンをはき、赤い裏の付いた前ボタンの上着と、金の縁が付いた飾り帯を着けている。髪は剃り上げ、てっぺんだけを円形状に残して刷毛のように仕上げている。女性の従者たちは捺染のパーチョンカベーンを着用し、襞をたたんだ飾り帯をしている。

＊ムガール　バーブル（1483～1530年）の創建した16世紀のインド最大のイスラム王朝（1526～1857年）。
＊ウェーサンドラー王子　仏陀の過去生のひとり。ジャータカの中でも特に人気がある。

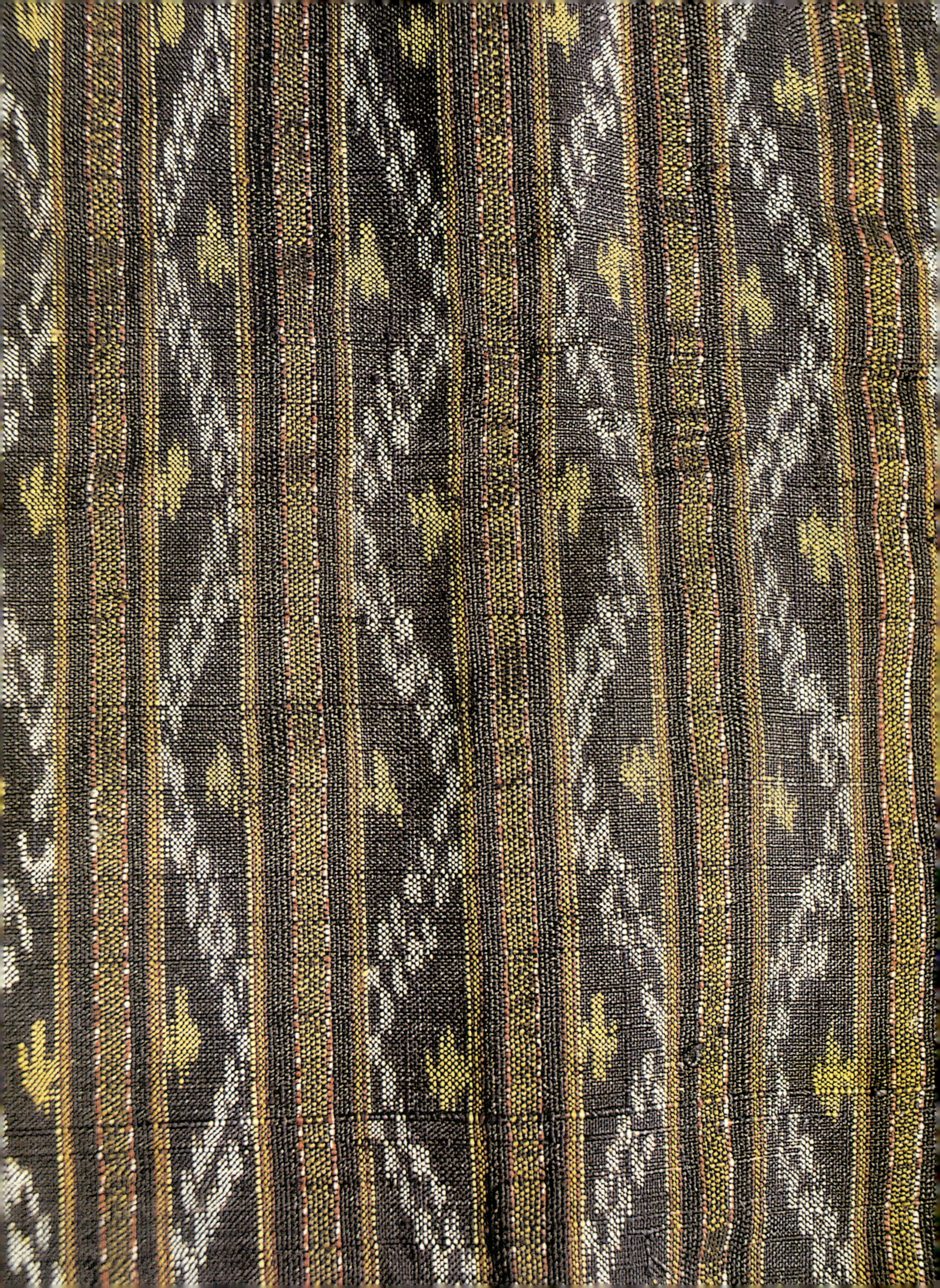

終章

◀絹の緯マットミーのパーシンの細部。東北部、ローイエット県。

　東南アジアの芸術は、しばしば、インドや中国文化の延長と見られ、その地域の独創性が十分には認識されていない。周辺国と異なってタイは植民地化されず、その財宝が外国の学者によって、学問のためや目録を作るためなどという理由で西欧の博物館に収蔵されるようなことはなかった。しかしこの国は、ビルマとの何回もの戦いにより、何世紀にもわたり繰り返しその遺産を略奪され、破壊された。スコータイのような都市の有形の文化が事実上失われ、レンガや石の遺跡群が後世の社会によって復元されるのを待っている。それでもタイの文化的な協会や大学は歴史的重要性のある新史跡について絶えず実証し続けている。最近の10年間に、タイ人の学者たちはタイ東北部において、その地方の田舎の生活を描写した魅惑的な壁画のある孤立した寺々を再発見した。この本ではそれらのいくつかを選び、服装や織り模様を説明した。タイの人々の芸術的、文化的伝統の証拠が国中の多くの寺院、博物館、研究所にありながら、悲しいことに、伝統的な織り手や染め手である女性たちの昔からの技に対し十分な評価を与える総合的な織物博物館はない。

　村社会では、織物は女性たちの創造性を表現する最も重要な手段である。織機は女らしさの象徴としての役割を果たす。その重要性は男性たちによく認められており、織機が組み立てられ使用されはじめると、彼らは触れることはしない。女性たちは寺院の儀式用織物や僧侶の法衣を織ることにより精神的功徳を得る。熟練した織り手は村の尊敬される一員であり、寺院社会の中で何がしかの地位を得る。タイ東北部において、住職や高僧たちはその村の織り手たちの技能の程度をよく知っており、織柄に使用される図像について意見を述べる。村の男性たちと寺院の間の交流については、広く文書で記録されてきたが、女性たちの役割は単なる家事労働としか考えられてこなかった。しかし、明らかに彼女たちの役割

はもっと創造的、文化的に価値の高いものである。

　タイには村と王宮という２つの主要な織物の伝統があり、この２つは他の東南アジア社会におけると同様に相互に関係し合っている。スコータイやアユタヤ、さらに後のバンコクなどのタイの中央の王宮では、インドからの贅沢な錦織や捺染した織物、中国からの絹織物の輸入が伝統となっていた。これらは「神王」というクメールの概念を引き継いだ王宮の威厳を維持するために必要で、臣下は身分ごとにレベルが定められた権威を示す服装をしていた。王宮は輸入織物の類についてはうるさかった。図柄はたびたび厳しく規制され、タイ人たちは、模様を描いた本や指示書を海外の生産者に送った。しかしながら、地方の王宮では、ほとんどの衣裳は地元でその地域の伝統的な模様に織られ、身分はその地方固有の模様を織るのに使われた金糸・銀糸の総量で表された。タイの高度に熟練した織り手のエリートグループは、王族や眼識あるタイ人、および海外の買い手たちのために絹のマットミーや錦織物を創作する伝統を持続している。

　伝統的な図柄は、西洋の市場の需要に対応して、衣類、家具用布、カーテン、テーブルクロス、贈答品などとして、営利企業を通し、あるいは農村地域の織り手たちを援助している慈善団体を通して販売されている。タイシルクや木綿布は、濃い色も薄い色も品揃えは驚くほど豊富で、生地としても売られており、選択の幅が大きい。タイの人々は、その手織りの布の品質や風合いに対して高い評判を獲得している。それらはモダンで革新的であり、国際高級品市場で競い合うことが可能である。

　タイシルクは糸に太さ斑*や光沢があり、しわになりにくく、大へん魅力的な布である。これらの特質は、土着の繭を使い手繰り作業によって糸が作られることによる。現在商業的には、輸入した絹糸*が経糸に、タイ産の絹糸が緯糸に使われている。機織の仕事を維持・活性化するには緯糸の生産を増加する必要があるが、それに対して、地域産業全体の水準を向上しようという趨勢が障害となっている。それは、地域産業水準の向上のために、農業分野においては養蚕に費やす労力を換金作物の生産に回し、緯糸の需要に対しては土着の蚕に代えて収量の多い外国の交配種を使おうということだからである。伝統的な養蚕は稲作のサイクルと調和して行なわれてきたものであり、外国種の利用は村々に蓄積されてきた生産特性を脅かすのではなかろうか。

---

*太さ斑　原文は slub（糸中の柔らかくふくらんだ太い斑の部分）。日本語でスラブヤーンは雲糸と呼ばれ、故意に太さ斑を作った糸の一種である。タイシルクの場合は、故意に作ったものではないが、手紡ぎであるため繊維が絡み合って太さが斑になっており、それが独特の味になっているものと解釈できる。

*輸入した絹糸　原文は imported silk dupion（輸入した玉繭）。複数の蚕が共同で作った繭を玉繭と言い、それから作った糸を玉糸と言う。繊維が絡まっているので、均整な糸は得られない。繭の生産量の中で玉繭の割合はさほど多くないので、経糸がすべて輸入した玉糸とは考えにくい。ここでは太さ斑の多い糸を指していると思われるので、単に絹糸とした。

　なお、原著とほぼ同時期に出版された『タイの事典』によれば、「経糸は輸入あるいは国産の生糸を使い、緯糸に手繰りの在来生糸を使っている。在来生糸はつむぎ状で機械化に向かない」とあり、経糸は輸入あるいは国産の機械繰り生糸、緯糸に手繰りの在来生糸というのが実情であろうと思われる。

終章

　交配種の蚕を導入したからといって、自動的により高い利益が確保されるものではない。輸入された蚕は害虫や病気に罹りやすく、高温多湿の気候に適応させる必要がある。それには衛生と保護の規準をさらに高くする必要があるが、裕福な家庭以外はその達成は容易ではない。市場の見地から見れば、タイシルクの特質を維持するのは重要である。もし、経糸が輸入され、緯糸が交配種から作られるとなると、養蚕家は生産高と糸の特質との間のバランスを保つのに苦労することとなる。タイシルクがアジアの他の地域で生産するシルクと見分けられなくなったら悲しむべき損失になるであろう。

　織物の生産は世界中で規格化、機械化しており、地域固有の手紡ぎ・手織りの布の独特な品質は、希少で価値ある商品として評価されることになるであろう。伝統的な村社会における手織りの重要性とは何なのか、第2章で探ったこのテーマは容易には答えを見出せない。しかしながら時代は変化している。ここ数年、大量生産されたプラスチック包装の法衣や袈裟のセットが、手織りの製品に代わって僧侶へ献上されるようになっている。多くの少女たちはもう、幟やその他の行事用の布を織る技を学んではいない。タイ東北部においては、多くの女性たちが仕事を見つけるために貧しい村から都市へ移住し、家族関係の崩壊を引き起こしている。稲作の周期と蓄積された機織文化は余命いくばくもない状況である。

　しかしながら、タイの人々は芸術性豊かであり、状況の変化に機敏に適応する。タイには、タイ織物の特質を強化・保存するために、また織り手たちを支援するために自分たちの時間を捧げている献身的な女性たちがいる。シリキット王妃はこの分野で強い指導力を発揮された（103、108ページ参照）。この本が、歴史や文化という文脈においてだけでなく、生きつづける工芸の例として、タイ織物への関心を促すことを期待するところである。たとえ織物生産が変化しつつあるとしても、この本は、タイにおいては織物は単に商品であるだけでなく、社会的慣習と宗教的慣習の調和のとれたリズムの象徴であることを想起させるのに役立つであろう。

▶タイ北部の伝統的な服装をした女性の描画。ナーン県ノーンブゥア寺院。

訳者補遺

1. 織機およびその機能について

織物は経糸と緯糸を交錯させることにより作られる。織機で織物を織るには、織機上にあらかじめ必要な幅に必要な本数の経糸を張り渡しておき、その間に緯糸を通す作業を繰り返す。

織機の機能の基本は、開口、緯入れ、緯打ちの3つで、この3つを織機の主運動と言う。

開口：経糸を上下二組に分けて、緯糸を通すための隙間（杼道）を作ることを言う。そのために、すべての経糸を綜絖の目に通し、織物組織にしたがって、同時に上下する経糸の通った綜絖を同じ枠に連結しておき、この枠を上下することにより、その枠に連結された経糸を上下させる。綜絖枠の必要枚数は、織ろうとする織物の組織が緯糸何本で完結するかにより決まる。平織りでは2枚で足りるが、3枚斜文織では3枚の綜絖枠が必要である。組織が複雑になると必要な綜絖枠の数も増える。1台の織機に設置できる枚数には限界があり、一般に8枚を限度としている。9枚以上の綜絖枠を必要とする複雑な織物には、ドビー装置、ジャカード装置など別の装置を付設して開口を行なう。

緯入れ：開口運動により作られた杼道に緯糸を通すことを言う。緯糸は小さな糸巻（緯管、ボビン）に巻き、杼に装填される。緯入れは、杼道に杼を飛ばすことにより行われる。杼は、滑らかに飛ばす必要があるので、舟形に作られ、中央に緯糸を巻いた管を装填する孔が穿ってある。杼の大きさには限度があり、それに装填できる緯管の大きさにも限界があるから、1本の緯管に巻かれる緯糸の長さはおのずから限られる。したがって、或る程度の長さの織物を織り上げるには、たびたび緯糸を補充しなければならない。緯糸の補充には杼ごと交換する場合（杼替え）と、緯管だけ交換する場合（管替え）がある。また、緯管を交換することにより、緯糸の色や種類を変えることは容易に行える。

緯打ち：杼道に通した緯糸を、織前（既に織られている部分の最後部）に打ち付けることを言う。これには筬が用いられる。筬は櫛状に並んだ歯で構成されたもので、綜絖より織り手側に置かれ、綜絖の目を通された経糸は次に筬の歯の間に1本ずつ通される（羽二重では1羽に2本通す）。筬は簡単には織機の上枠から紐などで吊り下げられる。

以上が、織機の主運動と呼ばれるものであるが、そのほかに、経糸を順に送り出す送り出し運動、織られた部分を順次巻き取る巻き取り運動があり、上の主運動にこの2つを加えて織機の5運動と呼ぶ。これらの運動を人力で行なうものが手織り機であるが、動力に置き換えたものを力織機といい、産業革命の主要な牽引力となったことは有名である。その後、織機を止めることなく緯糸の補充を自動的に行なう機能を備えた自動織機が考案され、さらに経糸が切断したとき織機を止める経糸停止装置などが工夫されてきた。

力織機は、ごく軽い糸を通すために重い杼を飛ばし、大きな騒音を出す機械といわれるほど、織物を織ることはエネルギーロスの大きい仕事である。そこで、緯入れに杼の代わりに細い金属棒を用いるレピア織機、ジェット気流やジェット水流で糸を飛ばすエアージェット織機、ウォータージェット織機なども使われている。

織機の主要構造

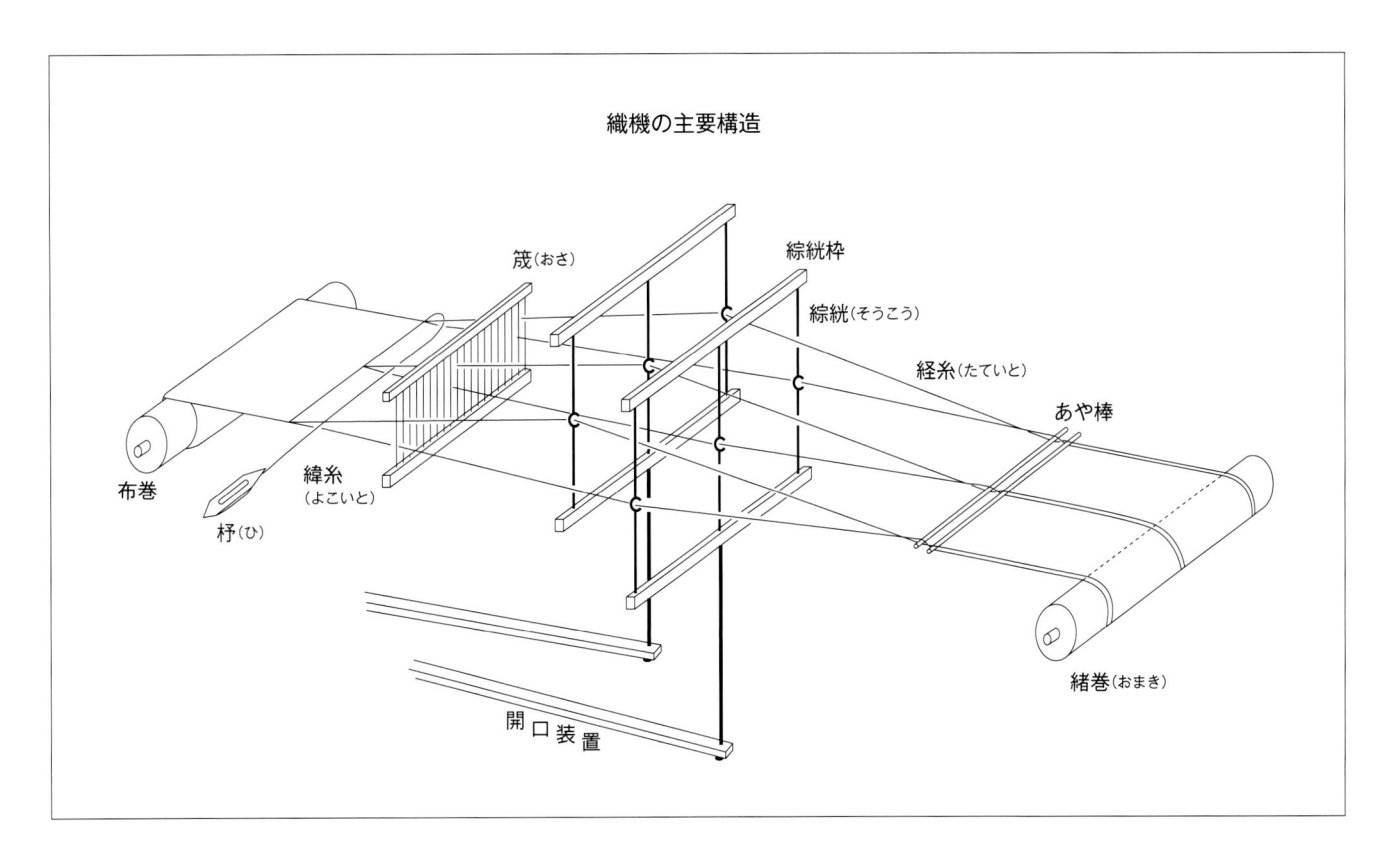

- 筬(おさ)
- 綜絖枠
- 綜絖(そうこう)
- 経糸(たていと)
- あや棒
- 布巻
- 緯糸(よこいと)
- 杼(ひ)
- 開口装置
- 緒巻(おまき)

2. 絹について

　最近のさまざまな考古学的研究から、人間と蚕（おそらく食用）とののかかわりは、B.C. 5000年頃まで遡ることができ、遅くとも B.C. 3000年頃には絹糸、絹織物が用いられていたことを裏付ける遺品も発見されている。B.C. 300頃にまとめられた書物には中国文明の始祖として三皇五帝の名前が挙げられており、繭から絹を得ることはその時代に発明されたとされている。すなわち五帝の一人黄帝の妃西陵が、湯の中に落とした繭を拾い上げようとして細い糸の得られることを発見したのが繊維としての絹の始まりとされる。中国は蚕種の国外への流出を警戒したが、絹糸、絹織物は西方諸国に対する有力な交易品であった。中国と西方諸国との交易の道が後世シルクロードと呼ばれた所以である。

　6世紀頃、修道僧が蚕の卵を杖に隠して持ち出し、東ローマ帝国のユスチニアン皇帝に贈り、西方諸国で養蚕が始まったとされている。日本へは3世紀の弥生時代に朝鮮半島を経て伝わったといわれる。タイへは、上座仏教の伝播とともに導入されたことを窺わせるくだりが本文中にあることから、B.C. 300年から2世紀頃の間に伝わったと理解できる。

　中世まで、絹はその美しさと希少さのために専ら上層階級のものであった。ヨーロッパでは18世紀の産業革命以後、絹織物の量産が可能になったので、養蚕も栄え、絹の利用は市民階級にまで広まった。しかし、羊毛や木綿に比べて豊富には得がたいことと、微粒子病の蔓延などによりヨーロッパの養蚕は次第に衰退し、19世紀末には生糸（後の項参照）が不足するようになった。

　日本でも絹は貴族や上級武士のものであった。また、長らく日本の生糸の品質は中国製に及ばなかったので、江戸時代に鎖国の時期に入っても長崎を通じて中国からの輸入に多くを頼っていた。しかし各地方の藩主が産業の振興を図って繊維産業を奨励したこと、江戸時代中期には幕府が国産品の品質向上を促し、また庶民の衣服として紬の着用を許したことなどにより養蚕は盛んになり、品質も中国製に遜色ないまでになった。

1859年、横浜港の開港に伴い主要な輸出品となった生糸の輸出量は、世界的な生糸不足の時期と重なって急速に増加し、明治末期以後、日本は世界第1位の生糸輸出国となった。最盛期には日本の輸出量は約3万トンで世界の全消費量の半ばを占めた。

　タイ国においては工業化の波が伝統的染織を圧迫している事情が本文に述べられているが、日本においては、まず、第2次世界大戦時に絹産業は衰退し、戦後は、ナイロンの普及により絹ストッキングの需要が無くなり、国内的には着物の利用が激減したため、絹産業は壊滅的打撃を受けた。最近は繭、生糸、紬糸とも大部分を輸入に頼っている。日本では伝統的織り手は高齢化し、今後の技術保存はタイ国以上に危ぶまれる現状にある。

　絹製品の質と多様性については、日本では、細く均整な繊維を得ることを意図して蚕の改良を重ねてきた。製糸の工程においても均整な糸を作ることに重きが置かれ、今日では自動化された製糸機械により節や太さ斑のきわめて少ない生糸が高能率に作られ、機織、染色にいたるまで技術的には世界最高レベルを誇り、多様な絹製品を生産できる。しかし、一面では繊細になりすぎて野性味を失った感が否めない。

　本書から理解できるように、タイ国では工業化が進行中でも、農村部では伝統的技術が受け継がれており、そこにおける製糸は、糸の太さを指の感覚で計りながらの糸繰りで、できる糸は繊維の絡まったところがあるなど、太さ斑の多い糸である。生糸とはいっても紬糸のような味を持っている。

　生糸：正常な1個の繭からとれる繊維の長さは800〜1000mもある。蚕は硬タンパク質・フィブロインを成分とする2本の繊維を軟タンパク質・セリシンで包んで吐出し、繊維をセリシンで粘着させながら外側から内側へと繭を作る。繭を湯で煮るとセリシンが軟らかくなり繭が解けてくるので、外側から順に繰り出して繊維を巻き取る。複数の繭を同時に繰り出すと、セリシンが冷えて固まることにより複数本の繭繊維が1本にまとまる。このような状態の糸を生糸という。生糸の太さは同時に繰る繭の個数により調節できる。生糸はセリシンで糊付けされたような糸であるから剛直であり、一般に絹製品は精錬（せっけん、珪酸ソーダなどの溶液で煮る）によりセリシンを除去して用いられる。

　生織物と練織物：生糸を精錬しセリシンを除去した糸を練糸という。練糸を用いて織った織物は練織物とよばれる。一方、生糸を用いて織り、織った後に精錬した織物は生織物と呼ばれる。

　ごく細い糸を用いた薄地の織物や強撚糸を用いた縮緬織物、布にしてから染色した後染め織物などが生織物である。糸の段階で染色する縞や格子柄、絣などの先染め織物は練り織物である。

　紬：傷がついた繭や、2匹の蚕が共同で作った繭（玉繭）からは、連続した繊維は得られない。このような繭は、煮て軟らかくしたのち拡げて真綿とする。真綿から糸取りしたものを紬糸という。玉繭は紬糸のほか、布団わたや綿入れ衣料用の真綿にも用いられるので、これらの需要に対応するために、2匹の蚕を同じ簇（まぶし）に入れて玉繭を作るように仕向けることも行われる。紬糸で織った織物を紬織物あるいは単に紬という。最近は、素朴な味のある紬の人気が高まっているが、日本各地の紬の産地のほとんどは輸入紬糸を原料としている。ただし、最高級品とされる紬は上繭を原料として国内で糸取りされている。

3. 木綿について

　木綿にはインド起源のものと中・南米起源のものとがあるとされ、メキシコやインドでは紀元前数世紀にすでに木綿が利用されていた。しかし、木綿が今日のように一般的衣料用繊維として大量に用いられるようになったのは、綿工業が近代産業として発達を遂げた産業革命以後のことである。

　アジア種はインド綿に代表される。BC4世紀のアレクサンダー大王の東征によりペルシャ、小アジア、エジプトなどでも栽培されるようになり、8世紀のイスラム勢力の伸張、12世紀の十字軍の東征によりヨーロッパにも導入された。15〜16世紀の大航海時代にはインドの木綿が直接輸入されるようになった。

　18世紀に起こった産業革命により、紡績、機織など繊維産業の高速化が進展した。それに伴い木綿原料の需要が急増したため、北アメリカ大陸における木綿栽培が盛んになった。このとき導入されたのが中・南米起源の木綿であったと思われる。

　現在、世界で広く栽培されているのは、メキシコ起源の流れをくむアップランド（陸地）綿で、ほかに少量ながら

ペルー起源の流れをくむシーアイランド（海島）綿がある。コロンブスが最初の航海で西インド諸島に到着したとき、人々が木綿を使っていたのでインドに着いたと誤認したというのは有名な逸話となっているが、これが海島綿であった。東南アジア諸国ではインド綿が栽培されている。

日本には799年に三河の国に漂着した崑崙人が木綿の種子を持っており、これが各地で断続的に栽培されたという。その後、1494年には木綿製品が商品として扱われた記録があり、国内において綿花栽培が行われたことを物語っているが、この綿種がどこから導入されたかについては明らかではない。江戸時代の初期までには、綿花栽培は寒冷地を除く全国に広がり、庶民の衣服として利用され、明治期の初め頃まで国内で生産される綿花だけで、庶民の衣服等の需要をほとんど満たしていた。しかし、木綿工業が近代産業として発展するに伴い、安くて品質の良い綿花を輸入するようになった。以来、日本では商業規模の綿花栽培はすたれ、現在は行われていない。

日本は、海外から輸入した綿花を原料として上質な（細くて均整な）綿糸を作ることを得意とし、第二次世界大戦前には世界第1の綿業国となった時期もあったが、戦後は次第に開発途上国に押され、国内綿産業は空洞化した。木綿はポリエステルと並んで消費量の多い繊維であるが、原料綿花から縫製品の大部分にいたるまで、輸入に頼っている現状である。

中国西域では早くから綿花栽培が行なわれ、現在も重要な綿花産地であるが、この綿種は西方経由で入ったと考えられている。中国南部へは海上経由で7～9世紀に伝わり13世紀初め頃までに揚子江中流域に達したとされる。このことから、タイ国をはじめ東南アジア諸国へはインドから海上経由で同じ頃に伝わったことが類推できるが、詳細は不明である。タイ国の綿花栽培は伝統的に北部が中心であったが、近年は東北部でも行なわれている。しかし、生産量は多くなく、19世紀後半からは輸入綿花の割合が多くなっている。

参考文献

ANON, 1895 (repr. n.d.). *Report of a Survey in Siam: An Englishman's Siamese Journals 1890–1893*, Siam Media International, Bangkok

ARCHAMBAULT, M. 1989. 'Blockprinted fabrics of Gujarat for export to Siam: An encounter with Mr Maneklal T. Gajjar', *Journal of the Siam Society*, Vol. 77, Pt 2

AYE AYE MINT (ed.) 1980. *Burmese Acheik Patterns from an old Parabaik Manuscript*, Rangoon

BOCK, C. 1884 (repr. 1986). *Temples and Elephants: Travels in Siam 1881–1882*, Oxford University Press, Singapore

BOISSELIER, J. 1976. *Thai Painting*, Kodansha International, Tokyo

BOWRING, SIR J. (repr. 1969). *The Kingdom and People of Siam*, Oxford University Press, Kuala Lumpur

BROWN, I. 1980. 'Government, Initiative and Peasant response in the Siamese silk industry', *Journal of the Siam Society*, Vol. 68, Pt 2

CHEESMAN, P., and SONGSAK, P. 1987. *Lan Na Textiles, Yuan Lue Lao*, Center for the Promotion of Arts and Culture, Chiang Mai University, Thailand

CHEESMAN, P. 1988. *Lao Textiles: Ancient Symbols, Living Art*, White Lotus Co. Ltd, Bangkok

CHONGKOL, C. 1982. 'Textiles and costume in Thailand', *Arts of Asia*, Nov.

CHONGKOL, C., and WOODWARD, H. jun. 1966. *Guide to the U Thong National Museum, Suphanburi*, Fine Arts Department, Bangkok

CHUMBALA, M.L. 1985. 'The Textile Collection of Princess Boonchiradorn', B.A. thesis, Winchester School of Art, U.K.

COEDES, G. 1966. *The Making of South East Asia*, Routledge & Kegan Paul Ltd, London

COMMITTEE FOR THE PROMOTION OF THAI SILK PRODUCTS, MINISTRY OF INDUSTRY, THAILAND. 1983. *Matmi (Ikat textiles)*, Prachachon Co. Ltd, Bangkok

CRAIB, W.G. 1926. *Florae Siamensis*, Siam Society, Bangkok

CURTIS, L.J. 1903. *The Laos of North Siam*, Westminster Press, Philadelphia

DEPARTMENT OF INDUSTRIAL PROMOTION, MINISTRY OF INDUSTRY, 1986. *Khit: Supplementary Weft Textiles*, Brainbox Publishers, Bangkok

DISKUL, M.C. SUBHADRADIS. 1970. *Art in Thailand: A Brief History*, Krung Siam Press, Bangkok

DIVISION OF EDUCATION, 1964. *The Revised Ancient Documents: Book 4*, Bangkok

DUNCAN, H. 1971. *Techniques of Traditional Thai Painting*, Sawaddi Special Edition, pp. 56–8

FRASER-LU, SYLVIA. 1988. *Handwoven Textiles of South-East Asia*, Oxford University Press, Singapore

GILMAN D'ARCY, P. (trans.) 1967. *Notes on the customs of Cambodia by Chou Ta Kuan 1300–1312 A.D.* (trans. from French version by Paul Pelliot), Social Science Association, Bangkok

GITTINGER, M. 1979. *Splendid Symbols: Textiles and Tradition in Indonesia*, Textile Museum, Washington, DC

GITTINGER, M. (ed.) 1980. *Indonesian Textiles, Irene Emery Roundtable on Museum Textiles, 1979 Proceedings*, Textile Museum, Washington, DC

GITTINGER, M. 1982. *Master Dyers to the World*, Textile Museum, Washington, DC

GRISWOLD, A.B., and PRASERT NA NAGARA. 1967. 'Epigraphic and Historical Studies No. 9: the inscription of Ramkamhaeng of Sukhothai (1292 A.D.)', *Journal of the Siam Society* LX, 2, Bangkok, pp. 179–228

GROSLIER, G. 1921. *Recherches sur les Cambodgiens*, Paris

HADDON, A.C., and START, L.E. (repr. 1982). *Iban or Sea Dyak Fabrics and Their Patterns: A Descriptive Catalogue*, Ruth Bean, Carlton, Bedford

HALL, D.G.E. 1964. *A History of South East Asia*, Macmillan, London

HALLET, HOLT S. (repr. 1889). 'My first visit to Zimme', *Blackwood's magazine*, William Blackwood & Son Ltd, Edinburgh

HENRIKSON, M.A. 1978. *A Preliminary Note on Some Northern Thai Woven Patterns*, Lampang Reports, Publication no. 5. (ed. S. Egerod and P. Sorenson), Scandinavian Institute of Asian Studies, special publications, Bangkok

HOWES, M. 1974. 'Thai Silk at the Crossroads', *Investor Magazine*, Oct., pp. 611–16

HUDSON, R. 1965. *Hudson's Guide to Chiang Mai and the North*, Thai Celadon Co., Bangkok

INNES, R.A. 1957. *Costumes of Upper Burma and the Shan States in the Collections of Bankfield Museum*, Halifax Museums, Halifax

IRWIN, J., and SCHWARTZ, P. 1966. *Indo-European Textile History*, Calico Museum of Textiles, Ahmedabad

JAYAWICKRAMA, N.A. 1962. *The Sheaf of Garlands of The Epochs of the Conqueror (1528 A.D.)*, (trans. of 'Jinakalamalipakaranam of Ratanapanna Thera'), Ceylon

JUMSAI, M. 1967. *History of Laos*, Chalermit, Bangkok

KEYES, C. 1965. 'Isarn in a Thai state, a brief survey of the Thai "Northeastern Problem"', *Seminar on Asia Studies*, 502, Thailand

KEYES, C.F. 1967. *Isarn Regionalism in North east Thailand*, Interim report no. 10, S.E. Asia Program data paper no. 65, Cornell Thailand Project, Cornell University, Ithaca

KLAUSNER, W. 1981. *Reflections on Thai Culture*, published privately, Bangkok

KRUG, S. and DUBOFF, S. 1982. *The Kamthieng House*, The Siam Society, Bangkok

KUNSTADTER, P. (ed.) 1967. *South-east Asian Tribes, Minorities and Nations*, Vol. 1, Princeton University Press, Princeton

LAUNAY, A. 1920. *Histoire de la Mission du Siam*, Documents Historiques, Vol. 1, Paris

LEADBEATER, E. 1979. *Spinning and Spinning Wheels*, Shire Album 43, Shire Publications, Herts

LEFFERTS, L. 1978. 'Northeast Thai Textiles', paper presented to The Asia Society, New York

LE MAY, R. 1926. *An Asian Arcady. The Land and Peoples of Northern Siam*, Cambridge; repr. 1986, White Lotus Co. Ltd, Bangkok

LING ROTH, H. 1918 (repr. 1977). *Studies in Primitive Looms*, Ruth Bean, Carlton, Bedford

MCGILVRAY, D. 1912. *A half century among the Siamese and Lao*, Fleming H. Ravelle Co., London

NA NAKORN, P. 1979. 'Thai Costumes', *Holidays in Thailand*, Bangkok, pp. 36–45

NORTH EAST CROP DEVELOPMENT PROJECT, 1988. 'Report on the economics of sericulture by short term specialist in agricultural economics', Management Unit, North East Rainfed Agricultural Development Project, Tha Phra, Thailand

PEETATHAWATCHAI, V. 1973. *Esarn Cloth Design*, Faculty of Education, Khon Kaen University

PHISIT (PISIT), C. 1973. *Ban Chiang*, Rong Phikanet, Bangkok

PHISIT (PISIT), C., and GORMAN, C. 1976. 'Ban Chiang, a mosaic of impressions from the first two years', *Expedition* 18, 4

PISIT (PHISIT), C., and DISKUL, M.C. SUBHADRADIS. 1978. *Archaeologia Mundi, Thailand*, Nagel Publishers, Geneva

POTTER, SULAMITH HEINS, 1977. *Family life in a Northern Thai Village*, University of California Press, Berkeley

SAMOSORN, PAIROTE. 1989. *E-sarn Mural Paintings*, E-sarn Culture Center, Khon Kaen University and The Toyota Foundation, Japan

SANGAROON, KENOKPONGCHAI (ed.) 1986. *Wat Phumin and Wat Nong Bua*, Muang Boran Publishers, Bangkok

SATKUL, NANTA. 1970. *Dutch documents during the Ayuthya period 1572–1620 and 1620–1642 A.D.*, The Division of Fine Arts, Bangkok

S, A.M., and D N. 1927. *A Classified List of the Plants of Burma*, Rangoon Superintendent Government Printing and Stationery, Burma

SHAW, J. 1981. *Northern Thai Ceramics*, Oxford University Press, Kuala Lumpur

SHEARES, C. 1983. 'The ikat technique of textile patterning in Southeast Asia', *Heritage* 4, National Museum, Singapore, p. 33

SHEARES, C. 1984. 'Ikat Patterns from Kampuchea, Stylistic Influences', *Heritage* 7, National Museum, Singapore, pp. 45–53

SIMATRANG, SONE, 1983. *The Structure of Lanna Mural Paintings*, Vol. 2, Silpakorn University Press, Bangkok

SMITH, M. 1947. *A Physician at the Court of Siam*, Country Life Press, London

SUVATABANDHU, K. 1964. *Dye plants and Dyeing – A Handbook*, Brooklyn Botanic Garden Record (10th reprint, 1975)

SWEARER, D.K. 1974. 'Myth, legend and history in the Northern Thai Chronicles', *Journal of the Siam Society*, Vol. 62, Pt 1

TAMBIAH, S.J. 1970. *Buddhism and the Spirit Cults in North east Thailand*, Cambridge University Press

THAMAWAT, JERUWAN. 1980. *Poetry of the Lay People*, University of Maha Sarakham, Thailand

THE WORLD FELLOWSHIP OF BUDDHISTS, 1980. *Buddhism in Northern Thailand*, 13th conference, Thippanetr Publishing Co., Chiang Mai, Thailand

THE CENTRE FOR SOUTHEAST ASIAN STUDIES, 1985. *A Rice Growing Village Revisited. An integrated study of Rural Development in Northeast Thailand*, Kyoto University, Kyoto

VAN ESTERIK, P., and KRESS, N. 1978. 'An interpretation of Ban Chiang rollers: experiment and speculation', *Asian Perspectives*, 21

WARREN, W. 1970. *The Legendary American*, Houghton Mifflin Co., Boston

WHITE, J. 1982. *Ban Chiang. Discovery of a Lost Bronze Age*, University of Pennsylvania Press, Philadelphia

WIYADA, THONGMITR, 1983. *Wat Phra Sing*, Muang Boran Publishers, Bangkok

WONG, G. 1979. 'Tributary Trade between China and Southeast Asia in the Sung Dynasty', in *Chinese Celadons and Other Related Wares in Southeast Asia*, comp. *Southeast Asia Ceramic Society, Ars Orientalis*, Singapore

WOOD, W.A.R. 1933. *A History of Siam*, London

WRAY, E., ROSENFIELD, C., and BAILEY, D. 1972. *Ten Lives of the Buddha*, Weatherhill, New York and Tokyo

日本語参考文献

石井米雄『タイ仏教入門』めこん、2002
カノミタカコ『タイの山より愛をこめて』染織と生活社、1982
ククリット・プラモート、チット・プーミサック『タイのこころ』（田中忠治編訳・解説）めこん、1978
国際染織学会監修、道明三保子編『織物技術用語集』龍村織物美術研究所、1999
酒井哲也、酒井豊子『被服学概論』善本社、1997
篠原昭ほか『絹の文化誌』信濃毎日新聞社、1991
シルクサイエンス研究会編『シルクの科学』朝倉書店、1994
繊維辞典刊行会編『繊維辞典』商工会館出版部、1950
武部義人『日本木綿史の研究──河内木綿との連関』吉川弘文館、1985
─────『綿と木綿の歴史』お茶の水書房、1989
永原慶二『新・木綿以前のこと　苧麻から木綿へ』中央公論社、1990
布目順郎『絹の考古学』雄山閣出版、1988
林雅子監修、酒井豊子、三ツ井紀子、川端博子共著『被服材料学』実教出版、1995
フィリップ・ローソン『東南アジアの美術』（レヌカー・M、永井文、白川厚子共訳）めこん、2004
文化学園服飾博物館編『世界の伝統服飾』文化出版局、2001
皆川基『絹の科学』関西衣生活研究会、1981
柳田国男『木綿以前の事』岩波書店、1979
山脇悌二郎『事典　絹と木綿の江戸時代』吉川弘文館、2002
吉田紘三『手織りの実技工房』染織と生活社、2006
『わかりやすい絹の科学　基礎から実際まで』文化出版局、1990

索引 (染織関係の用語)

【あ行】

藍染め 46, 87, 95, 109, 114, 126, 127, 136, 163, 166
綾織 85, 87, 88, 93, 126, 128
イカット 20, 93
糸綜絖（いとそうこう） 88, 90, 91
刺青 31, 95, 105, 109, 111, 112, 124, 145, 146, 148, 149, 150, 152, 153, 155, 166
インジゴ 46, 47, 50, 70, 73, 74, 75, 76, 116
雨安居（うあんご） 51, 53, 54, 121
ウコン 70, 75, 76, 77, 121, 166
エドワード様式 36, 98, 99, 113
絵緯（えぬき） 19, 20, 41, 43, 46, 47, 55, 81, 87, 88, 89, 90, 91, 92, 93, 105, 106, 109, 119, 122, 123, 124, 125, 126, 127, 131, 136, 140, 141, 142, 145, 148, 150, 153, 160, 162, 166, 169
塩基性染料 72, 79
オークパンサー 51, 53, 54
筬（おさ） 44, 45, 84, 85, 87, 186
筬羽（おさは） 84
緒巻（おまき） 83, 84, 85
織前（おりまえ） 84, 92, 186

【か行】

蚕 11, 15, 16, 37, 45, 57, 64, 65, 71, 107, 135, 184, 185, 187, 188
開口 63, 83, 84, 88, 90, 186
カオパンサー 51, 53, 54
飾り帯 13, 18, 24, 34, 45, 49, 54, 56, 95, 97, 99, 100, 103, 105, 106, 107, 109, 113, 121, 135, 136, 145, 146, 149, 150, 153, 162, 163, 166, 181
絣（かせ） 62, 63, 68, 69, 71, 72, 73, 75, 76, 85, 126
片撚り糸 66, 163
カティナ衣 51, 53, 54, 120
キット 20, 87, 166
キットモーン 131
キャミソール 34, 102, 114, 162
キンナリー 84
括り 74, 78, 79, 93, 159, 161
クッション 11, 105, 125, 128, 131
功徳 42, 43, 53, 54, 123, 183
クラン 71, 72, 73, 169
クワン 48, 49, 169
袈裟 52, 121, 185
コ 92
合成染料 63, 68, 77, 79, 121, 126
コーンチュック 100

コントゥーン 46

【さ行】

サロン 18, 50, 65, 95, 97, 106, 109, 111, 163
シェラック 15, 70, 71, 75, 77, 126
敷布 45, 121, 125, 126
篠（しの） 63
ジム・トンプソン 103, 171, 178
ジャーウ 65
ジャータカ 10, 149
植物染料 68, 69, 71, 79, 173
シン 13, 77, 13, 104, 135, 136
スオウ 70, 75
頭陀袋（ずだぶくろ） 121
整経枠 85
セリシン 71, 188
綜絖（そうこう） 83, 84, 85, 87, 88, 89, 90, 91, 186
綜絖枠（そうこうわく） 42, 83, 84, 85, 87, 88, 89, 90, 93, 186
ソンクラーン 123, 133
ソンケット 171, 172

【た行】

玉虫（織） 53, 87, 163
タマリンド 69, 70, 72, 73, 74
ダモー 136
垂れ飾り模様 11, 20, 124, 173
チョク 20, 90, 91, 92, 136, 140, 141, 145, 157, 169
チンツ 157, 176
綴織 41, 92, 93, 106, 148
ティアオサド 114
ティーン 13, 140, 148
ティーンチョク 45, 79, 91, 92, 136, 140, 150
デニール 66
テープアスン 173, 178
トゥン 185
得度式 51, 52, 53, 121, 133

【な行】

ナーガ 85, 119
捺染 29, 30, 31, 61, 97, 98, 105, 109, 124, 125, 146, 149, 150, 152, 153, 155, 171, 173, 176, 181, 184
布巻 84, 85
幟 9, 11, 13, 19, 20, 54, 55, 112, 120, 121, 122, 123, 124, 125

【は行】
媒染　61, 68, 69, 71, 72, 73, 75, 76, 77, 79, 98, 109
ハウカティン　54
パックホーム　13, 78
パークワン　48, 49
パーコマ　49, 50, 54, 109, 111, 114, 116, 148, 152, 163, 166
パーシン　13, 15, 24, 34, 36, 41, 45, 48, 49, 54, 56, 58, 62, 63, 72, 74, 75, 76, 77, 79, 92, 93, 95, 100, 103, 106, 109, 113, 114, 135, 136, 140, 141, 142, 145, 146, 148, 149, 150, 153, 157, 159, 160, 161, 162, 166, 169, 170, 179, 183
パーサバイ　45, 48, 54, 56, 97, 106, 113, 146, 149, 150, 152, 153
パーサロン　45, 49, 54, 56, 57
パソ　31, 152, 155
機織（はたおり）　11, 37, 43, 44, 81, 83, 85, 87, 99, 107, 109, 177, 178, 179, 185, 190
パーチェット　13, 114, 124, 145
パーチェットノイ　145, 146
パーチョンカベーン　13, 30, 31, 34, 53, 54, 56, 100, 101, 106, 107, 109, 111, 113, 114, 146, 148, 149, 150, 152, 153, 162, 163, 166, 173, 176, 177, 181
パートゥン　13, 54, 120
パトラ　30, 31, 97, 171
パヌン　176
パーハウィハオ　48
パーハン　52, 53, 58, 59
パービアン　106, 162, 166
パープレーワー　81, 106, 161, 162
パーホーム　13, 45, 126
パーホームウアン　136
パーロップ　45, 126
杼（ひ）　42, 43, 64, 84, 85, 92, 93, 186
引き揃え糸　163
羊の脚袖　99, 113
杼道　84, 88, 90, 186
杼道棒　81, 88, 89, 90, 91
ビュスチエ　103, 155
平織（ひらおり）　46, 47, 53, 54, 55, 56, 59, 75, 84, 87, 88, 90, 92, 93, 106, 119, 121, 126, 131, 136, 140, 170, 179, 186
ビンロウジ　48, 57, 70, 145, 146
フィラメント　65, 66
布団　46, 54, 57, 125, 126
フームカン　84
フームサー　84
プレーサパイ　100

ブンカティン　51, 53, 54, 120, 121
ブンプラバート　53, 54, 55, 120, 121, 124
ベンチャロン　27, 97
ホア　13, 135, 148
法衣　48, 51, 52, 53, 54, 59, 77, 120, 121, 146, 183, 185
紡錘　41, 43, 63
防染　29, 171, 173

【ま行】
枕　45, 54, 59, 125, 126, 127, 131
マクルート　73
マットミー　15, 20, 34, 41, 62, 74, 75, 77, 78, 79, 85, 87, 92, 93, 95, 97, 100, 103, 105, 106, 114, 142, 145, 148, 153, 157, 159, 160, 161, 162, 163, 166, 170, 176, 179, 183, 184
繭　15, 16, 45, 54, 57, 64, 65, 66, 68, 71, 184, 187, 188
見習い僧　45, 51, 52, 53, 54, 121
ムーク　20, 87
綿花　61, 189
毛布　13, 45, 46, 57, 59, 97, 126, 127
木綿の糸　41, 48, 49, 54, 58
モーン（枕、クッション）　45, 128

【や行】
養蚕　13, 22, 41, 43, 61, 65, 66, 81, 142, 157, 177, 184, 185, 187
緯打ち具　42, 44, 83, 84, 85
緯管（よこくだ）　77, 79, 84, 85, 186

【ら行】
ラーチャシー　112, 119, 124, 145
ラーマーヤナ　112, 113
ルンタヤ　31
レーシンキョ　149
ロンジー　31, 135, 155
ローンテヤ　148, 149, 152, 155

【わ行】
綿繰り（わたくり）　63

訳者あとがき

はじめに、われわれが所属する生活文化研究会について触れておきたい。生活文化研究会は放送大学の学生団体である。発足は1986年で、放送大学が学生を受け入れ始めて2年目のことである。この会の前身となったのは1985年に入学間もない学生たちが世田谷学習センター長であった被服科学の矢部章彦教授を中心に始めた被服科学特別セミナーである。当時酒井は東京都立立川短期大学に勤めていたが、大学時代の恩師でもある矢部教授の薦めにより、放送授業の制作や面接授業にかかわっていた。そのようなことから、1989年に定年で退任された矢部教授の後任として放送大学に着任して以来、生活文化研究会の顧問を引き受けてきた。研究会は、被服科学に限らず日常生活にかかわる歴史・文化や現代的課題について、調査研究した結果を報告しあって討議をするという輪講形式で開催されてきた。

学生は、学生であると同時に勤労者であり、あるいは家事責任者であり、それぞれ忙しい時間を割いての研究会活動であるが、研究会は毎月1回欠かさずに開かれ、放送大学の学生サークルの中でも最も活発で長く続いているサークルである。

1992～93年ころであったと思うが、酒井は書店のチラシの中に *THAI TEXTILES* という興味深い本を見つけ、輪講の資料としてはどうかと学生たちに提案した。

今日、タイの織物、特にタイシルクは世界的に人気がある。そのようなことから、この本は単にタイの織物の美点を紹介するもののように受け取られるかもしれない。しかしながら、この本は単にタイの織物の特徴や生産の様子などを紹介するものではなく、タイにおける染めや織りが人々の日常生活、中でも特に農業や宗教といかに強くかかわっているかを深く洞察している。とりわけ、タイにおいては機織は専ら女性の仕事であり、農村社会や家庭における女性の役割の重要性を立証的に紹介していることに大いに共感を覚えた。この本は、タイの歴史と地域性とそこに育まれた文化を理解する上で、様々な歴史書、美術書などと並ぶ重要な手がかりを与え得る書である。そのようなことから、生活文化研究会の取り上げる対象として真に適切と考えたのであった。

研究会では3ヵ月に1回くらいのペースで、何人かが分担して訳した結果を披露し、意見交換をするという形で翻訳を進めてきた。

2004年に翻訳はついに終わりまで到達した。われわれは、多年にわたる努力の結果を形あるものにして残したいと考え、本書の出版を思い立った。

以上が、経緯のあらましであるが、本書の出版にいたるまでにはいくつかの難題に直面し、実に多くの方々にお世話になった。

一番の難題は、英文の原著にローマ字表記で書かれているタイ語をどのように日本語のカタカナ表記にするかであった。地名、人名、服飾品名、染料植物名、染色用具名、織機部品名などなどである。このために、株式会社めこんの桑原晨氏はもちろんのこと、バンコクのレヌカー＆カンパニー社のレヌカー・ムシカシントーンさん、東京学芸大学大学院留学生タッサワンさん、東京のワイワイタイランド社の皆さん、タイ語教師中島マリンさんなどから多くの示唆をいただいた。

訳者あとがき

　もうひとつの難題は、染め・織りの実際に関する記述の理解である。特に染め、織りに関する道具・装置や作業手順は、日本において見聞するものと異なるところが多く、字面からだけでなく現地で確認する必要を感じさせられた。そこでわれわれは2006年夏に原著に多く取り上げられているタイ北部および東北部に出向き、伝統的作業を守っている村々でその実際を目の当たりに観察した。これにより、疑問の点、不明確な点の曇りを晴らすことができた。この調査旅行に当たっては、日本企業の支社長として長くバンコクに滞在された佐藤照雄氏、バンコク週報社記者松房達也氏、倉林氏の力添えをいただき、レヌカー・ムシカシントーンさんには周到な手配をしていただいた。そのお陰で訪問先の村々ではわれわれの意図を汲んで親切に対応していただくことができた。北部ではチエンマイ県チョムトーン郡ソップティア町にある「美しい竹林の家」という名の工房の経営者サーオ・ワーニ・バッシットさん（本文中に紹介されているセーンダー・バンシットさんの娘さん）、メーチェム町のカレン族の皆さん、東北部ではコーンケーン県フォーン村のチャンパニーさん、コーンケーン県チョナボット職業訓練学校の皆さん、チャイヤプーム県プーキオ郡バーンチャイソー村、ノンサラオ村の皆さん等々、お世話になった多くの方々にあらためて心からお礼を申し上げたい。

　訳注について　読者の興味と理解を深める上で役立つと思われるいくつかの語について、解説を加え脚注として記した。

　補遺について　本書には染色・紡織・服飾関係の専門語が多いので、読者の理解を助けるために、訳者補遺として解説ページを加えた。

　木綿や絹はタイだけのものではない。特に絹は、日本がかつて「絹の国」と呼ばれ、今なお和服には絹が多用されていることなどから、日本の絹の現状に触れずに済ますことはできないと思われた。そのような想いから訳者補遺には、絹と木綿について、特に日本の事情に焦点を置いて、いささかの解説を加えた。補遺をまとめるにあたっては、日本語参考文献として掲げた多くの成書を参考とし、また文化女子大学服飾博物館長道明三保子教授、京都西陣絵羽工房の中村昭子氏、東京工業大学名誉教授酒井哲也氏、本場結城紬原料商共同組合の田村恭子氏、福島県農業総合センター作物園芸部の瓜田章二科長、福島県伊達市の真綿業関根商店の関根実氏から多大な助言を得た。

　本書が、タイの染織品について、単に人気の織物というだけでなく、その背景にある歴史・伝統・宗教さらには、染織に携わる農山村の人々の日常生活とのかかわりに理解を深めていただければと願うとともに、日本の染織の実情にも想いを広げていただく縁になることを乞い願うしだいである。

2007年5月

酒井　豊子
猪俣　泰子
宇田川　章
北村　滋子
塩谷　淑江
鈴木　由子

訳者略歴

酒井豊子（さかい　とよこ）
1932年生まれ（東京都）
1955年　お茶の水女子大学家政学部被服学科卒業
1958年　東京工業大学大学院理工学研究科修士課程繊維工学専攻修了
1958～1961年　実践女子大学助手
1961～1989年　東京都立立川短期大学講師、助教授、教授
1989～2004年　放送大学教授
現在　　工学博士
　　　　東京都立立川短期大学名誉教授
　　　　放送大学名誉教授
著書『被服材料学』（実教出版、1975）、『被服科学実験』（共著、三共出版、1982）、『衣生活の科学』（編著、放送大学教育振興会、1991）、『ファッションと生活』（共編著、放送大学教育振興会、1996）、『着ごこちの追究』（共編著、放送大学教育振興会、1999）、『共生の時代を生きる』（共編著、放送大学教育振興会、2000）、『生活財機能論』（共編著、放送大学教育振興会、2002）ほか

猪俣泰子（いのまた　やすこ）
1933年生まれ（東京都）
1992年　放送大学教養学部人間の探究専攻卒業
2003年　同大学　生活と福祉専攻卒業
現在　　同大学　社会と経済専攻在学中

宇田川章（うだがわ　あきら）
1960年生まれ（東京都）
1996年　放送大学教養学部人間の探究専攻卒業
現在　　同大学　産業と技術専攻在学中
　　　　不動産業経営

北村滋子（きたむら　しげこ）
1945年生まれ（静岡市）
1989年　放送大学教養学部生活と福祉専攻卒業
1993年　同大学　人間の探究専攻卒業
1998年　同大学　社会と経済専攻卒業
2002年　同大学　自然の理解専攻卒業
現在　　同大学　産業と技術専攻在学中

塩谷淑江（しおたに　よしえ）
1935年生まれ（横浜市）
1989年　放送大学教養学部生活と福祉専攻卒業
1992年　同大学　人間の探究専攻卒業
1995年　同大学　社会と経済専攻卒業
1997年　同大学　発達と教育専攻卒業
現在　　同大学　産業と技術専攻在学中

鈴木由子（すずき　よしこ）
1957年生まれ（東京都）
1980年　東京外国語大学外国学部卒業
1997年　放送大学教養学部社会と経済専攻卒業
現在　　放送大学大学院文化科学研究科在学中
　　　　情報処理関連企業勤務

タイの染織

初版第1刷発行　　2007年6月1日

定価5700円＋税

著者　スーザン・コンウェイ
訳者　酒井豊子・放送大学生活文化研究会
発行者　桑原晨
発行　株式会社めこん
〒113-0033 東京都文京区本郷3-7-1　電話03-3815-1688　FAX03-3815-1810
ホームページ　http://www.mekong-publishing.com
印刷・製本　太平印刷社

ISBN978-4-8396-0207-9 C1070 ¥5700E
0030-0705207-8347

JPCA 日本出版著作権協会
http://www.e-jpca.com/

本書は日本出版著作権協会（JPCA）が委託管理する著作物です。本書の無断複写などは著作権法上での例外を除き、禁じられています。複写（コピー）・複製、その他著作物の利用については事前に日本出版著作権協会（電話03-3812-9424　e-mail：info@e-jpca.com）の許諾を得てください。

染織列島インドネシア
渡辺万知子
定価9000円＋税
A5判・上製・432ページ・カラー写真多数

染織の宝庫インドネシアに魅了された染織作家30年の軌跡の集大成。バリ、ロンボク、ティモール、スンバ、ジャワ、フローレス、スラウェシ、マドゥラ…どの島にも伝統豊かな素晴らしい布があります。1枚1枚の布をじっくり鑑賞しながら、紋様の意味と織り手の深い感情を味わってください。

東南アジアの美術
フィリップ・ローソン
レヌカー・M／永井文／白川厚子訳
定価1800円＋税　A5判・並製・426ページ

東南アジアの遺跡・美術品についての贅沢な解説書。カンボジアを中心にタイ、ラオス、ビルマ、ベトナム、インドネシアの主要な遺跡と彫刻・彫像の歴史的意義、美術的価値を詳しく説明。長年翻訳が待たれていた名著の完訳です。写真300枚。詳細な註と解説をつけました。

東南アジアの遺跡を歩く
高杉等
定価2000円＋税
A5判・並製・352ページ

「全東南アジア」の遺跡の完全ガイド。カンボジア、タイ、ラオス、ベトナム、ビルマ、インドネシアの遺跡220ヵ所を懇切丁寧に紹介します。有名遺跡はもちろん、プレア・ヴィヘア、ベン・メリア、ワット・プーなどの穴場も。アクセス、遺跡配置図、宿泊、注意点など情報は完璧です。

アジア動物誌
渡辺弘之
定価1800円＋税
四六判・上製・212ページ

マーブルチョコレートの表面のすべすべしたコーティング。あれは「ラックカイガラムシ」の分泌物だということをご存じですか？　大きいものはゾウから小さいものはボウフラまで、アジアの動物と人間のかかわりは実に緊密で奥深いのです。楽しく読めてアジアについての知識が深まるエッセイです。

変容する東南アジア社会
――民族・宗教・文化の動態
加藤剛編著
定価3800円＋税　A5判・上製・482ページ

この10年間、東南アジアは大きく変動してきました。特に動きが激しかったのは各国の中心にある首都部より「境域」つまり国境地帯です。ダイナミックに変容しつつある東南アジアの最新の動きを気鋭の人類学者、社会学者、歴史学者がレポートします。

入門東南アジア研究
上智大学アジア文化研究所編
定価2800円＋税
A5判・上製・320ページ

これから東南アジアをまじめに学ぼうとする人に最適と定評のある概説書です。自然、歴史、民族、宗教、社会、文化、政治、経済、開発、日本との関係など、それぞれの専門家25名が執筆。東南アジアをまず総合的にとらえることができます。

タイ仏教入門
石井米雄
定価1800円＋税
四六判・上製・208ページ

仏教がインドで衰退した一方で、同じ上座仏教がタイで繁栄を続けているのはなぜでしょうか？　タイ研究の碩学が若き日の僧侶生活の体験をもとに、タイ仏教のダイナミズムと繁栄の謎をわかりやすく解き明かしてくれます。タイ社会、タイ人を知るために必読のまさに「名著」です。

タイの花鳥風月
レヌカー・ムシカシントーン
定価2000円＋税
四六判・上製・256ページ

タイの3つの季節をいろどる花、鳥、小動物にまつわるエッセイ集。著者はタイ人外交官と結婚した日本人女性で、社会人類学者、園芸家、主婦という3つの視点から、旅行者には見えないタイの魅力を見事に引き出してくれます。